Norbert Lieb/Florian Hufnagl

Norbert Lieb
Florian Hufnagl

LEO VON KLENZE

Gemälde und Zeichnungen

Oswald Hederer
Einführung

Callwey Verlag München

Diesem Buch liegt der Katalog der Bayerischen Akademie der Schönen Künste zur Ausstellung »Leo von Klenze als Maler und Zeichner«, 1977/78, zugrunde.
Der Verlag dankt der Bayerischen Akademie der Schönen Künste für das großzügige Überlassen des Katalogmaterials.

Abbildungen auf Seiten 2 und 3: Louis Charles Auguste Couder (1790–1873).
Portrait Leo von Klenzes, 1833. Öl auf Leinwand;
ca. 94,0 x 77,0 cm. Sign. rechts Mitte: Couder 1833. Privatbesitz

Replik nach Louis Ch. A. Couder. Portrait Leo von Klenzes.
Öl auf Leinwand; 93,0 x 78,5 cm. Bez. rechts oben: Leo v. Klenze.
München, Bayer. Staatsgemäldesammlungen, Inv.Nr. L 1274.

Engelbert Seibertz (1813–1905). Portrait Leo v. Klenzes, 1856.
Öl auf Leinwand; 48,5 x 39,5 cm. Sign. links unten: München E. S. 1856. Privatbesitz

CIP-Kurztitelaufnahme der Deutschen Bibliothek
Lieb, Norbert:
Leo von Klenze : Gemälde u. Zeichn. / Norbert Lieb ; Florian Hufnagl. – München : Callwey, 1979.
NE: Hufnagl, Florian:; Klenze, Leo von
ISBN 3-7667-0457-5

Schutzumschlag Baur + Belli Design, München
unter Verwendung der Abbildung XV
Lithos Brend'amour, München
Satz und Druck Kastner & Callwey, München
Bindung Grimm & Bleicher, München
Printed in Germany 1979
ISBN 3-7667-0457-5

Inhalt

Vorwort

Da Klenze seine Tafelbilder vorwiegend für ihm verbundene und vertraute Persönlichkeiten gemalt hat, sind sie bis heute großenteils in Privatbesitz geblieben, zerstreut und manchmal nur schwer erreichbar, fluktuierend und nicht selten auch den Gefahren der Verschollenheit und des Verlusts ausgesetzt.

Andrerseits sind von den erhaltenen Gemälden die wohl wichtigsten inzwischen in öffentlichen Besitz gelangt.

Daher lag der Gedanke nah, das bildkünstlerische Schaffen des berühmten Architekten in einer Ausstellung der Öffentlichkeit vorzuführen. Diese Ausstellung ist 1977–78 im Königsbau der Münchner Residenz durch die Bayerische Akademie der Schönen Künste veranstaltet worden. Dabei konnten überraschenderweise nicht wenige verschollene oder bisher überhaupt unbekannte Gemälde aufgefunden werden, auch noch während der Ausstellung und darnach. Deutlich wird jetzt, daß Klenze mehr Bilder gemalt hat als durch Zeichnungen und verschiedenartige literarische Überlieferungen bezeugt sind. Im besonderen erschließt sich nun manche Einsicht in künstlerische Qualitäten, Bildverfahren und geistige Bezüge.

Was für das Thema »Klenze als Maler und Zeichner« während der Ausstellung an Kenntnissen und Fragestellungen gewonnen worden ist, hat in die Einführung eingebracht werden können. Ein völlig neuer Teil des Buchtexts ist ein Aufsatz Florian Hufnagls, der zur Kompositionsmethode und zu »historischen Perspektiven« der Bildkunst Klenzes Beobachtungen und Interpretationen vorlegt, denen für die Probleme des Historismus in der Kunst des 19. Jahrhunderts Bedeutung zukommt.

Während das 1964 dem Klenze-Buch Hederers beigegebene Verzeichnis der Gemälde 27 Nummern enthält, hat der Ausstellungskatalog von 1977 deren 60 aufführen können. Trotz des Ausscheidens von fünf Nummern (Ausstellungskatalog G 12, 30, 35, 49 und 55) ist die Zahl der Gemälde jetzt auf 79 gestiegen.

Auch der Katalog der bildmäßigen Zeichnungen Klenzes ist vermehrt und revidiert worden.

Leo v. Klenze, Photographie aus dem Album der Zeitgenossen von Franz Hanfstaengl, 1854/1865

Oswald Hederer

Leo von Klenze – Bedeutung und Leben

»Lassen Sie mich Ihnen Glück wünschen,
daß Sie die herrliche Kunst, zu welcher
Ihre Natur Sie hinzog, dergestalt
auszuüben Gelegenheit finden, daß durch Sie
das Ungemeine geschieht . . .«

Goethe in einem Brief an Klenze, Weihnachten 1826

Das »Ungemeine« geschah in der Tat durch Klenze, durch sein Wirken als Architekt, Archäologe, Ingenieur, Diplomat und Maler, ein Glücksfall nicht nur für München. Die Zeit war seinem Schaffen günstig: Friedensjahre durch ein halbes Jahrhundert und Bauaufträge von wahrhaft königlichem Format. Er hat für sieben Könige gebaut, Zar Nikolaus von Rußland die Eremitage errichtet und noch Napoleon III. beraten. Innere Gewißheit trug ihn. Der Glaube an die Baukunst der Griechen enthob ihn aller Zweifel. Seine Bauten hoben München in den Rang einer Weltstadt. Seine städtebauliche Konzeption, ihre Weiträumigkeit und Einheit blieb der Maßstab auch für die Zukunft.

Herkunft und Studien

Leo von Klenze war am 28. Februar 1784 in Schladen am Harz geboren[1]. Sein Vater war Amtmann in Goslar und später Hof- und Tribunalrat in Halberstadt, seine Mutter, Tochter des praktischen Arztes Meyer, aus Osnabrück. Mit seinen sechs Geschwistern verlebte Leo eine glückliche Jugend auf dem Landgut seiner Eltern in Heissum. Mit vierzehn Jahren wurde er auf das berühmte Collegium Carolinum[2] in Braunschweig geschickt. Wohlversehen mit Empfehlungen bezog Klenze im Herbst 1800 die Universität Berlin, um, dem Wunsch des Vaters folgend, Jura zu studieren.

Der hinreißende Schwung Friedrich Gillys[3] und die Strahlungskraft seiner Entwürfe erfüllten den 18jährigen Klenze. Hier war die Vision von befreiender Weite und heroisch gesteigerter Architektur. Sie entsprach der Sehnsucht einer Generation, die unter preußischem Drill und napoleonischem Druck litt. In Gilly war romantische Hingabe an die deutsche Vergangenheit ebenso wie »verzehrender Enthusiasmus für alle griechische Simplizität«[4]. Mit sicherem Instinkt spürte der 18jährige Klenze hier den Meister und seine eigene Bestimmung. In Berlin wurde aber auch seine Suche nach der gültigen Norm, dem geschichtlichen und formbildenden Gesetz Genüge in dem Meister der Bauformenlehre Adolf Hirt[5].

Nach dreijährigem Studium wandte sich Klenze nach Paris, das damals vor Italien alle Architekten anzog. Es waren vor allem die glänzenden Lehrer der Akademie, ein Durand[6], der ein System zu lehren hatte, wie die geschmeidigen Formen der Renaissance strengen Zweckformen zu unterwerfen seien. Die anderen Lehrer waren Percier und Fontaine[7], die der Repräsentation des Empire die dekorativen Schmuckformen fanden. Ihre Manufakturen versorgten das ganze napoleonische Kaiserreich mit Entwürfen für Möbel und Gerät. Die Pariser Luft sagte Klenze zu, in ihrer Gesellschaft bildete sich der preußische Landjunker zum Weltmann.

Hofbaumeister in Kassel

Danach mußte ihn der Weg nach Italien führen. Der erste Anblick der antiken Bauwerke, die Paläste der Renaissance, die großzügigen barocken Stadtanlagen reiften in ihm den Blick für Proportion und Komposition, die Umsetzung der Kenntnisse in sichere Praxis. Ein Zufall bestimmte die nächsten Wege. Als er eines Morgens in dem Garten eines Palastes in Genua eifrig zeichnete, erregte er das Interesse des Hausherrn. Dieser lud ihn ins Haus ein, fand Gefallen an dem jungen Studenten und empfahl ihn an den Hof nach Kassel zu König Jérôme[8], den Bruder Napoleons. Im Hofbaumeister Jussow[9] fand Klenze 1808 den wohlwollenden Vorgesetzten, der ihm schon nach drei Jahren freie Hand ließ. Klenze durfte selbständig das kleine Theater bei Schloß Wilhelmshöhe[10] bauen.

In dieser Zeit erster Erfolge heiratete Klenze Felicitas Blangini, die Tochter eines Komponisten aus Turin, deren Mutter Pariserin war[11]. »Ein wahrer Engel an Güte, Fröhlichkeit und Milde, schön, musikalisch und hoch gebildet« wie sie die Enkelin Everilda von Pütz[12] schildert. Die Ehe war überaus glücklich und mit drei Söhnen und zwei Töchtern gesegnet. Felicitas nahm durch 31 Jahre tätigen, liebenden Anteil an dem Beruf ihres Mannes und war ihm eine ständige Stütze im gesellschaftlichen Leben.

Mit dem Sturz Napoleons war der Tanz am Kasseler Hof jäh zu Ende. Man hatte dem großen Bruder die Sorge um die Politik leichtfertig überlassen. Napoleon schlug sich auf den Schlachtfeldern Europas, bis er den fatalen Zug nach Rußland unternahm.

Architekt des bayerischen Kronprinzen

Klenze flüchtete mit seiner Familie nach Paris. Durch geschickte Spekulationen mit französischen Staatspapieren wußte er sich ein Vermögen zu sichern, das ihm die Möglichkeit eines unabhängigen Lebens schenkte. Trotzdem suchte er nach einem neuen Wirkungsfeld und hoffte, auf dem Wiener Kongreß unter den versammelten Fürsten einen neuen Bauherrn zu finden. Auf dem Weg nach Wien begegnete er zum ersten Mal dem bayerischen Kronprinzen. Es kam zu einer dramatischen Begegnung, aber zu keinem Auftrag. Von Wien kehrte Klenze enttäuscht nach Paris zurück und dachte, sich auf einen Landsitz am Comersee[13] zurückzuziehen und nur seinen Neigungen und seiner Familie zu leben. Da erreichte ihn ein Billett des bayerischen Kronprinzen, der ihn in einer neuerlichen Begegnung bestimmte, sich am Wettbewerb für die Glyptothek in München zu beteiligen. Die Unbedingtheit und Begeisterung für die antike Baukunst dieses königlichen Philhellenen nahm Klenze gefangen. Der junge, von einer Sendung erfüllte Kronprinz, der eine ideale Vorstellung künftiger Architektur für sein Land in sich trug, glaubte kein besseres Werkzeug zu finden als den gleichgesinnten, begabten Klenze. Der dreißigjährige Architekt war von der ausschließlichen Geltung der griechischen Baukunst ebenso ergriffen wie der achtundzwanzigjährige Kronprinz. Sie war beiden verpflichtendes Leitbild: »Es gab und gibt nur eine Baukunst«, schrieb Klenze, »und wird nur eine Baukunst geben, nämlich diejenige welche in der griechischen Geschichts- und Bildungsepoche ihre Vollendung erhielt. Alle anderen Stile sind nur Bauarten, die Griechen haben allein die Baukunst besessen, auch die Renaissance ist nur eine glückliche Reue über die artistische Verwilderung des Mittelalters.«[14] Was uns heute als Vermessenheit erscheint, war damals gläubige Befangenheit: Der Kronprinz wünschte die griechischen Tempel in den hohen Norden zu verpflanzen. Klenze glaubte, die griechische Baukunst fortentwickeln zu können. So verbanden sich die beiden Männer für ein Leben. Klenze hatte oft genug Anlaß, sich über die sprunghafte Eigenwilligkeit seines Bauherrn zu beklagen und nur das Werk selbst verpflichtete ihn weiter im Dienst.

Die Verhältnisse in München waren nicht so glänzend, wie sie in Paris erschienen waren. München war eine kleine Stadt mit kaum 50000 Einwohnern. König Max Joseph war, von dem von Mannheim mitgeschleppten Hofstaat umgeben, Neuerungen kaum zugänglich, selbstherrlich führte Montgelas die Politik. Einzig der Kronprinz war voll Initiative und widmete sich, da er von der Politik ausgeschlossen war, ganz den kulturellen Bestrebungen. Bei dem Wettbewerb für die Glyptothek[15] bediente er sich in nicht ganz korrekter Weise der Akademie, um die ausgezeichneten Pläne, die Karl von Fischer[16] vorgelegt hatte, aus dem Rennen zu werfen. Karl von Fischer wurde die schwere Kränkung zur Krankheit, die seinen frühen Tod bewirkte. Mit ganzer Hingabe arbeitete Klenze die nächsten Wochen an der Ausarbeitung der Pläne für die Glyptothek.

Ein anderer großer Auftrag war hinzugekommen: die Neuplanung der Maxvorstadt.[17] Hier, vor dem Schwabinger Tor, hatte Klenze einen genialen Plan vorgelegt, der alle Konkurrenten aus dem Felde schlug und die Stadt an der rechten Stelle öffnete und in einer breiten Straße die neuen Stadtteile erschloß.[18]

Neuer Städtebau für München

Jenseits von aller stilkritischen Wertung steht diese Leistung Klenzes im Städtebau. Was er hier entwarf und durchsetzte, überwand jede klassizistische Bedingtheit und erzwang Lösungen absoluter Gültigkeit. Sein Plan durchhieb den gordischen Knoten vieler früherer Vorschläge. Souverän übersah er die Situation, ordnete die Verkehrsführung, setzte der Enge und Geschlossenheit der gewachsenen Altstadt mit ihren Gassen und ehrwürdigen Bauten, Kirchen, Palästen, der

Vielzahl ihrer Bürgerhäuser die Freiheit und Weite der geplanten Neustadt gegenüber. Was Klenze für die Bebauung vor dem Schwabinger Tor vorlegte, hat die im Stadtplan schlummernden Möglichkeiten zu ihrer vollen Wirkung erlöst. Es war die neue Ordnung schlechthin, die München in die Zahl der europäischen Hauptstädte einreihte, wie er hier die Altstadt öffnete, Theatinerkirche und Residenz gegenüberstellte, die Briennerstraße einführte, durch den Odeonsplatz den Ansatz für die Monumentalstraße gewann und der Ludwigstraße ihr königliches Maß gab. Klenze ließ der Altstadt ihr Gewicht und gab der Neustadt ihr gerades, weiträumiges Gesicht. Ihm blieb die Entwicklung Münchens auch in Zukunft bis heute verpflichtet. Von diesem großen Atem lebt auch der Wittelsbacher Platz, den Klenze mit seinen Neubauten Odeon, Alfons-Palais, Gampenrieder-Palais, zu einem der schönsten Plätze Münchens machte, der von dem Standbild Kurfürst Maximilians von Thorvaldsen zentriert wird (Abb. 7).

Die Ordnung klassizistischer Stadtplanung steigerte Klenze am Königsplatz zu in sich selbst ruhender Weite (mit der restlosen Verplattung und Verstellung durch Autoparkplätze heute schwer beeinträchtigt!). Die Weite breitet sich vor den südlichen, sonnigen Stufen der Glyptothek aus, von Westen beschirmt durch die Propyläen, das Einlaßtor in die Neustadt Ludwigs I. Hier hat Klenze Städtebau in den orphischen Zustand gehoben, den Goethe von dieser Disziplin einmal fordern konnte: »Die Bürger am gemeinsten Tage fühlen sich in einem ideellen Zustand.«

Um die Pläne voranzutreiben, hatte Klenze im Auftrag des Kronprinzen, dessen Name nicht erscheinen durfte, die Finanzierung und Baulandumlegungen für die Ludwigstraße selbst übernommen. Doch immer wieder stand einem großzügigen Unternehmen die installierte Bürokratie im Wege.

Noch war Andreas Gärtner[19] Hofbauintendant. Dieser im Dienst anderer Fürsten, des Kurfürsten von Trier, des Fürstbischofs von Würzburg, ergraut, entsprach mit seinem unsicheren Zopfklassizismus nicht den Ansprüchen des Kronprinzen. Außerdem war er ihm nicht ausschließlich zur Verfügung, da er König Max Joseph verantwortlich war. Dies wußte Klenze dem Kronprinzen klarzumachen, auch daß er nur mit ganzer Vollmacht die weittragenden Pläne ausführen könne. Andreas Gärtner wird sodann vorzeitig in Pension geschickt und nach Jahresfrist Klenze Hofbauintendant. Mit großer Umsicht und unheimlichem Fleiß nützte er diese Stellung für die Pläne des Kronprinzen, für München und für Bayern. Er schuf sich eine brauchbare, straff organisierte Institution, die Baugeschicke des ganzen Landes zentral zu lenken, die vielfachen Maßnahmen vom Kanalbau bis zur Denkmalpflege, vom Eisenbahnbau bis zur Kreditvergabe: die Oberste Baubehörde. Ihr durchdachter Aufbau war schon in den ersten Jahren wirksam und ist es bis heute geblieben. Schinkel sah sich in Berlin zu ähnlichen Maßnahmen gezwungen.

Bei alldem war sich Klenze im klaren, daß nicht allein administrative Maßnahmen seine Stellung in München sicherten. Nur eine starke Position in der Gesellschaft konnte ihm die Pläne der Gegenpartei offenbaren und Gegenmaßnahmen treffen lassen. Auch darin zeigte er sich als Meister, mit Hilfe seiner Frau wurde sein Salon zu einem Mittelpunkt der Gesellschaft, dem nicht nur der Minister, sondern auch der König seine Teilnahme zusagte.

Neue Bauaufgaben

Neue Bauaufgaben forderten neue formale Überlegungen. Schon die Innenräume der Glyptothek konnten nicht nach griechischem Vorbild gestaltet sein. Die Aufstellung der Exponate aus verschiedenen Perioden, angefangen von den Ägineten bis zu den Sarkophagen der römischen Kaiserzeit, verlangten eine präzise Raumdisposition, der noch dazu auferlegt war, bei nächtlichen Festen als Kulisse zu dienen.

Als am Odeonsplatz Wohnhäuser zu errichten waren, war nur die Renaissance brauchbar. Hier versagte die antike Säulenordnung vor der praktischen Zweckverpflichtung einer aufgeklärten Zeit. Als Ludwig I. auch für die Ludwigstraße noch Tempelfronten wünschte, verweigerte Klenze dies: »Majestät, die antiken Helden wohnten nicht in Stockwerken übereinander.«[20] So fand die Renaissance Eingang und bald ließ sich auch Ludwig I. von der Majestät der Florentiner Palastfassaden überzeugen, so daß er sie für die Hauptbauten seiner Residenz wünschte: Wie die machtvolle Fassade des Palazzo Pitti für den Königsbau (Abb. 2) und für den Festsaalbau die heitere Majestät palladianischer Größenordnung (Abb. 3). Das schöne Gleichmaß der Renaissance, mit der Klenze am Leuchtenberg-Palais begann, trug ihm den Ruf ein, der Erwecker der Neurenaissance zu sein[21]. Klenze wußte auch die schlichteren Bürgerhäuser so in Form zu bringen, daß die biedermeierliche Bescheidenheit des ersten Straßenabschnittes mit ihren sieben Häusern der Ludwigstraße wohlanstand. Auch für das Herzog-Max-Palais, das ein ganzes Straßengeviert einnahm, war die

Renaissance ebenso am Platze wie für das gegenüberliegende Kriegsministerium, dessen Zwickelfüllungen der Bogenstellung die erlesene Reliefkunst Klenzes zeigen (Abb. 8).

Die italienische Reise

Nach sieben Jahren harter Arbeit bezeugte der Kronprinz Klenze seine Zufriedenheit über die ausgeführten Pläne und lud ihn zu einer Reise nach Sizilien ein.

Am 7. Oktober 1823 wurde die Reise angetreten, in der Begleitung Seiner Hoheit war Hofmarschall von Gumppenberg und Dr. Ringseis. In Sizilien besah man gemeinsam noch die Tempel von Selinunt und Segesta, dann trennten sich die Wege, da Klenze in Agrigent Aufnahmen machen wollte. In Rom wieder mit der Reisegesellschaft des Kronprinzen vereinigt, unternahm man Ausflüge in die Umgebung und vor allem jenen für das Gesamtverständnis des griechischen Tempelbaus wichtigen nach Paestum.

Kaum ein Zeitgenosse, von Hittorf aus Paris abgesehen, hat als Architekt so genau und leidenschaftlich die Originale studiert wie Klenze. »Ich bin jetzt zehn Tage hier«, schrieb er von dieser Reise an seine Gattin aus Agrigent am 6. Januar 1824, »arbeite wie ein Neger und habe vor, noch weitere 14 Tage zu bleiben. Als ich die hiesigen Bauwerke erblickte, sah ich, daß alles, was wir aus englischen und französischen Werken bis jetzt darüber wußten, alles unvollkommen war. Ich habe mich daher entschlossen, alles selbst zu zeichnen und zu messen. Die aufgehende Sonne fand mich schon an der Arbeit und erst die untergehende zwang mich aufzuhören. Die Abende benutze ich dazu, die Arbeiten des Tages zu ordnen. Wenigstens ist das Gefährliche vorüber, ich hätte Dir in der Tat nicht wünschen mögen, Deinen armen Mann zu sehen, wie er, schmutzig, zerlumpt und Wasser und Blut schwitzend an einigen schlechten Stricken und Gerüsten hoch oben an den Giebeln, Karniesen und Kapitelen der Tempelruine hing. Aber was tut man nicht alles für diese geliebte Architektur?«[22]. Die Ergebnisse, Stöße von Zeichnungen, häuften sich in seinen Mappen. Blätter mit genauesten Maßaufnahmen des Olympeion von Agrigent, des Tempels der Juno Lacinia und des Concordiatempels. Die Ergebnisse werden veröffentlicht, vor der Bayerischen Akademie der Wissenschaften hielt er am 31. 3. 1821 einen Rechenschaftsbericht. Es erscheint eine Schrift »Über die Tempel des olympischen Jupiter in Agrigent« (Stuttgart/Tübingen 1827), Aphoristische Bemerkungen auf Reisen nach Griechenland (Berlin 1838), dicke Manuskripte »Über Geschichte und Regeln der Architektur«, »Erörterungen über Griechisches und Nichtgriechisches« birgt der handschriftliche[23] Nachlaß. Klenze erwarb sich damit europäischen Ruf und die Akademien und archäologischen Gesellschaften wählten ihn zu ihrem Mitglied. Der andere Grund für diese Bauaufnahmen ist: viel später da und dort in einem eigenen Bauwerk sie wiedererstehen zu lassen. Ein andermal die Rekonstruktion auf Papier oder Leinwand zu stützen, ebenso wie durch die sauber nach der Natur mit photographischer Treue wiedergegebenen Ansichten, die die Mappen der Reisestudien füllen. Danach entstehen jene Ölgemälde, die besondere Freunde Klenzes als Erinnerung an die südlichen Gefilde zum Geschenk bekamen. Dabei war die Sehweise Klenzes völlig unantik, den Tempel eingebunden in die Landschaft als Teil eines größeren Aspektes zu sehen. Auch dies war in gutem Sinn des »classical revival« zeitbedingt. »Wir gehen fehl, wenn wir mit unserer von der Romantik geprägten Art Natur zu schauen Tempel und Landschaft als ästhetische Einheit betrachten. Der Tempel ist ein durchaus selbständiges autarkes, sich selbst genügendes Geschöpf.«[24]

Ein erster Höhepunkt seines Schaffens war erreicht. Glyptothek, Leuchtenberg-Palais, Moy-Palais, Kriegsministerium sind gebaut. Klenze darf zufrieden sein. Er beherrscht das Bauwesen in Bayern. Keiner der anderen Architekten kann ihm das Wasser reichen, gefährlich ist allein der Sohn des bisherigen Intendanten Gärtner, doch auch ihn weiß Klenze abzudrängen. Friedrich Gärtner geht nach London.

Nach der Thronbesteigung Ludwigs I.

1825 nach dem plötzlichen Tod von Max Joseph I. kann Ludwig I. den bayerischen Thron besteigen. Das erste Jahr galt der Ordnung der Staatsfinanzen, dann wandte sich Ludwig mit erneuter Kraft seinen Bauten zu. Nun darf er nicht mehr nur einen Architekten beschäftigen. Als Landesvater ist er verpflichtet, allen Wünschen gerecht zu werden: »Weder im Staatsgeschäft noch in der Kunst habe ich einen Günstling.« Er verfügt, daß nun alle Baupläne der Akademie der Künste als neutraler Institution vorzulegen seien. Auch Klenze gegenüber sucht Ludwig seine Unabhängigkeit zu beweisen: »Monopol taugt nichts. Darum wünsche ich von Ihnen (gemeint ist der Kunstexperte und Mentor in Rom, Johann Martin von Wagner) einen tüchtigen Architekten zu erfahren, der mit Klenze in die Schranken treten kann.« Ludwig hatte dabei noch die andere Absicht, durch Rivalität die Leistung des einzelnen zu steigern.

Die Vormachtstellung Klenzes war bedroht. Auch aus dem Ausland kamen Kritiken über die Bauten Klenzes, »diesem charakterlosen Zeug, diesem Mischmasch von Monumenten aller Zeiten«, wie Architekt Friedrich Gau im Februar 1826 aus Paris schrieb. Schäden an der Glyptothek ließen auch den König aufhorchen. Ein Pamphlet machte die Runde, worin die Zustände in Bayern mit einem Balkanstaat verglichen wurden. Klenze wurde vorgeworfen, daß er in die eigene Tasche arbeite, bei seinem Personal und der Weitergabe von Arbeiten Betrügereien vorkämen und er daraus seine »Promenadereisen« finanziere. Man warf ihm vor, daß er als Hofbauintendant zugleich Vorstand der Obersten Baubehörde sei und damit seine eigenen Pläne zur Kontrolle und Genehmigung bekäme. Die Kammer versagte in ihrer Juli-Sitzung 1831 die Genehmigung und lehnte die Ausgaben für das Odeon mit 116 gegen 8 Stimmen ab.

Die Stunde Friedrich von Gärtners war gekommen. Er bekam den nächsten Großbau der Ludwigstraße: die Staatsbibliothek. Ludwigskirche und die unteren Bauten der Ludwigstraße bis zum Siegestor folgten. Gärtner, der die Wünsche der romantischen Strömungen kennt und den vom König gewünschten »Rundbogenstil« anzuwenden weiß, erwies sich als brauchbarer und zuverlässiger Architekt. Seine Kostenvoranschläge, was dem König besonders lieb war, werden eingehalten. Seine Arbeitskraft ist ungebrochen, sein Arbeitseifer ungestüm. Der König zog ihn die nächsten Jahre vor, man sprach von Ungnade, in die Klenze gefallen. Davon kann kaum die Rede sein, Klenze bekam schon 1826 die Neubauten der Residenz. Zuerst den Königsbau (1826–35) mit der mächtigen Fassade am Max-Joseph-Platz (Abb. 2), dem sich der Auftrag für den Festsaalbau (1832–1842) anschloß (Abb. 3). Klenze vereinigte die alten Teile des maximilianischen Hofes an der Ostecke der Residenz mit den alten Teilen der Neufeste, die er umbaute, und zog den ganzen Hofgarten entlang eine gewaltige Fassade mit ihrer offenen palladianischen Loggia von acht Achsen. Der Innenausbau und die dekorative Ausschmückung dieser großen Residenzbauten mit ihren 178 Zimmern, Treppen, zwei Thronsälen, den Audienzräumen des Königs, dem Empfangszimmer der Königin erforderte ein ganzes Jahrzehnt. Natürlich wurde ihm 1826 auch der Auftrag für den großen Konzertsaal, das Odeon, da es als Pendant zu dem von ihm errichteten Leuchtenbergpalais entstand, erteilt. Im gleichen Jahr 1826 bekam er auch den Auftrag für die Pinakothek (1826–1836), der ersten öffentlichen Gemäldesammlung, die wegen der Brandgefahr auf freiem Felde vor der Stadt zu errichten war. Es gelang Klenze, diese Sammlung von Weltrang mit einem Bau zu umschließen, der ebenfalls Weltruf erlangte.

Neue Aufträge

Ein schwieriger Auftrag kam auf Klenze mit der Allerheiligenhofkirche (1826–1837) zu, da hier der König, der längst seinem Antiken-Ideal untreu geworden war, einen Kirchenraum wünschte, der die goldene Inbrunst byzantinischer Kuppelbauten enthalten sollte (Abb. VIII).

Ein anderer griechischer Bau, der liebenswürdige Rundtempel im Englischen Garten, der Monopteros (1833 bis 1835), mußte Klenze zufallen. Ebenso übertrug ihm der König, die Südseite des Max-Joseph-Platzes zu bebauen und dort die Hauptpost (1836–1837) mit der offenen Bogenhalle, die sich elegant wie am Findelhaus in Florenz hinzog, auszuführen. Für die Ruhmeshalle, die die Büsten bayerischer Größen aufnehmen sollte, war unter den Münchner Architekten Ziebland, Ohlmüller und Gärtner ein Wettbewerb veranstaltet worden. Ihn gewann Klenze, da er mit seiner edlen stillen Form der Ruhmeshalle (1843–54) noch einmal den Geist der griechischen Baukunst nach München holte (Abb. 4).

Die griechische Mission

Nichts aber bewies mehr das ungebrochene Vertrauen des Königs, als daß er Klenze in geheimer Mission nach Griechenland schickte. Dem jungen König Otto, der seit zwei Jahren im fremden Lande regierte, waren die Kabalen seiner Regierung über den Kopf gewachsen. Die Intrigen und Machtkämpfe hatten sich im Frühjahr 1834 zugespitzt. Postenjägerei und Intrigen, vom Hofklatsch und den Diplomatenfrauen hochgespielt, hatten ein solches Ausmaß angenommen, daß nur von außen Hilfe kommen konnte. Man sprach von Hochverrat des Ministerpräsidenten von Armansperg. Ludwig I. griff von München aus ein und schickte Klenze nach Nauplia. Er hatte die heikle Aufgabe, Reichsrat von Maurer und Legationsrat von Abel abzuberufen. In versiegelter Order trug er die Uriasbriefe bei sich. Er war zum Legationsrat bei vollem Gehalt ernannt worden und bekam für die Hin- und Rückreise 4000 Gulden. Sein Sohn Hippolyt begleitete ihn.

Am 24. Februar 1834 schiffte er sich in Brindisi ein. Ein lebenslanger Wunsch erfüllte sich ihm, das Land der Griechen zu sehen. In Nauplia erledigte er schnell seinen Auftrag, dann konnte er sich seiner eigentlichen Aufgabe widmen: der Rettung der griechischen Altertümer. »Nie hatte ein Mann größere Gewalt über alle Kunstschätze Griechenlands, nie sind sie besser genützt worden.« Man empfing Klenze wie einen Potentaten, seine Fregatte hatte die königliche Flagge gesetzt, die Schiffe im Piräus schossen Salut. Klenze ließ nun an die Regierung den doppelten Auftrag gelangen, den Hauptdenkmälern eine regelmäßige Aufsicht zu geben und sie vor Plünderungen zu schützen und die weitere Restauration der alten Bauwerke in Angriff zu nehmen. Er ließ als archäologische Zonen erklären: Athen, Aigina, Eleusis, Delphi, Rhamnus, Sunion, das Hieron des Asklepios bei Epidaurus, Korinth, Mykene, Bassae, Messene, Delos und Olympia. Für diese Orte sollten aus den Invaliden der griechischen Truppen Wärter aufgestellt werden.

Um die Akropolis in Athen kümmerte sich Klenze persönlich. Zuerst wußte er Regierung und Militär zu überzeugen, daß die strategische Verteidigungsposition am piräischen Vorgebirge läge und man auf eine Verwendung der Akropolis als Festung verzichten solle. Der Zustand, vor allem der Propyläen, war beklagenswert genug: die Propyläen waren bekanntlich durch eine Pulverexplosion zerstört worden, welche den ganzen Oberteil des Baues, Dachgesims, Decken, viele Säulenknäufe und endlich den ganzen inneren ionischen Einbau verwüstete. Am Parthenon nahm er Messungen vor, die ihm in Bayern dienen sollten.

Das Geheimnis des Parthenon suchte Klenze am Objekt selbst zu ergründen. Die Fugung z. B. wurde genau untersucht und er legte seine Forschungen in langen Berichten mit Zeichnungen nieder. Dabei kamen ihm die durch die Pulverexplosion aufgebrochenen Teile zustatten, die den Einblick in die sonst geschlossene, ja homogene Struktur ermöglichten. Es ist heute schwer, aus den gestürzten oder verletzten Teilen sich die plastische Einheit der antiken Tempel vorzustellen. Der Wunderbau eines Iktinos und Kallikrates, der aus dem Perserschutt mit den Propyläen eine neue Akropolis erstehen ließ, erschloß sich nicht ganz. Klenze aber wußte um »die homogene Masse« der Tempel, der sichtbare Fugen zuwider waren.

Noch ein anderes Geschäft mußte in Athen erledigt werden, es war der Plan für die Neuanlage der Stadt, die nun Residenzstadt geworden war. Eine Spezialkommission wurde ernannt, unter der sich die beiden Architekten Schaubert aus Schlesien und Kleanthes, ein thessalischer Grieche, befanden, welche den ersten Plan für die Neustadt gemacht hatten.

Als Klenze den Stadtplan von Athen zu bearbeiten hatte, war er sich bewußt: »Eine Anlage in Athen ist eine europäische Kunstangelegenheit.« Hier war die Akropolis der beherrschende Mittelpunkt, auf den alle in die Ebene verlaufenden Straßen auszurichten waren. Klenze hat mit seiner Erfahrung auch in der Anlage von Staatsgebäuden den gewiß respektablen Entwurf der beiden Architekten Kleanthes und Schaubert korrigiert. Seinen Eigensinn mit der Lage der Residenz in der ungesunden Niederung von Kerameikos hat wiederum sein Rivale Gärtner korrigiert, indem er das Schloß nach Westen an den Fuß des Lykabettos in eine gesündere Lage rückte und in königlichem Zug zum Hadrianstempel und der Akropolis brachte.

Die letzten Großbauten

Am 15. September mußte Klenze Athen »blutenden Herzens« verlassen, da drängende Geschäfte nach Hause riefen. Die Residenzbauten, die Pinakothek, Allerheiligenhofkirche, Walhalla, der Monopteros im Englischen Garten waren fertigzustellen. Daneben die Verwaltungsarbeit und neue Aufgaben. Wie sehr Klenze die Zeichen der Zeit verstand, bewies er als Ingenieur vorzüglich im Eisenbahn- und Eisenbau. Er hat die neuen Möglichkeiten der Eisenkonstruktionen bei vorzüglichen Bauten wie beim Dach des Nationaltheaters oder jenen für die Befreiungshalle und die Walhalla benützt. Bei der Trassierung der neuen Eisenbahnlinien war er es, der den widerstrebenden König auf die verkehrs- und völkerverbindenden Möglichkeiten des Schienenweges hinwies, die nun im »nationalen Interesse« seien.

Von seinem diplomatischen Geschick, das der König wiederholt zu Missionen in fremde Länder benützte, zeugen seine Briefe, allein an König Ludwig gegen 2000, seine Schreiben an die ihm unterstellten Behörden oder an bedeutende europäische Persönlichkeiten.

Der ehrenvollste Auftrag kam ihm vom Zaren Nikolaus von Rußland, der seinen Kunstschätzen ein Museum gleich der Pinakothek, die er 1834 besucht hatte, wünschte. Klenze fuhr nach Petersburg und wiederholte die Reise in der Folge sechsmal, um die Eremitage (1839–1851) zu errichten. Neben dem Winterpalais am Alexanderplatz entstand nun ein

Komplex am Kai der Newa, der schönste Museumsbau des Nordens in dieser an mächtigen klassizistischen Bauten reichen Stadt.

Die Propyläen (1846–1860) werden der letzte große Bau, mit dem Klenze zum Ausgang seiner Tätigkeit am Königsplatz zurückkehrt. Sie sind vielleicht der schönste Torbau des Klassizismus überhaupt, mit der sonoren Wucht der dorischen Ordnung und dem Innenraum mit seinen ionischen Säulen (Abb. S. 20). Sie sind, 1846 begonnen, das letzte Denkmal der ludovizianischen Epoche. 1848 dankte Ludwig I. ab. Die Propyläen werden erst 1860 vollendet. Die Zeit war weitergeschritten, Griechenland, für das die Philhellenen Begeisterung und Opfer gebracht hatten, war verloren, des Königs eigener Sohn aus dem Lande gegangen. Als der greise Ludwig I. zum erstenmal durch die Propyläen fuhr, die er zum Gedenken an die Regierungszeit der Wittelsbacher Dynastie über Griechenland hatte errichten lassen, zog er vor Trauer über das unglückliche und kostenreiche Zwischenspiel die Vorhänge seiner Kutsche herab. Auch Klenze hatte das Feld jüngeren Kräften überlassen müssen, einem Friedrich Bürklein, der dem neuen König Maximilian die Straße gegen die Isar baute, deren Formen Klenze ebensowenig gutheißen konnte wie sein ehemaliger Monarch.

Das Ende

Die letzten Jahre lebte Klenze auf seinem Gut Engelthal in Hessen oder bei seiner Familie, der Tochter Athenais, dem Sohn Hippolyt in München. Immer wieder ging er nach dem Süden, wie seine letzte Skizze aus Nizza beweist. Einmal war er seinem gewohnten Rhythmus untreu, versäumte im Winter, warme Breiten aufzusuchen, wurde eine Erkältung nicht los und starb im Januar 1864 mit 80 Jahren an einer Lungenentzündung. – Im Augenblick seines Todes sollen die Tore der Walhalla, von unsichtbarer Hand bewegt, sich geöffnet haben.

Anmerkungen

(1) Eintragung im Kirchenbuch Schladen. Taufpate war der fürstliche Kanzler Dr. Kersting. Vgl. Adolf Reinecke, Leo v. Klenze und Schladen Festschrift 1964.

(2) Aus dem Carolinum ging die heutige Technische Universität hervor.

(3) Gilly, Friedrich (1772–1800), geb. Altdamm bei Stettin, gest. in Karlsbad. Schüler von Becherer und Langhans, sowie von Chodowiecki und Schadow und seines Vaters David Gilly. 1797 Entwurf zum Denkmal Friedrichs d. Gr. 1798/99 Reisen in Frankreich, England, Österreich. 1799 Professur für Optik und Perspektive an der neugegründeten Berliner Akademie. Lit.: Alste Onken, Fr. Gilly Berlin 1935 (vgl. Neue dtsche Biographie 6. 1964/399 ff.).

(4) Wackenroder, Wilhelm Heinrich (1773–1798) gehörte zum Berliner Romantiker-Kreis, war mit Ludwig Tieck befreundet. Bek. Schrift: Herzensergießungen eines kunstliebenden Klosterbruders. Lit.: P. Koldewey (1904), G. Fricke (1948).

(5) Hirt, Adolf. Hauptwerk: Die Baukunst nach den Grundsätzen der Alten (Berlin 1809).

(6) Durand, Jean Nicolas (1760–1834). Schüler des Revolutionsarchitekten Boullée (s. Klaus Lankheit, Revolution und Restauration, Baden-Baden 1965).

(7) Percier und Fontaine. Hauptwerk Paris Rue de Rivoli (1811) Kleiner Triumphbogen im Louvre (Arc de Caroussel) 1806.

(8) Napoléon, Jérôme (1784–1860). 1807–13 König von Westfalen. Auch nach dem Sturz hatte Jérôme Klenze achtmal aufgefordert, nach Italien in seine Dienste zu kommen.

(9) Jussow (1754–1825). Kassel Ausst. Katalog. 1958/59.

(10) Wilhelmshöhe bei Kassel. Vgl. Heidelbach, Die Wilhelmshöhe 1909.

(11) Die Trauung fand am 28. Aug. 1813 in St. Elisabeth zu Kassel statt. Die Braut war gerade 23 Jahre alt. Der Vater war in Turin, ihre Mutter in Paris geboren. Der Bruder war der bekannte Blangini.

(12) Tagebücher Everilda von Pütz 1860–1871. Briefe Klenze an sie. Stadtbibliothek München Monacensia-Sammlung.

(13) in Blevio. Vermittelt durch den Kunsthändler Domenikus Artaria, den Klenze in Wien traf. Brief und Tagebücher Leo von Klenze Geh. Hausarchiv 36 Ia u. Tagebücher 1–7. (1816–64) Staatsbibl. Handschriftenabt. Klenzeana.

(14) Aus den Schriften Klenzes.

(15) Sitzungsbericht der Akademie vom 12. Juni 1808.

(16) Fischer, Karl. 1782–1820 Schüler Verschaffelts. Bauten: Prinz-Carl-Palais (1803), Palais am Carolinenplatz (1808–14), Nationaltheater (1811–18).

(17) Auftrag von Staatsminister Graf Montgelas. Brief Klenzes an Kronprinz Ludwig 3. Mai 1816. GHIA 36.

(18) Hauptplan St. Graph. Slg. München. Nr. 26654 dazu »Memoire« an den Kronprinzen 14. Sept. 1816.

(19) Gärtner, Andreas (1744–1826) geb. zu Dresden, Erbauer der Fassade des Münzgebäudes 1809 und des Sitzungssaales der alten Akademie.

(20) Vgl. Brief Klenzes an Kronprinz Ludwig vom 11. Juni 1820 GHIAI 36.

(21) Vgl. Hans Kiener. Preisschrift der Universität München 1924.

(22) Brief Klenzes an seine Gattin 6. Jan. 1824.

(23) Staatsbibl. Handschriftenabt. Klenzeana Bd. I–III und Kast. I Memorabilien I–VII.

(24) Gruben, Gottfried »Die Tempel der Griechen« München 1966.

1 München
Glyptothek Südfassade
erbaut 1816–31

2 München Residenz
Königsbau Südfassade
erbaut 1826–35

3 München Residenz
Festsaalbau Nordfassade
erbaut 1832–42

4 München Ruhmeshalle Südflügel
erbaut 1843–54

◁ 5 München Propyläen Ostseite
erbaut 1846–60

6 Kelheim Befreiungshalle
erbaut 1849–63

7 München Prinz-Alfons-Palais
am Wittelsbacherplatz
heute Sitz der Hauptverwaltung
der Siemens AG
erbaut 1825

8 München ehemaliges Kriegsministerium
an der Ludwigstraße
heute Hauptstaatsarchiv
erbaut 1824–30
Zwickelfüllung der Erdgeschoßarkaden

1 Mittelknauf und Seitenornament
auf dem Dach des Lysikrates-Denkmals in Athen
Aus: Leo von Klenze, Mappenwerk, Heft 2, München, 1866

Die architektonische Zeichnung

Wird in der Landschaftszeichnung das Außenbild, so in der architektonischen Zeichnung das Inbild der Architektur auf dem Papier geborgen. Nur in der Bauaufnahme, der archäologischen Zeichnung wird der Bestand von der Natur festgehalten. Voran stehen die architektonischen Entwürfe eines Bauwerks von der tastenden Skizze bis zu dem vor allem für den König notwendigen Schaubild. Es gibt Zeichnungen, die verraten, wie Klenze aus rohen sich überlagernden Strichen sich zum endgültigen Entwurf vortastete und andere, die eine künftige Wirklichkeit in aller Farbenpracht darstellen wie in einem Modell. Außerdem gibt es Möbelentwürfe vorzüglich für die Einrichtung der Residenz, die den Klenze eigenen Empirestil verraten. Durch ihn wurde das bayerische Kunstgewerbe im neuen Stil erzogen.

Mit besonderer Freude betrachtet man die Zeichnungen für Wanddekorationen, seien es die unnachahmlichen Entwürfe für die Stuckdekorationen der Glyptothek (Abb.) oder Entwürfe wie für die Deckenbemalung der Gewölbepartien über der Vasensammlung oder die reizenden und vielfarbigen Entwürfe für eine Wandzeichnung in der Residenz oder Eremitage (Abb.), die vom Zeitstil insbesondere von Paris und pompejanischer Manier beeinflußt sind.

Die rein technische Zeichnung kann eine Bauaufnahme sein, als eine möglichst genaue Nachzeichnung der Architekturglieder mit eingeschriebenen Maßzahlen oder jene technischen Zeichnungen mit den Angaben für die Handwerker, eines Profils, einer Heizanlage bis zum Entwurf für Stuhl, Tisch oder Kronleuchter. Die dekorative Begabung Klenzes verschönt stets das notwendige Grundgerüst.

III

II

II Römische Baukunst
Federzeichnung Klenzes
München, Staatl. Graph. Sammlung, Inv.Nr. 27833

III Entwurf für ein Bogenfeld im Römersaal
der Münchner Glyptothek
Federzeichnung Klenzes
München, Staatl. Graph. Sammlung, Inv.Nr. 27323

IV Entwurf in Schwarz, Blau und Rot für die Deckenwölbung im Erdgeschoß der Alten Pinakothek (Vasensammlung) Federzeichnung Klenzes mit Deckfarben
München, Staatl. Graph. Sammlung, Inv.Nr. 26459

v Entwurf zur Glyptothek im Palladianischen Stil, 1815
Aquarellierte Federzeichnung Klenzes
München, Staatl. Graph. Sammlung, Inv.Nr. 26807

VI Entwurf von 1818 für ein Armee-Denkmal am Odeonsplatz in München mit Leuchtenberg-Palais rechts und dem Odeon links
Aquarell Klenzes
München, Staatl. Graph. Sammlung, Inv.Nr. 27166

VII Wandaufriß des Ballsaales im Festsaalbau
der Münchner Residenz
Aquarell Klenzes
München, Staatl. Graph. Sammlung, Inv.Nr. 26535

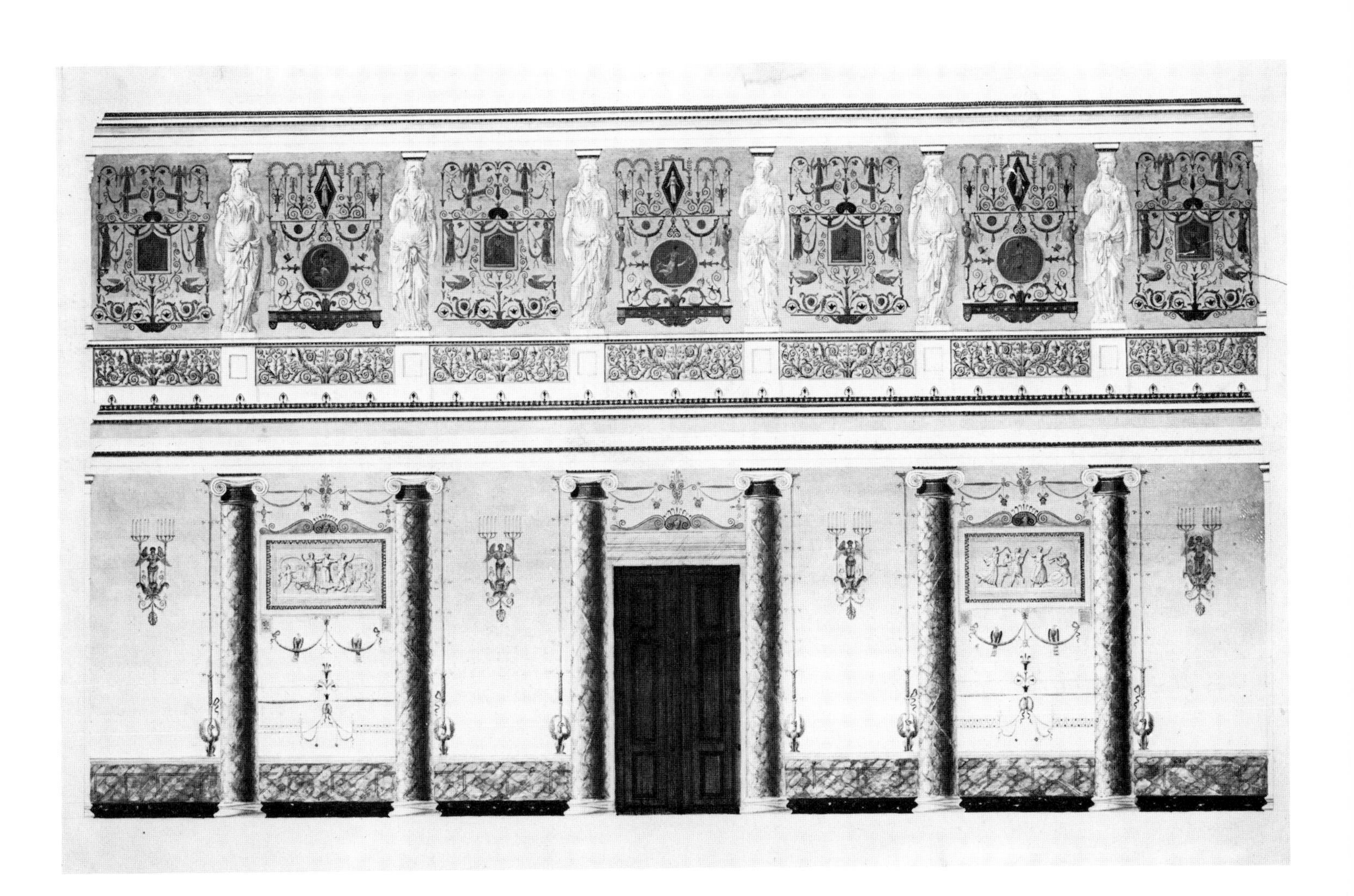

VIII Längsschnitt der Allerheiligen-Hofkirche München
Federzeichnung Klenzes
München, Staatl. Graph. Sammlung, Inv. Nr. 26618

IX Perspektive des Inkunabelsaals
der Eremitage St. Petersburg
Federzeichnung Klenzes
München, Staatl. Graph. Sammlung, Inv. Nr. 36214

1 Leo von Klenzes Münchener Arbeitsraum. Aquarell von Christian Jank, 1864

Norbert Lieb

Der Architekt Klenze als Bildkünstler

Vorbemerkung:

»G« verweist auf das Verzeichnis der Gemälde, »Z« auf jenes der Zeichnungen, »Sk« auf Skizzenbücher.

Wenn ein Architekt des Klassizismus auch als Bildkünstler, in Freihandzeichnung und Tafelmalerei, tätig ist, so will das den herkömmlichen Begriffen der Stilepoche und der Scheidung der Kunstgattungen widersprechen, also bedenklich erscheinen. So stellt die an Schinkel in Berlin und Klenze in München manifestierte Personalunion von Architekt und Maler ein Phänomen dar, das eigene Beachtung verlangt und verdient.

Klenzes Verhältnis zur Bildkunst und zu bildenden Künstlern

Klenzes letzten häuslichen Arbeitsraum überliefert uns ein Aquarell Christian Janks von 1864[1]: weit, hell und von freundlicher Farbigkeit belebt, eingerichtet mit Biedermeier-Möbeln und mancherlei Geräten und Gegenständen künstlerischer und schriftstellerischer Tätigkeit und gelehrter Interessen, geschmückt mit kleinen Kunstwerken – verwandt der Atmosphäre von Adalbert Stifters »Nachsommer«. Am Fenster steht eine Malerstaffelei mit einem Gemälde.

Bei der Erwerbung antiker Skulpturen ist Klenze schon dem bayerischen Kronprinzen, später König Ludwig I., ein sachverständiger Berater und erfolgreicher Agent gewesen. Er hat in München die Glyptothek als Museum antiker Bildwerke und die Ältere Pinakothek als Palast einer Weltgalerie geschaffen. In der Allerheiligen-Hofkirche hatte seine Architektur eine intensive, wesentlich sakrale Gemeinsamkeit mit der Malerei erreicht. Dem 1823 gegründeten Münchner Kunstverein ist der Architekt bald beigetreten. Zu vielen gleichzeitigen Künstlern Münchens und weit darüber hinaus hat er gute Kontakte gehalten[2]: so zu den Malern Peter Heß[3], Clemens Zimmermann und Theodor Leopold Weller und zu dem Bildhauer Ludwig Schwanthaler. Julius Schnorr von Carolsfeld nennt sich in einem Brief von 1860 Klenzes »Freund«. Für ein Vertrauensverhältnis spricht es wohl, wenn Carl Friedrich Heinzmann in einigen Lithographien Bauten Klenzes reproduziert hat, und dasselbe ist auch für Gustav Kraus[4] anzunehmen. Ebenso dürfte Christian Jank (geb. 1833) dem Haus des Architekten nahegestanden sein. In besonderer Weise aber ist Klenze mit den Malern Carl Rottmann[5] und Carl Wilhelm Freiherr von Heideck[6] verbunden gewesen. Nachdrücklich ist auch hervorzuheben, wie sehr Klenze Wilhelm Kaulbach geschätzt hat[7] und ebenso noch Carl Piloty[8]. Im Februar 1859 besuchte Paul Heyse Klenze, um diesen als Fürsprecher bei König Ludwig I. für Böcklins »Pan im Schilf« zu gewinnen[9]. Die Intervention führte zu einem für Böcklins Entwicklung entscheidenden Erfolg. Noch ein später Brief Klenzes, vom 27. Mai 1862, galt der Förderung des Malers Friedrich Gunkel[10]. Die Maler-Begabung Klenzes hat in seiner Familie bis zu einem Enkel fortgedauert.

Klenzes Bildersammlung

Schon etwa 1817 hatte Klenze begonnen, eine private Gemäldesammlung anzulegen[11]. Der Hauptteil ihres Bestandes wurde 1841/42 von König Ludwig I. um fast 27000 Gulden für die Neue Pinakothek erworben. Von den im ersten Katalog dieser Galerie verzeichneten insgesamt 321 Gemälden stammten 59 aus Klenzes Besitz[12]. Die bei Klenze noch verbliebenen (oder in der Folgezeit neu erworbenen?) Gemälde sind 1864 versteigert worden[13]. Klenze hat mit Anspruch auf Qualität gesammelt. »Meine Gallerie, nur Perlen leidet sie«, schreibt er am 25. August 1827 an Carl Wilhelm von Heideck[14]. Was überrascht, ist das Programm: Klenzes Sammlung, soweit sie in die Neue Pinakothek eingegangen ist, umfaßte nur Werke ihm zeitgenössischer Maler. Die Datierungen reichen von 1810 bis 1842. Vertreten waren dreißig deutsche Maler, drei Belgier, je zwei Franzosen und Italiener[15]. Der Thematik nach stehen Landschaften an der Spitze (siebzehn aus Italien, drei aus Griechenland, fünf aus dem Alpenland und drei sonstige).

Auffallend ist die Liebe zur Genremalerei, bezeugt durch fünfzehn Bilder, davon zehn mit Motiven aus Italien. Merkwürdig gering ist dagegen die Zahl mythologischer Themen: Raub der Helena nach Peter Cornelius, eine Szene aus dem Nibelungenlied von Julius Schnorr von Carolsfeld 1830. Ein einziges Bild zeigte eine Begebenheit aus der italienischen Historie des späten 15. Jahrhunderts. Ein religiöses Thema kommt nur ein einziges Mal vor, ein Madonnenbild des Deutschrömers Johannes Riepenhausen von 1819.

Zwei Maler nahmen kraft ihrer persönlichen Verbindung mit Klenze in dessen Sammlung einen ganz besonderen Platz ein: Carl Wilhelm von Heideck und Carl Rottmann [16]. Von Rottmann kamen aus Klenzes Besitz insgesamt sechs Bilder in die Neue Pinakothek: eine Eibsee-Landschaft von 1825, drei italienische und zwei griechische Landschaften [17].

Bildhafte Elemente in Bauentwürfen

Mit diesen bildfreundlichen Neigungen stimmt zusammen, daß Klenze selbst viele figurale Dekorationsentwürfe gezeichnet, oft auch farblich durchgeführt hat, manche in hoher Qualität. Das angemessene Dekorum ist für die klassizistische Architektur ein wesentlicher Faktor der Schönheit gewesen. Ebenso hat Klenze auch Architekturprojekte in bildkünstlerischer Auffassung ausgearbeitet: Perspektivische Übereckansichten von Außenbauten und Überblicke auf Bodenflächen, Prospekte stadtbaulicher Kompositionen, Innenraumansichten, mit Staffagen, Lichtführungen und stereometrisch verdeutlichenden Schlagschatten. All solche Mittel sollen nach alter Erfahrung die Anschaulichkeit fördern, den Entwurfideen zu suggestiver Wirkung auch bei Laien verhelfen. Diese Darstellungsmethoden hat Klenze früh in Berlin gelernt, in Paris wohl weiter studiert und in München sofort angewendet. Dort schreibt er am 20. August 1818 dem Kronprinzen Ludwig, er habe dem Feldmarschall Fürst Wrede in Ellingen den Entwurf des »Heeresdenkmals« [18] vorgelegt. Dieser Mitteilung fügt er, mit gewisser Ironie, bei: »Meiner schlechten Gewohnheit zufolge habe ich das Ganze in ein würdiges perspektivisches Bild gebracht, welches möglichst wahr in Verhältnis, Gestalt, Farbe und Wirkung gehalten.« Ein anekdotisches Beispiel für die gewollte und tatsächlich erreichte Wirkung eines bildlichen Gesamtentwurfs mit einem nachträglich, gleichsam experimentell eingesetzten Einzelelement erzählt Friedrich Pecht aus der Planungsgeschichte der Walhalla [19].

Ausbildung im Zeichnen und Malen

Eine Gruppe früher Zeichnungen Klenzes ist erhalten geblieben. Sie lassen sich den wiedergegebenen Bauten und Orten zufolge auf die Jugendjahre, die von 1798 bis 1800 dauernde Braunschweiger Studienzeit und auf die erste Phase der 1804 beginnenden Kasseler Tätigkeit ordnen. Die Neigung eines angehenden Architekten und wohl auch der Stand seines Elternhauses bezeugt sich darin, daß die Zeichnungen fast durchwegs Ansichten von Schlössern, auch solchen des 18. Jahrhunderts, geben. Dadurch haben sie für die Topographie und Baugeschichte von Niedersachsen und Hessen-Kassel dokumentarischen Wert. Die künstlerische Bedeutung ist jedoch gering. Am besten erscheint eine Ansicht der bei Hofgeismar gelegenen Sababurg.

1800 kam Klenze nach Paris zu Constant Bourgeois, einem Schüler des Jacques Louis David, der sowohl »historische Landschaften« malte als auch druckgraphische Ansichtsserien herausgab, so 1805 eine radierte Folge »Vues et fabriques pittoresques d'Italie d'après nature« [20]. Die Ausbildung in Paris, im besonderen jene auf dem Gebiet der graphischen und druckgraphischen Architekturvedute, hat die Grundlage für Klenzes frühe italienische Zeichnungen geboten. Die 1806 datierte Federzeichnung von SS. Giovanni e Paolo in Rom könnte man sich durchaus in Druckgraphik ausgeführt denken. In der Folge hat Druckgraphik als Vorlage für Klenze manche Bedeutung behalten, auch für die Darstellung antiker Bauwerke [21].

Erst gegen 1825 wandte Klenze sich der Ölmalerei zu. Als seinen Lehrer auf diesem Gebiet nennt er den vier Jahre jüngeren Carl Wilhelm von Heideck [23]. Ihm berichtet Klenze in einem Brief vom 2. November 1828 [24], er habe »im Fache der Malerei rastlos fortgearbeitet« und bisher mehrere kleine wie auch großformatige Bilder gemalt. Heideck, der seit 1805 Offizier in bayerischen Diensten war, ging nach dem Ende der napoleonischen Ära zur Malerei über. 1822 arbeitete er in München an den Gemälden der Glyptothek mit, 1823 war er erstmals in der Münchner Kunstausstellung vertreten. 1830 begleitete er Klenze nach Italien. Dieser konnte ihn und Carl Rottmann 1834 auch in Griechenland treffen. Von dem welterfahrenen Heideck lernte Klenze die Technik der Ölmalerei, überdies vielleicht auch manche Motive der von dem Maler-Offizier sehr gewandt beherrschten Figurenstaffage. (Das dürfte für das frühe Werk G 3 gelten.)

Im Münchner Kunstverein zeigte Klenze erstmals 1824

Zeichnungen, seit 1825 dann fast Jahr für Jahr Gemälde, in der Regel ein oder zwei Bilder, nur ausnahmsweise 1829 und 1831 je drei, 1828 deren vier. Das Ausstellen geschah nicht zum Verkauf, sondern als individuelle Rechenschaftslegung über die jeweilige aktuelle Jahresleistung des Malers.

Überlieferung und Entstehung der Zeichnungen

Klenze hat seine Zeichnungen sorgfältig aufbewahrt. Der größte Teil des zeichnerischen Nachlasses gelangte von den Erben 1885 in die Staatliche Graphische Sammlung und 1912 in die Handschriftenabteilung der Bayerischen Staatsbibliothek in München. Andere, anscheinend kleinere und an Qualität weniger bedeutende Teile sind früher oder später andere Wege gegangen, in Privatbesitz, Kunsthandel und wiederum Privatbesitz.

Zeichnungen, die als Gemälde ausgeführt worden sind, haben früh eine entsprechende Beschriftung erhalten. Die meisten freien Zeichnungen sind auf Reisen entstanden, mindestens vorbereitet worden. Klenze ist von der Studienzeit bis in sein vorletztes Lebensjahr mit immer wacher Aufmerksamkeit und wahrer Begeisterung gereist. Im Alter hat er gern die neuen Möglichkeiten der Eisenbahn genutzt. Das Itinerar erstreckt sich, Spanien und Skandinavien ausgenommen, über ganz Europa. Die individuelle Bildungsreise galt im 19. Jahrhundert als besonderer Beweis gehobener Kultur. Klenzes liebste Ziele waren Italien, Sizilien und Griechenland, aber auch Istrien und die Provence – die antiken Hauptgebiete des Mittelmeerraums also und dessen östliche und nordwestliche Ränder. Von 1803 bis 1857 kam Klenze wohl über zwanzigmal nach Italien. 1834 durfte er auch Griechenland besuchen. Besonders reich ist der zeichnerische Ertrag der Italienreisen von 1806/07, 1823/24, 1827 und 1830. Manchmal liegen die Daten der Zeichnungen erstaunlich dicht beieinander. Gewisse Ansichten scheinen Standardthemen der Maler jener Zeit gewesen zu sein: so der Dom zu Orvieto, das Forum Romanum, der Blick auf den Nemi-See oder Tivoli, die Bucht von Amalfi, Capri, der Poseidontempel von Paestum, die Ansicht von Palermo mit dem Monte Pellegrino. In Griechenland nehmen Ansichten der Akropolis von Athen und des Löwentors von Mykene eine entsprechende Stellung ein. Dagegen sind von den sechs Reisen, die Klenze von 1839 bis 1851 nach Petersburg geführt haben, keine Zeichnungen überliefert; hier ließ wohl die dienstliche Verpflichtung keine freie Zeit.

Motivationen und Funktionen der Zeichnung

Das Zeichnen ist im 18. Jahrhundert eine besonders geliebte Kunstübung gewesen, geliebt eben auch von Dilettanten. Mit einer anderen Passion der gleichen Zeit, dem Reisen, verbunden, wird das Zeichnen – als »Topographie« – zum Instrument des Erfahrens und Erfassens von Bauten, Städten und Landschaften, auch von Gesellschaft und Volksleben. Indem im Zeichnen die Betrachtung sich zur Reise-Erinnerung verdichtete, vermochte im nachhinein die Zeichnung selbst immer wieder zu neuer Begegnung anzuregen. Über all das hinaus hatte für Klenze das Reisen und das Zeichnen noch einen besonderen Sinn und Wert: Hier konnte der Baumeister die Vielseitigkeit seiner figuralen Vorstellungen demonstrieren; durfte der vielbeschäftigte, vom impulsiven Bauherrentum seines Königs und durch die alltäglichen Aufgaben der Baubürokratie in Anspruch genommene Architekt sich schöpferisch entspannen, sein Künstlertum und sein Lebensgefühl immer wieder erfrischen und weiten.

Im Nachlaß sind sowohl Detailskizzen wie an Ort und Stelle ausführlich aufgenommene Zeichnungen erhalten. Als solche der zweiten Art dürfen im besondern die mit Tagesangaben datierten Blätter gelten, zumal wenn der betreffende Aufenthalt auch durch andere Dokumente bezeugt ist. Daneben gibt es komponierte Reinzeichnungen, die den Datierungen zufolge erst später, zu Hause in München ausgearbeitet worden sind. Manche Zeichnungen – wie jene aus Rom 1806 – haben erst nachträglich ihre Datierungen erhalten.

Techniken der Zeichnung

Direkt, »prima vista« vor Ort entstanden sind Bleistiftzeichnungen. Das gilt vor allem für die in meist kleinformatigen Skizzenbüchern enthaltenen Aufnahmen und Studien. Zuweilen hat ein Skizzenblatt mehrere Einzelmotive aufgenommen. Bei größeren Ansichten beginnt Klenze mit der Architektur, das Landschaftliche und die Randpartien werden nur skizziert. Nur selten kommen Zeichnungen auf braunem Papier vor. Oft sind Bleistiftzeichnungen zur größeren Verdeutlichung mit der Feder übergangen, entweder schon bei der ersten Aufnahme oder erst später. Die wenigen reinen Federzeichnungen sind als Endausführungen anzusehen, in ihrer Genauigkeit können sie manchmal fast wie Vorlagen zu druckgraphischer Reproduktion erscheinen.

Verhältnismäßig gering an Zahl sind die in Tusche oder Sepia ausgebildeten Zeichnungen; sie entstammen vorwiegend der Zeit der Italienreise von 1806/07. Braune Lavierung wird schon in Jugendzeichnungen und dann in frühen italienischen Blättern angewendet. Selten gibt es graue Lavierung. In München hat vielleicht noch die von Angelo und Domenico Quaglio gepflegte Sepiafederzeichnung und Lavierung Einfluß auf Klenze gehabt. Diese Technik bot besondere Möglichkeiten malerischer Entfaltung, zumal in Meer- und Küstenbildern. Durch Weißhöhung hat Klenze gelegentlich die Hochgebirgsnatur von Naßfeld (1819) und Gastein zur Wirkung gebracht. Nur in wenigen, besonders qualitätvollen Beispielen findet sich Aquarellierung, meist über Bleistift.

Vorzeichnung und Reinzeichnung

Auf die kleinformatige Skizzenbuch-Aufnahme kann zur Vorbereitung eines Gemäldes eine vergrößerte Zeichnung folgen. Die erhaltenen Bestände erlauben in etwa siebzehn Fällen, den Gestaltungsprozeß zu beobachten: vom Lokalaugenschein der ersten Aufnahme bis zu der durch Stilbewußtheit und Idealität gefilterten Ausführung. Soweit Datierungen gegeben sind, zeigen sich zwischen beiden Fassungen Zeitabstände von zwei bis zehn Jahren, einmal sogar von etwa dreiunddreißig Jahren[25]. Noch untersucht werden müßte, welcher kompositionellen Mittel sich Klenze in Zeichnungen bedient hat. Horizontale Konstruktionslinien lassen sich im unteren Drittel mancher Blätter feststellen. Im Capri-Entwurf (Z 155) und in einer griechischen Landschaft ist der Horizont des Meers mit dem Lineal gezogen[26].

Eintragungen auf Zeichnungen

Das dem archäologisch interessierten Architekten[27] eigene exakte Beobachten und Erfassen bekundet sich darin, daß auch zahlreiche sonstigen Zeichnungen verbale Eintragungen aufweisen. Im Sinn einer möglichst genauen Vedute sind auf einer italienischen Landschaft von 1807 einzelne Partien mit Buchstaben topographisch bezeichnet und diese rechts unten expliziert. In einer Landschaftszeichnung aus Griechenland sind zwei Berge durch Buchstaben signiert, ihr Abstand wird durch eine darüber geschriebene Eintragung richtiggestellt. Auf anderen Blättern ist in solcher Weise das Verfahren der Bestandsaufnahme abgekürzt worden: So wenn eine Landschaftszeichnung von Amalfi 1830 dreimal die Notiz »Grotte« enthält oder die Zeichnung einer alpenländischen Dorfstraße die Angaben »Wasser, Schnee«. Für sich selbst steht, gleichsam ein Monolog, einmal auf einer südfranzösischen Baumstudie die Beschriftung »ganz im Reflexlicht gezeichnet«. Vor allem sollten solche Eintragungen als Gedächtnisstützen zur Ausführung von Gemälden dienen.

Aus den Jahren 1830, 1841–45 und 1851–60 gibt es viele Zeichnungen mit mehr oder minder ausführlichen Aufschreibungen über Farbigkeit, Licht, Materialien, auch Konstruktion. Manchmal sind diese Angaben in die Zeichnung selbst eingetragen. Meistens aber werden sie innerhalb der Zeichnung durch Buchstaben, Ziffern oder Zeichen markiert, die dann an den Rändern, gelegentlich auch auf der Rückseite oder sogar auf einem eigenen Blatt aufgeschlüsselt werden. Bemerkenswert durch sehr viele in die Zeichnung selbst – auch in Himmel und Wolken – eingetragene Farbnotizen und durch die graphische Signierung der von der Sonne ausgehenden Strahlen ist die 1830 datierte große Zeichnung der Bucht von Amalfi[28].

Ein anderes, oft gebrauchtes Hilfsmittel ist die Quadrierung[29]. Sie kann mehrfache Funktionen haben: als Instrument schon der genauen Lokalaufnahme; als Mittel zur Übertragung einer Vorzeichnung in eine Reinzeichnung oder einer Reinzeichnung in ein Gemälde; als Mittel zur Wiederholung einer Zeichnung oder eines Gemäldes; als konstruktives Mittel zur Ordnung der Bildfläche nach einem Proportionsprinzip. Klenze hat die Quadrierung sowohl in Architektur- wie in Landschaftsdarstellungen angewendet. Nur in einem einzigen Fall kann die Quadrierung sicher als Mittel zur Übertragung einer Vorzeichnung in eine Reinzeichnung erkannt werden. Als Beweis für die tatsächliche Ausführung einer Zeichnung als Gemälde darf die Quadrierung allein jedoch nicht unbedingt gelten. In nicht wenigen Fällen können quadrierte Zeichnungen auch nur auf geplante, aber nicht ausgeführte oder noch verschollene Gemälde gedeutet werden[30]. Andrerseits sind die dem Paestum- (G 63) und dem Pisa-Bild (G 66) zugrunde liegenden Zeichnungen ohne Quadrierung geblieben, vielleicht weil Klenze diese so exakt aufgemessenen Blätter nicht beeinträchtigen wollte? Einige Male sind nur Kompositionsteile, Figuren, Bäume und einzelne Objekte quadriert, um bei Gelegenheit in eine Gesamtkomposition übernommen zu werden[31].

Die Gemälde und ihre Empfänger

Was auf dem Weg über die Zeichnung als Ziel angestrebt wird, ist das Tafelbild. Derzeit können wir von Klenze 78 Gemälde zählen. Soweit fest datiert oder annäherungsweise datierbar, stammen diese Bilder aus dem Zeitraum von 1825 bis 1863. Besonders produktiv sind offenbar die 1830er Jahre und das letzte Lebensjahrzehnt gewesen. Nicht wenige Gemälde behielt Klenze bei sich und für seine Familie. Eine nicht unbeträchtliche Zahl von Bildern kam früh an andere Besitzer. Eine teilweise Übersicht hat Klenze selbst auf der Rückseite einer Zeichnung[32] notiert. Genannt werden hier elf Empfänger von Gemälden, die, soweit erhalten, in der Zeit von 1828 bis 1842 entstanden sind. Nimmt man zu dieser Liste die Beschriftungen einzelner Zeichnungen und andere Nachrichten, so ergibt sich eine respektable Zahl und Gruppierung der Empfänger oder Besitzer von Bildern Klenzes. Im bayerischen Königshaus besaßen Ludwig I. zwei oder drei Gemälde Klenzes, die Königin-Witwe Karoline und Prinz Luitpold (der spätere Regent) je eines. Es folgen vier aristokratische bayerische Hofchargen, zwei Minister, zwei Bankiers, ein angesehener Landwirtschaftsfachmann, eine Hofdame, die Gemahlin eines adeligen Diplomaten, ein Gelehrter, ein Münchner Kunstsammler bzw. Kunsthändler. Je ein Gemälde erhielten der Maler Clemens Zimmermann in München, Rauch und Schinkel in Berlin und Thorvaldsen. Eines seiner ersten Gemälde widmete Klenze 1828 Goethe.

Die an prominente Persönlichkeiten und an Kunstgenossen gekommenen Bilder dürfen als Zeugnisse verehrungsvoller wechselseitiger Verbindung und Freundschaft gelten. Dabei wissen wir im einzelnen nicht, ob die Gemälde, altem Brauch gemäß, primär als Geschenke gegeben oder ob sie auf Wunsch und in Auftrag gemalt worden sind, ob der Empfänger aus vorhandenen Bildern oder aus Zeichnungen eine Wahl hat treffen können. Ausnahmsweise erfahren wir, daß Thorvaldsen 1830 sich das Pirano-Bild (G 24) »gewünscht« und Klenze es ihm »versprochen« hat. Deutlich wird aber, daß Klenze die Gemälde vor der Übergabe an die Besitzer meist im Münchner Kunstverein, ausnahmsweise auch auf auswärtigen Ausstellungen gezeigt hat. Dadurch konnten die Gemälde an Ansehen gewinnen. Mit Verkaufsabsichten hat Klenze Bilder sicher nicht ausgestellt. Verkäufe aus Ausstellungen des Münchner Kunstvereins lassen sich nicht nachweisen. Für das Agrigento-Bild (G 64) sandte Richard Lepsius laut Familienüberlieferung als Gegengabe seine große ägyptologische Publikation an Klenze. Ein Gemälde (G 63) hat laut Tradition König Ludwig I. dem Erzgießer Ferdinand Miller in München geschenkt. Das Bild des italienischen Klostersaals (G 62) ist vermutlich auf Wunsch, wenn nicht auf Bestellung des Ministers Zwehl entstanden, der wohl auch das Programm der Darstellung angegeben und mindestens in Einzelheiten bestimmt hat. Ob die Ansicht der Domfassade von Amalfi (G 67) etwa jenem Neapolitaner Architekten Enrico Alvino zugedacht gewesen sein kann, der die tatsächliche Rekonstruktion des mittelalterlichen Bauwerks eingeleitet hat, mag als Frage gestellt sein.

Erst in der Zeit nach der Regierung König Ludwigs I. hat Prinz Luitpold von Bayern 1854 ein im Jahr zuvor in München ausgestelltes Gemälde Klenzes (G 60) für sich erworben. Das Ravello-Bild (G 71) ist durch Kauf in die Sammlung des Freiherrn Adolf Friedrich von Schack gelangt.

Zu Maltechnik und Bildformaten

Klenzes Ölbilder sind fast alle auf Leinwand von feiner Webstruktur gemalt. Die Grundierung ist dünn und glatt, die Vorzeichnung höchst sorgfältig[33]. Nur vier der bisher bekannten Bilder haben Kupfer als Malgrund. Darunter befindet sich die 1828 an Goethe gesandte Tempel-Ansicht von Agrigento (G 13), in deren Materialwahl, kleinen Ausmaßen, Thematik und Technik ältere Traditionen der Veduten-Feinmalerei nachwirken. G 25 von 1832 ist kleiner. Die zwei anderen Kupferbilder (G 3, 7) sind in der Malfläche mehr als doppelt so groß. Am 2. November 1828 schreibt Klenze an Heideck, er habe inzwischen Bilder im Ausmaß von zehn bis zwölf, andere von zwei bis drei Quadratfuß gemalt[34]. Schon das 1826–28 für Schinkel gemalte Monselice (G 10) mißt 61 x 73 cm und die 1830 datierte Landschaft von Porto Venere (G 17) hat das ansehnliche Ausmaß von 91 x 114 cm. Wenn seitdem die Malflächen anwachsen, so darf das sowohl aus der zunehmenden Sicherheit wie aus dem Selbstbewußtsein und Ehrgeiz des Malers Klenze erklärt werden. Während nach wie vor auch kleine Formate vorkommen, zeigen besonders gesteigerte Ausmaße die Bildansichten eigener Bauten, der Walhalla (G 42) und der Propyläen (G 56). Am größten sind die beiden idealen Athen-Bilder (G 73, 55).

Breitrechteckformate sind fast die Regel, Hochrechteckformate erscheinen unter den erhaltenen Bildern in nur geringer Zahl.

Verhältnis von Zeichnungen und Gemälden

Wenn man die zwischen erhaltenen Zeichnungen und bekanntgewordenen Gemälden bestehenden oder denkbaren Verhältnisse beobachtet, ergeben sich folgende Tatsachen:

1. Nicht zu allen quadrierten Zeichnungen lassen sich Gemälde-Ausführungen feststellen. Die sicherste Dokumentierung einer Gemälde-Ausführung ist, wenn Klenze eine Zeichnung mit der Aufschrift »gemalt« versehen hat.
2. Es gibt auch zahlreiche – mindestens etwa 40 – bildmäßig komponierte, jedoch nicht quadrierte Zeichnungen, zu welchen bisher keine Gemälde-Ausführungen nachgewiesen sind[35].
3. Nicht zu allen erhaltenen oder überlieferten Gemälden finden sich Gesamtzeichnungen. Das kann darauf deuten, daß Klenzes zeichnerischer Nachlaß nicht vollständig erhalten ist.
4. Manche zu festgestellten Gemälden gehörenden (Rein-)Zeichnungen sind nicht quadriert. Hat Klenze zur Übertragung etwa ein anderes Hilfsmittel angewendet, bei welchem die Reinzeichnung selbst geschont und statt ihrer eine Pause gemacht worden ist?
5. Ein Einzelfall ist, daß eine Zeichnung (Z 180) den 1831 datierten Vermerk »2 x gemalt« trägt. Kann auf die zweite Ausfertigung das zwei Monate später datierte Blatt Z 181 bezogen werden?

Die sicher gegebenen Datierungen zeigen, daß der Zeitabstand zwischen Zeichnung und Gemälde meist drei bis vier Jahre beträgt. Die Spanne kann auf sechs, neun, zehn und zwölf Jahre steigen. Am merkwürdigsten ist der 26 Jahre durchmessende Prozeß beim Zante-Bild (G 69 von 1860)[36].

In den Ausmaßen werden die Gemäldekompositionen gegenüber den Zeichnungen natürlich vergrößert. Nur bei kleinformatigen Bildern können Zeichnung und Ausführung in den Dimensionen nahezu gleich sein (G 18, 31, 65).

Die Proportion des Formats kann schon in der Zeichnung durch seitliche Grenzlinien fixiert werden. Meist aber wird der Bildausschnitt des Gemäldes gegenüber der Zeichnung seitlich verbreitert. Das Athen-Bild von 1846 ist gegenüber der Vorzeichnung nach rechts und im Vordergrund erweitert. Die Tendenz zum Breitformat kann auch durch Beschnitt des oberen Randes verstärkt werden. Die nächste Übereinstimmung zwischen (Rein-)Zeichnung und Bildausführung zeigt sich bei den Ansichten von Agrigento (G 13), Udine (G 57), Paestum (G 63) und Pisa (G 66). Im allgemeinen stimmen die gezeichneten Endfassungen so nah mit den Gemälden überein, daß sie für Klenze selbst auch als Dokumentationen weggegebener Gemälde haben gelten können und uns noch zur Rekonstruktion und Identifizierung verschollener Gemälde zu dienen vermögen. Andrerseits ist zu dem Capri-Bild von 1833 (G 30) nur eine rasch gezeichnete Skizze erhalten. Flüchtig erscheint auch die Zeichnung (Z 128) zur »Italienischen Küstenlandschaft« der Gräfin Pappenheim (G 31). Bei einer anderen Capri-Zeichnung könnte man zu fragen versucht sein, ob dieses Blatt eine Nachzeichnung nach dem für Königin Karoline gemalten Bild (G 22) sei.

Für die Komposition der Gemälde hat die Anlage des Vordergrundes, die Betonung der seitlichen Ränder und unteren Ecken, besonders der linken Seite und der linken unteren Ecke, große Bedeutung. Zum Monselice-Bild (G 10) ist die Zeichnung auf die nahe Ansicht der Architektur gesammelt. Im Gemälde wird die Baugruppe vereinfacht, mehr in Abstand gesetzt, der Bildausschnitt geweitet und räumlich vertieft. Kompositionell wird der Architektur links eine vordergründige Baumgruppe und die Fernsicht in eine Berglandschaft zur Seite gestellt. – In Goethes Agrigento-Bild (G 13) ist im Unterschied zur Zeichnung die Komposition im ganzen mehr konzentriert. Der aufgerichtete Gigant ist aus der frontalen Ansicht etwas nach links gedreht, am rechten Rand dargestellt eine zweite Säulenbasis, rechts unten im Vordergrund ein monumentaler Steinkopf. Im Hintergrund breitet sich das Meer in einer Horizontalen, welche die Bildfläche in schöner Weise teilt und zugleich eine Schicht von Stille über die Ruinen legt. – Plastisch und räumlich intensiviert, geweitet und beruhigt erscheint gegenüber der Zeichnung die italienische Landschaft von 1829 (G 18). – Ebenso ist das Bild von Porto Venere (G 17) weiter, raumhaltiger, aber auch dramatischer komponiert als die Zeichnung. Während das linke Bergmassiv etwas niedriger gehalten ist, wird rechts als Abschluß ein starker Rundturm eingesetzt. – Meist schreitet von der Zeichnung das Gemälde zu Weite und Ruhe und kompositioneller Ausgeglichenheit[37]. So kann man beim Akropolis-Bild von 1846 zwischen dem Entwurf und der Ausführung (G 55) ein Zwischenstadium annehmen, in welchem der Vordergrund ausgebildet worden ist.

Einige Gemälde verlangen nähere Beobachtung ihrer künstlerischen Entwicklung. So gibt zum Bild von Massa di Carrara eine erste, rasch getroffene Bleistiftskizze (Sk 3, Bl. 43 r) bereits die schließlich gemalte Komposition. Eine folgende Reinzeichnung rückt aber die Bergburg nach rechts, um links einen Fernblick zu gewinnen. Im erhaltenen Gemälde wird dann wieder die Komposition der ersten Skizze aufgenommen, der Burgbau jedoch spiegelbildlich umgekehrt, die großen Bäume stehen an die Ränder des Vordergrunds auseinandergerückt. Das Bild lebt in entspannten Atemzügen auf. – Im Unterschied dazu erscheint 1857 das Bild des Concordia-Tempels von Agrigento (G 64) allzu intellektuell arrangiert. Die Ansicht des Tempels ist in Studien von 1823 vorbereitet. Sie entspricht der Abbildung in einem seit 1834 erscheinenden Architekturwerk. Doch ist im Gemälde die Ansicht spiegelbildlich umgestellt. Links im Vordergrund liegt eine Quaderboden. Rechts ist im Hintergrund die Stadt zu sehen. Wohl sucht die Komposition die zwei Hauptfaktoren, den nahen Tempel und die ferne Stadt, miteinander abzuwägen, durch eine Palmbaumgruppe eine Vermittlung herzustellen; doch wirkt die Kombination nur wie ein vorbeiziehender Bildstreifen. – Mehrschichtig stellt sich die Entwicklung des Zante-Bildes (G 69) dar. Eine erste erhaltene Zeichnung von 1834 legt bereits die Komposition fest. Diese Zeichnung ist quadriert, vermutlich zur Anfertigung der 1836 datierten Reinzeichnung, die aber laut Aufschrift »nicht gemalt« worden ist. Während die zweite Zeichnung durchaus temperamentvoll, freudig gelaunt anmutet, ist das erst 1860 ausgeführte Gemälde abgekühlt und trocken. – Liebenswürdig wirkt dagegen das gleichzeitige Capri-Bild (G 68). Verglichen mit der wohl drei Jahrzehnte älteren Zeichnung hat auch dieses Gemälde nach beiden Seiten mehr Weite gewonnen. Die zwei Berge sind miteinander glücklich ausponderiert, die Kirchenkuppel und der große Berg wechselseitig einander zugeordnet. Die Wandlung von der Zeichnung zum Gemälde ist offenbar durch die Transposition des Standorts und den Wandel der Blickrichtung erreicht, aus der Beobachtung jener Bildvariationen, die während einer ruhigen Bootsfahrt in der Ankunft erlebt werden.

Farbe und Licht

Klenzes erste Aufmerksamkeit gilt, von der Architekturdarstellung aus verständlich, der Zeichnung: ihrer die einzelnen Teile erfassenden und die Komposition strukturierenden Leistung. Ebenso aber weiß der Bildkünstler Klenze, was zur Zeichnung hinzukommen muß, was mehr als die Zeichnung Leben enthält und die Erinnerung zu Gegenwärtigkeit vollenden kann: vor allem Farbe und Licht. Farbe ist zur Zeit Klenzes ein entscheidendes Problem der idealen Rekonstruktion antiker Kultur gewesen. Diese Tatsache wird in den beiden Athen-Bildern (G 55 und 73) offenkundig, auf das Mittelalter bezogen auch in den Bildern des Kreuzgangs von Pisa (G 66) und des Doms von Amalfi (G 67).

Aus Goethes 1810 formulierter Erfahrung, »wie leicht die Farbe verschwindet«, kommt Klenze dazu, in den Zeichnungen schriftlich Farben zu notieren. (Um kein Fehlurteil entstehen zu lassen, sei bemerkt, daß auch Maler wie Wilhelm Kobell und Caspar David Friedrich zu diesem Hilfsmittel gegriffen haben.) Man sollte noch untersuchen, ob und wieweit Klenze im ausgeführten Gemälde sich jeweils genau an die vorsorglich gesammelten Farbnotizen gehalten hat. Im Blick auf das auszuführende gemalte Ziel-Bild werden auf Zeichnungen auch Beobachtungen über Materialien und Lichtverhältnisse verbal protokolliert. Obwohl bei nachträglicher Ausführung eines Gemäldes die Gefahr bestehen mag, daß die Farbgebung zu bunt oder zu dumpf gerät, wird Klarheit und harmonisierende Ordnung angestrebt und zumeist erreicht. So setzt das Bild des Lateran-Kreuzganghofs von 1846 (G 54) die planimetrisch gegliederte Bau- und Raumstruktur in Bezug zur Komposition von Farbe, Licht und Schatten. Die Notizen der Zeichnungen halten meist lokal-bestimmte Farbigkeit von Einzelheiten fest. Verbunden mit der dem Verfahren topographischer Kartierung verwandten Exaktheit der Zeichnung können im Gemälde dann partielle Farbigkeiten wiedergegeben werden, vergleichbar mit Inkrustationen, Intarsien, Mosaiken. Wenn solche Techniken alle vornehmlich von Stein getragen werden, entspricht dies wohl dem spezifischen Materialbezug eines klassizistischen Architekten. Bestimmte Farbakzente können ins Gemälde auch durch ausgehängte Tücher gebracht werden. Zu solcher Farbigkeit gehört das südländische Licht. Im Bild des Lateran-Kreuzgangs sind den oberen Bogen blaue Himmelsfelder wie Tympana eingeordnet. Die entschlossene Farbigkeit des Udine-Bildes von 1850 kommt der Art etwa illuminierter Druckgraphik nah; doch ist sie von Licht und Himmel Italiens legitimiert. Das nordalpenländische Gegenstück sind die weiß gehöhten Schnee- und Eispartien der Zeichnungen von Naßfeld und Gastein. Eine 1830 entstandene Zeichnung der Bucht von Amalfi ist merkwürdig durch den Versuch einer graphischen Suggestion der Sonnenstrahlung.

Im Unterschied zu den Zeichnungen werden in ausgeführten Gemälden die Schatten zu großer Bedeutung gebracht. In Licht und Schatten stellt sich die kubische Körperlichkeit von Architekturen dar. Schlagschatten bezeichnen Vertiefungen im Steinbauwerk oder im Fels, die Existenz auch figürlicher Staffagen. Im besondern können Schlagschatten als geometrisch-exakt konstruierte Formationen auch ganze Bildanlagen gliedern und akzentuieren, die Verspannung von Plastizität und Raum ausprägen. Wie schon im frühen Agrigento-Bild das von rechts einfallende Licht Helligkeit auf das Quaderwerk der Tempelsubstruktion legt, während dramatische Schatten in die Ruinentrümmer eingeworfen sind – das hat anschaulichen Sinn. Im Agrigento-Bild von 1857 kommt das Licht aus der Tiefe, über das Meer aufs Land, um das Innere des Tempels durchsichtig zu machen. Im Amalfi-Bild (G 67) bewirken Schlagschatten die baukörperliche Stufung der Freitreppe, beleben sie die auf der Treppe schreitenden Figuren. Im Ravello-Bild von 1861 fällt das Licht steil von rechts oben in den Hof; im Mittag wird auch der Schatten warm, ja heiß – es ist keine geringe Malerleistung, wie das Bild auch solches auslöst.

So sehr Klenze festgelegte Farben und festgelegtes Licht liebt, so erkennt er es doch als künstlerische Aufgabe, Kontraste zu meiden, die Elemente Farbe und Licht in eine Gesamtordnung des Malwerks zusammenzuführen. Auch diese Einung hat Klenze in Italien gefunden und für sich ausgebildet. In Italien liegt die meiste Farbigkeit und das meiste Licht im Himmel, breitet Farbe und Licht zu besonderer Einheit sich auf Wasserflächen aus (charakteristisch ist auf einer 1830 in Amalfi gemachten Zeichnung die Notiz, daß im ummauerten Wasserbecken sich der blaue Himmel spiegle). Auch Materialien können sich in Licht und Farbe Italiens besonders klar darstellen lassen. Wie der südländische Himmel das herrliche Feld der Vereinung von Farbe und Licht bietet, so können dort Licht und Dunkel besonders in den Wolken sich begegnen, von ruhiger Lebendigkeit ausgetragen bis zur Dramatik eines Sturms (G 17).

Betrachtet man Klenzes Malereien, so zeigt sich eine entwicklungsgeschichtlich zwar nicht ganz logisch zu ordnende, doch fesselnde Skala von Gesamthaltungen der Farbigkeit: von fast naiver Buntheit (G 57, 67) zu etwas trockener Schematik (G 54, 62, 64); von kräftiger Einheitlichkeit (G 63, 66, 71, 73) zu zarttoniger Stimmung (G 42, 46, 55, 68, 76). Weich ist bei allem heroischen Aufbau die italienische Küstenlandschaft der Gräfin Pappenheim (G 31). Abendliche Beleuchtung kommt aus dem Grund, die Lichtquelle liegt schon unter dem Horizont, das Licht selbst ruht noch in Spiegelung auf dem Meer. Das Bild von Massa di Carrara (G 35) ist nicht zuletzt durch die Farb- und Lichtkomposition zum vielleicht besten Malwerk Klenzes geworden. Sanft ist die Landschaft und Architektur verbindende Farb- und Lichtatmosphäre des Walhalla-Bildes (G 42): Hell die Längswand der in den Vordergrund gestellten Kirche und der Strom, dunkel die Säulenintervalle des Tempels, Licht arbeitet aber an ihm die Stereometrie des Unterbaus und des Aufstiegs zur Front heraus. Auch im Bild von Torre di Adriano (G 48) ist landschaftliches Leben und Räumlichkeit durch Farbe und Licht gewonnen.

Fast eine Summe der Farb- und Lichtanschauung Klenzes enthält das Athen-Bild von 1846 (G 55). Hier schöpft der Maler aus einem weiten Angebot der Palette, ohne eine bestimmte Farbe zu bevorzugen. Lokalfarben werden zunächst vorsichtig verborgen. Das Theseion steht im ganzen im Dunkel, nah gesehen taucht erst Teilfarbigkeit auf. Die Bauten der Akropolis sind in hellgelblichem Marmor errichtet, die meiste Farbigkeit trägt der Giebel des Parthenons. Links liegt über den Bergen goldgelbes Licht, es mischt sich auf Wolken zu Rosa: wohl abendliches, herbstliches Farblicht. Rechts aber hält der Himmel sich firmamenthaft in Blau. Von links nach rechts hellen im Erdbereich sich Dunkelheiten auf, um viel Licht im Vordergrund auf dem Boden der Exedra und oben auf der linken Flanke des Parthenons zu gewinnen. Gestuft sind die Übergänge vom dunklen Vordergrund über den halbhellen Mittelgrund zu den durch volle Helligkeit ausgezeichneten Bauten der Akropolis. Neben solcher Feierlichkeit gibt es auch Idyllik: am linken Bildrand gleichsam einen Spaziergang von Licht und Schatten in freier Luft.

Auch im Bild des Lateran-Kreuzgangs (G 54), das zunächst hart erscheint, kommen bei näherem, ruhigem Zuschauen wohltuende Differenzierungen heraus: changierende Farben in den Steinen, stillebenhaft das ziegelrötliche Pflaster, Licht auf hellen Architekturteilen; durch die Arkaden gesehen, zeigt sich vergitterte Helligkeit von Weiß, Rosa und Blau. Im Propyläen-Bild (G 56) hält die ganze Komposition und die Farbgebung des Hauptbaus den dominierenden Entwurfgedanken voll am Leben, die graduierte Beleuchtung der beiden Flankenbauten mag für Klenze selbst autobiographischen Bezug gehabt haben. Im Phantasiebild des italienischen Klostersaals (G 62) ist es nicht zuletzt das Licht, das die Weite, die luftklare Atmosphäre wissenschaftlichen Daseins zum Ausdruck bringt. Im Paestum-Bild (G 63) sind schönste Tonstufungen in der Farbe

II »Innere Ansicht der Insel Capri« (Anacapri), 1833. G 30

des Architektursteins empfunden, daneben erscheint der blaue Himmel fast wie in Feldern der Architektur eingelegt. Das Gemälde des Camposanto von Pisa (G 66) enthält im Hintergrund die Wiedergabe von Wandmalerei mit viel Lokalfarbigkeit. An der linken Wand zeigt sich unten solche in Steinmaterial und Intarsia, in gegeneinander abgegrenzten Feldern. Dazu kommt Leben im Einfall des Lichts durch zierliches steinernes Maßwerk, im Lagern des Lichts auf dem Marmorboden, mit dem Verweilen und Wechselspiel von Licht und Schatten in warmem Dämmern zwischen dem hölzernen Balkenwerk des offenen Dachstuhls.

Das Capri-Bild von 1860 (G 68) neigt zu einem spätzeitlichen Gesamtton: einer Braun-Grün-Grisaille, in welche etwas mattes Rotbraun eingemischt ist. In sicherer Stimmung sind Gebiete von Helligkeit und Schatten ausgegliedert, in letzter Abendsonne spielt im Vordergrund sich eine kleine Tanzszene ab, auf den Fenstern der Kathedrale spiegelt sich Licht.

Staffagen

In fast allen Gemälden weiß Klenze die bildkünstlerische Darstellung durch Staffagen zu betonen und zu vollenden[37a]. Oft läßt sich nachweisen, daß die Staffage erst zuletzt ins Bild einkomponiert worden ist. Als Beispiele dafür, welchen Zugewinn die Staffage bringt, seien aus den 1850er Jahren die Bilder von Udine, Paestum, vom Forum Romanum und Camposanto in Pisa genannt. Ein Gegenbeispiel fehlender Staffage gibt G 52.

Staffagen bilden einzelne Figuren oder Figurengruppen, ebenso die Vegetation in verschiedener Gestalt, auch mancherlei Gegenstände. In der Regel ist die figürliche Staffage klein, fast wie Figurinen im Bühnenmodell. Nur selten (G 54, 66) nehmen Menschengestalten größere Maße an.

In der Ausbildung und Wirkung des Gemäldes hat die Staffage mehrfache Funktion: Sie bringt kompositionelle Faktoren, setzt Maßstäbe und Farbakzente, sie verlebendigt die Motivik (auch Momente der Ruhe), sie kann geographische und historische Situationen determinieren, Stimmung vermitteln.

Im frühen Agrigento-Bild wird die Maßstabfunktion der Staffage deutlich sichtbar: Im Unterschied zur Zeichnung ist die Figurenstaffage auf einen einzigen Mann beschränkt, der mit der Aufmessung des Giganten beschäftigt ist und ebendabei zugleich selbst als optischer Maßstab dient. Ähnliches geschieht mit Absicht, auch die Weite des Raumes mitandeutend, in der Darstellung des Jupiter-Tempels von Selinunt. Ähnliches in der anekdotischen Staffage des Bildes der Cloaca Maxima wie in der Ansicht der Münchner Propyläen, des Concordia-Tempels von Agrigento und des Forum Romanum. Als Trägerin von Farbakzenten ist die Hauptgruppe des Amalfi-Bildes (G 67) bedeutsam.

Zuweilen wird die kompositionelle Funktion der Staffage in fast versatzstückhafter Methode gewonnen. Überzeugend ist fast immer die milieubezeichnende, stimmungbildende und ausdruckvermittelnde Wirksamkeit der Staffage. Im Vordergrund des Propyläen-Bildes machen wenige Figurengruppen das Münchner Leben jener Zeit gegenwärtig. Genrehaft war der Beschreibung zufolge die Staffage des späten Straßenbildes von Bozen (G 73) angelegt. Auch für Staffagen hat Klenze die besten Motive in Italien gefunden. Die Bilder des Platzes von Udine oder der Domfassade von Amalfi präsentieren ein spezifisch südländisches theatrum architecturae, in dessen hellem Freiraum die Staffagefiguren, einzeln und in Gruppen, agieren. Ebenso wird mit gutem Malersinn das Milieu des kleinen Hafens von Pirano geschildert; auch die an der Mündung der Cloaca Maxima in Rom sich begebende Genreszene, wo der Wäschergruppe gegenüber der studierende Herr (es ist kaum Klenze selbst, etwa Johann Martin Wagner?) postiert ist. Wie Dasein und Arbeit im Freiraum der Landschaft für die Augen des Reisenden ein Glück südländischen Lebens ausmachen, meinen die Figurenstaffagen von Massa di Carrara und Torre di Adriano. Sakral-feierlich wirkt dagegen die Prozession und Andacht der Pilger am Monte Sacro von Varese (G 46). Das volkstümliche Wettspiel im Freien bringt ins Bild des Forum Romanum (G 65) etwas Dramatik. Südländisches Milieu und Lebensgefühl kennzeichnen im besondern Tanzszenen: so schon in der 1806 datierten Ansicht des Forum Romanum. Die schönste Stimmung gibt das Motiv im Capri-Bild von 1860: mit dem Tanzpaar im Vordergrund, der stillen Teilnahme einiger Zuschauer und Zuhörer; dabei steht ein schlanker, jugendlicher Mönch. Aus barocker Tradition stammen pastoral-bukolische Staffagen: Hirten, Jäger, Angler, Fischer oder die Wäschergruppe (G 3). Nur selten ruft die Staffage mehr dramatische Wirkung hervor: Im Bild von Porte Venere die Szenerie eines Schiffbruchs auf wildem Meer unter gewittrigem Wolkenhimmel; im späten Paestum-Bild der gegen die kämpfenden Schlangen einen Stein schleudernde Hirt.

In der Ausdrucksskala der Staffagen finden sich auch andere Nuancen: In der Zeichnung mit dem wie tot liegenden

Giganten vom Jupiter-Tempel bei Agrigento[38] wird die Einsamkeit der gestürzten Antike durch die kleine Figur eines Mönchs gesteigert (vgl. G 45). An der antiken Ruine von Capua (G 9) spielt sich das Leben zeitgenössischer volkstümlicher Staffagefiguren in fast idyllischer Zuständlichkeit ab. Ein freies, halb ins Zeitgenössische gewandeltes Milieu wird im Phantasiebild des neapolitanischen Klostersaals (G 62) ausgemalt: Im großen, weiten Raum sind kleine Gruppen und Einzelfiguren in wissenschaftlicher Arbeit, Betrachtung und Konversation begriffen. Ins Bild des Lateran-Kreuzgangs paßt die sacra conversazione von Mönch und Pilger. Die Stimmung des Camposanto von Pisa wird in der sitzenden Frau und ihrem belehrenden Gespräch mit dem gelagerten Knaben konzentriert.

Eine merkwürdige Aufgabe der Figuralstaffage kann auch darin liegen, daß sie eine bestimmte historische Situation bezeichnet, und zwar nicht eine eigentliche Aktion (im Sinn der Historienmalerei) sondern eher einen Zustand (in fast still-lebenhafter Art). So wird im frühen Bild Monselice (G 10) durch die Gruppe von Soldat, Knappe und Pilger im Vordergrund und zwei Reitern im Mittelgrund das geschichtliche Milieu »Mittelalter« angetragen. Im Amalfi-Bild (G 66) ruft die Hauptgruppe des Vordergrunds episodisch und doch demonstrativ einen bestimmten Moment des baugeschichtlichen Schicksals der Domfassade in die Erinnerung. Im Athen-Bild von 1846 holt die vordergründige Figurenszenerie ein historisches Ereignis in eine geschichtsphilosophische Schau. Thema des zweiten Athen-Bildes ist dagegen die Geschichte spätantiker Architektur-Renaissance. Im Gemälde von Zante entsteht aus der historischen Rückverwandlung der 1834 bestehenden und aufgenommenen Bau-Erscheinung ein Gemenge von antiker und christlich-mittelalterlicher Architektur, von hoher Baukunst und ländlichem Wesen, und ebendem entspricht auch die figurale Staffage mit ihrem gleichzeitigen Beieinander eines antikisch gerüsteten mittelalterlichen Kriegers und in zeitgenössischer Volkstracht gekleideter Frauen.

Zur menschenfiguralen Staffage können Tiere kommen (G 57, 63, 64), auch der Frachtwagen im Propyläen-Bild, die Boote vor dem Dom von Amalfi, oder Instrumente und Versteinerungen (G 62), ausgehängte Tücher. Im Bild des Camposanto von Pisa sieht man als milieu-eigene Elemente Sarkophage und Epitaphien, dazu die als Siegesbeute aufgehängten Ketten und den antiken Bronzegreifen. Es gibt weiterhin bauliche Staffagen: im Vordergrund der Landschaft von Massa di Carrara (G 35) das dem abbrechenden Aquädukt angeschlossene kleine Werkhaus mit dem aus dem Kamin aufsteigenden weißen Rauch. Ähnlich stehen in der Landschaft der Walhalla (G 42) die dem Baubetrieb bestimmt gewesenen Baulichkeiten und die von Steinfuhrwerken zerfurchte Straße. Stillebenhaft erscheinen die Fenster im späten Capri-Bild oder die Blumenkästen an den Fenstern des Palasthofs von Ravello.

Bedeutung hat schließlich auch die Staffierung durch Vegetation. Einzelpflanzen, Gebüsch, Bäume und Baumgruppen werden oft und mannigfach, mit Geschick und Glück in den Dienst der Bildkomposition gestellt. Pflanzen tragen auch zur topographischen Kennzeichnung bei. Im Zante-Bild wird die Wandlung der ganzen Bildvorstellung von der Wandlung der Bäume begleitet.

Nur ausnahmsweise kommen figurale Staffagen schon in Kompositionszeichnungen vor. In Z 79 sind die zwei vorderen Staffagefiguren früh, doch erst über das Quaderwerk eingezeichnet worden. In der Regel werden die Staffagen durch eigene Sonderzeichnungen vorbereitet und ausgearbeitet. Sehr viele solche durchweg kleinfigurige, oft schon für die Gemäldeausführung maßstabgerecht zubereitete Zeichnungen sind im Nachlaß erhalten. Manche Skizzen hat Klenze selbst vor der Natur aufgenommen, auch ohne sie später in Gemälden zu verwenden. Einmal läßt eine Bleistiftzeichnung (Z 152) auch in der Beschriftung noch die Freude an der unmittelbar gesehenen Szene erkennen[39].

Öfter freilich sind Konzepte figuraler Staffagen auf indirekten Wegen herangeholt worden. So stammt die für die frühe, kaum zur Ausführung als Gemälde gedachte Komposition des Forum Romanum erhaltene Separatzeichnung der Tanzgruppe vermutlich von anderer Hand. Für die Staffage des Athen-Bildes von 1846 sind Entwurfzeichnungen Ludwig Schwanthalers verwertet. In anderen Fällen läßt sich beobachten, daß Klenze Entwürfe figuraler Staffagen nach fremden Vorlagen gezeichnet, sie aus Kompositionen anderer Maler exzerpiert hat (z. B. zu G 10). Hier muß die Verbindung mit Theodor Weller im besondern noch nachgeprüft werden. Auch das eine oder andere Bild der Gemäldesammlung Klenzes könnte Motive geliefert haben.

Durchweg eigenhändig sind die zahlreichen schönen Zeichnungen von Bäumen und Baumgruppen, Blättern und Pflanzen verschiedener Art, die Klenze, um sich einen Vorrat verwendbarer Bildelemente zu verschaffen, immer wieder, besonders in Italien und Südfrankreich aufgenommen hat. Mit einläßlicher Liebe ist die bildhaft auskomponierte Teillandschaft des Baumwegs bei Tivoli gezeichnet.

Zur Übertragung ins Gemälde hat Klenze auch Staffagen-Einzelentwürfe quadriert. Während dieses Hilfsmittel der richtigen Abmessung dient, wird zur kompositionellen Einordnung zuweilen das Verfahren des spiegelbildlichen Durchpausens auf der Rückseite vorbereitender Zeichnungen angewendet, gelegentlich auch die Prozedur des Ausschneidens. Für die Darstellung des Bronzegreifen im Bild des Camposanto von Pisa können wir drei Stufen der graphischen Vorbereitung beobachten: 1. eine kleine Aufnahme, nach links gewendet, detailliert; 2. auf der Rückseite dieses Blattes eine Umriß-Durchzeichnung, ohne Details, nach rechts gewendet, quadriert; 3. eine größere Zeichnung mit der dahinter stehenden Grabmalfigur, bereits unmittelbar in das Gemälde überleitend. Nach diesen Zeichnungen blieb für das Malwerk noch das Problem der Plastizität.

Die Tatsache der Verwendung fremder Vorlagen und der Heranziehung anderer Kräfte zum Entwurf der Staffagen erklärt sich daraus, daß Klenze im freifigürlichen Zeichnen nicht sicher gewesen ist und daß er selbst gerade beim hohen Eigenanspruch seines Malens um diese Grenzen gewußt hat. Dem steht als Positivum die Qualität der selbständigen Baum- und Pflanzenstudien gegenüber. Im ganzen berechtigen die verschiedenen Prozeduren des Bereitstellens und Gebrauchs von Staffageentwürfen nicht zu einem abträglichen Urteil. Denn hier wirkt ein alter, vielfach auch bei großen Malern nachweisbarer Künstlerbrauch.

Themen der Bilder

Bemerkenswert ist, welche Aufgaben und Themen in den bisher bekannten Gemälden (und auch Zeichnungen) Klenzes nicht vorkommen: Bildnisse, selbständige Figuralkompositionen, Akte, Ereignis- und Historienbilder, im besonderen keine Stoffe aus der antiken Mythologie und keine Allegorien; auch keine bayerischen Landschaftsmotive, keine bayerische Stadtansicht.

Dagegen können wir bisher folgende Themengruppen feststellen:

23 Landschaften mit Architektur- oder Stadtansichten (davon 22 aus Italien)
10 Innenansichten aus Städten oder sonstigen Siedlungen (davon 7 aus Italien)
10 Außenansichten mittelalterlicher Architektur (alle aus Italien)
10 Ansichten antiker Bauwerke (acht aus Italien, zwei – G 38, 37 – aus Griechenland)
8 reine Landschaften (sechs aus Italien, zwei – G 20 und 19 – aus dem Salzburgischen)
8 Kreuzgänge und Höfe (davon vier sicher aus Italien)
5 Stadtansichten (alle aus Italien)
3 bildliche Rekonstruktionen griechisch-antiker Architekturkomplexe (G 55, 69, 73)
2 mittelalterliche Kirchenräume (alle aus Italien: G 53 und 60)
1 Phantasieraum mit italienischem Milieu (G 62).

Eine Sonderstellung nimmt das Bild der Villa Napoleone auf Elba (G 43) ein. Klenzes persönliche Konzeption eines Historien-Themas enthält das Athen-Bild von 1846 (G 55).

Das Verhältnis zwischen Architekturentwurf und gemaltem Schaubild können wir in der Planungsgeschichte des Königlichen Residenzschlosses von Athen beobachten: Von 1834 datiert ein großes Aquarell (München, Staatliche Graphische Sammlung, Nr. 25050). Es bietet eine »Generalansicht« der Nordseite des projektierten Schlosses, rein frontal gesehen, friesartig ausgebreitet. Staffage bilden Gebüsch und Bäume, jedoch keine Menschenfiguren. Als Grund und Hintergrund liegt Landschaft (links die Akropolis, rechts Meer und Berge), oben blauer Himmel mit Wolken. – Nachdem der Auftrag an Friedrich Gärtner erteilt worden war und nach dessen Entwürfen seit 1836 das Schloß an anderer Stelle errichtet wurde, ließ Klenze sein hochgestimmtes Projekt 1838 in einer großen Lithographie veröffentlichen (G 41). Im Unterschied zur planen Aufriß-Ansicht des Aquarells wird hier ein perspektivisch über Eck gesehenes Schaubild des Schlosses geboten. Die architektonische Komposition liegt körperhaft im freien Raum, durch Licht und Schatten differenziert. Rechts im Hintergrund zeigt sich die Akropolis. Von der pflanzlichen Staffage hat die genau in der Bildmitte stehende Palme deutlich kompositionelle Funktion. Die Figurenstaffage, die aus Vertretern verschiedener Stände besteht, wirkt nicht nur maßstabbildend, sie suggeriert auch Wirklichkeit. Über allem ist ein hoher, mit Wolken belebter Himmel ausgebreitet. – Dieses an den Schluß des Tafelbandes von Griechenland gestellte große Doppelblatt führt die archäologischen Studien, die denkmalpflegerisch-absichtsvolle Bestandsaufnahme und die neue Stadtplanung Athens – alles von Klenze geleitet – zur idealen Summe im Projekt eines neuen Königsschlosses. So wird das Entwurf-Schaubild zur Selbstdokumentation der Gedanken Klenzes: Ohne durch Phantastik zu locken, ohne sich Utopischem hinzugeben, behauptet die volle Gesamtbildhaftigkeit eine gegenwärtige Idealität.

Das Bild des Camposanto von Pisa ist gewissermaßen eine gemalte, mit Staffage belebte Architekturaufnahme. In beiden Athen-Bildern (G 55 und 73) werden Idealkonstruktionen in lebendige Erscheinung versetzt. Im Bild der Domfassade von Amalfi soll aus der Retrospektive wohl eine restauratorische Zukunftsentscheidung in Bewegung gesetzt und vorbereitet werden. Ein freies Architektur-Phantasiebild ist der »Italienische Klostersaal« (G 62): gezügelt von nachwirkenden klassizistischen Vorstellungen – eine Pharaphrase jener Entwurfsperspektive der Mittelraumfolge der geplanten Königsresidenz von Athen, die Klenze 1838 als Blatt 5 des Tafelbandes zu seinem Bericht der griechischen Reise vorgelegt hat.

Während Klenze reine Landschaften nur selten dargestellt hat – meist in idealer Auffassung, gehört zu Inbegriff seiner Landschaftsvorstellung wesentlich das Bauwerk. Die Symbiose von Landschaft und Architektur ergibt sich in verschiedener Graduierung: Einmal ist Architektur Akzent und Dominante einer Landschaft, zum andern Landschaft die unentbehrliche Folie der Architektur. In den besten Bildern wird eine glückliche Abwägung erreicht, sei es in topographisch konkreten und verhältnismäßig exakten Ansichten, sei es in mehr oder minder frei komponierten Phantasiebildern: Reise-Erinnerung ist das Motiv der ersteren Bildgattung, neue Reise-Lockung das der zweiten.

Wie sehr schon 1828 das Gemälde des Jupiter-Tempels von Agrigento (G 13) aus archäologischen Studien zu bildhafter und geistiger Vorstellung gewachsen ist, hat Goethe in seinem Dankbrief ausgedrückt: daß »das Bild . . . auf eine wundersame und gleichsam magische Weise, als lakonisches Fragment, den Tempel, wie er möchte gestanden haben, zugleich mit seiner Umgebung in der Einbildungskraft hervorruft«.

Die Eindrücke der von der Zeit und ihren Schicksalen bewirkten Fragmentierung, Ideen einer denkmalpflegerisch-praktischen Herstellung und einer wiederbelebten geistigen Vorstellung des ursprünglichen Ganzen vereinen sich, von Studien und zeichnerischen Aufnahmen vorbereitet und begleitet, besonders eindrucksvoll zu den zwei großen Athen-Bildern von 1846 und 1862. Mit nur beschränktem Einsatz historienmalerischer Figuralstaffage ist hier im Bild eine »Historische Architektur« lebendig wiedergegeben.

Am Forum Romanum dagegen hat Klenze allein die Erscheinung des Ruinenzustands und des später hinzugewachsenen Milieus gefesselt, mit einer Idealkonstruktion des Ursprünglichen hat er sich hier nicht beschäftigt.

Reserviert hat sich Klenze gegenüber der Gotik verhalten. 1834 schreibt er von »den im Gefühle tiefer Resignation und Abnegation gebildeten Formen des Mittelalters«, von der dem gotischen Mittelalter eigenen »christlichen Resignation und Selbstverleugnung«. Was an kirchlicher Architektur in Zeichnungen und Gemälden vorkommt, sind Bauten aus Italien oder der Provence, vorwiegend solche der romanischen »Protorenaissance« oder einer schlichten Renaissance. Vereinzelt nur erscheinen San Marco und der Chor der Frarikirche von Venedig, die Taufkapelle von Palermo oder das Baptisterium von Pistoia und einige gotische Kathedralen Englands[40]. Andererseits ist auffallenderweise die Hochrenaissance der Art Bramantes oder Palladios in Klenzes Bildzeichnungen und Gemälden nicht aufgenommen. Wohl aber wird die Pracht venezianischer Spätrenaissance im Udine-Bild von 1850 begeistert genossen. Als Raumbilder liebt Klenze besonders die perspektivisch und malerisch dankbaren Kreuzgänge und Höfe. Auch in dieser Themengruppe gibt es sowohl topographisch-konkrete Ansichten als auch freie Bild-Erfindungen. Das späte Bild eines italienischen Klosterraums (G 62) entfaltet eine hochkultivierte Architekturphantasie, in Mischformen von Gotik und Renaissance und aufgetan in einen Fernblick auf Capri. Den geplanten Bau der Propyläen zeigt Klenze in der bildhaften Darstellung seiner ideal bereits perfekt existierenden Gestalt, einbezogen in den urbanen Zusammenhang der Umwelt – ein selbstbewußtes Angebot. In Landschaften geborgen erscheinen Siedlungs- und Stadtbilder: aus Istrien (Pirano) und Griechenland (Zante), zumeist aber aus Italien, vor allem aus der Bucht von Neapel (Atrani, Amalfi, Capri). Auch Ansichten antiker Bauwerke – von Agrigento, Selinunt und Capua, ebenso das Löwentor von Mykene – werden von den ihnen zugehörenden Landschaften umgeben. Das Akropolis-Bild von 1846 genießt den Anteil von Landschaftlichkeit und Himmel; die links im Hintergrund vor den Bergen liegende Stadt ist fast wie ein Bild im Bild. Im 1842 geschaffenen Gemälde des Monte Sacro von Varese sind Natur und Architektur, Berg, Kirchenberg und Baumkrone, auch Erdboden und Treppe in bester Ausgewogenheit komponiert.

Wiederum berührt es uns im besondern, wie Klenze einen eigenen Bau, die Walhalla (G 42), in der landschaftlichen Umgebung gesehen hat. Hier erhält die klassizistische

Tempelarchitektur ein Gegengewicht im benachbarten Wallfahrtskirchlein St. Salvator, ja dieser schlichte mittelalterliche Bau ist zur Hauptsache im Vordergrund des Bildes geworden. Die schräg zur Tiefe führende Kadenz der Erdformationen, der stille Gegenzug des hellen Stroms und ihm wieder entgegenlaufend der durchfahrene Weg, Bäume und Wald, Licht und zarter Wolkenhimmel – alles steht in einer glücklichen wechselseitigen Konkordanz von solcher Art, daß wir glauben, Klenze habe mit diesem Bild demonstrieren wollen, wie harmonisiert er selbst die Situation und die architektonische Gestaltung empfunden hat und wie er uns zu angemessener Betrachtung und kultiviertem Landschaftsgefühl anleiten möchte. Im besondern ist durch die frei gestaltete Vegetation der Bildgehalt arkadisch gestimmt worden.

Selbständigkeit des Bildes

Die meisten Gemälde und Zeichnungen Klenzes sind gegenständlich und topographisch bestimmt. Auch wo Zeichnungen ohne Beschriftung geblieben oder die Titel von Gemälden verloren sind, können die Bildinhalte mehr oder minder sicher verifiziert werden.

Soweit Architekturdarstellungen auf exakte Wiedergabe zielen, sucht Klenze ein objektiv getreues Verhältnis zur Wirklichkeit zu wahren. Der Standpunkt, aus dem er die Domfassade von Amalfi zeigt, entspricht ganz nah jenem moderner photographischer Aufnahmen, wohl aus lokaler Gegebenheit. Manche Gemälde wie das Forum Romanum (G 44)[41] oder die Piazza in Udine geben Standardansichten, wie sie in der Druckgraphik verbreitet gewesen sind. Vergleicht man mit Klenzes Darstellung des Concordia-Tempels von Agrigento (G 64) ein fast von derselben Stelle aufgenommenes Lichtbild unserer Zeit[42], so erscheint im Gemälde der Tempel leichter, heller, mehr »ausgeräumt« – darin liegt eine über bloße Reproduktion hinausgehende künstlerische Interpretation.

Ähnliches ergibt sich, wenn man neben das Gemälde der Piazza Contarena von Udine einen ins frühe 19. Jahrhundert datierten Kupferstich[43] legt: Klenzes Bild ist durch die rechts hinzugenommene, akzentuierte Randarchitektur symmetrisch gestaltet und räumlich intensiviert, wodurch Bewegung ihr Feld erhält; Uhrturm und Kastell stehen zueinander in einem mehr gelösten Verhältnis, Luft und Farbe sind ins Leben des Platzraums und seiner Bauten einbezogen. Ein Vergleich der Ansicht des maurischen Palasthofs von Ravello mit einer modernen Photographie[44] läßt erkennen, daß Klenze die Schmalseite des Hofes verbreitert und den nicht inkrustierten Teil des Mauerwerks ergänzt hat – das eine zur räumlichen Befreiung des Bildausschnitts, das andere zur schöneren Vollkommenheit der Bau-Erscheinung.

Eine andere Auswirkung künstlerischer Selbständigkeit ist die Kombination und Montage von Motiven. Dieses Verfahren ist äußerlich begründet im Streben nach rationeller Ausnutzung einer Skizzenbuchseite, wie sie auf Reisen praktisch geboten war. So können zwei perspektivische Ansichten der Innenwandungen des Mittelschiffs einer Kirche auf einem einzigen Blatt nebeneinander gezeichnet sein. In künstlerischer Spekulation vereinigt jedoch schon eine frühe Zeichnung die Darstellung zweier weit voneinander entfernten Bauten Roms, der Minerva Medica und der Cestius-Pyramide, in eine einzige Bildkomposition. Bestens gelungen ist in einem Rom-Gemälde (G 3) die Zusammenordnung der Motive Cloaca Maxima und Bocca della Verità, wo die Figurenstaffage wesentlich zur bildmäßigen Einheit hilft[45].

Bei der Beschäftigung mit den Problemen der Staffagengestaltung greift Klenze zum Versetzen und Auswechseln von Einzelmotiven – Landschaften, Bauten, Figuren, Bäumen u. a. – zwischen Zeichnungen und Gemälden.

Höhere Selbständigkeit wird in der Ausbildung von »Kompositionen« erreicht. Das Weglassen wie das Hinzunehmen von Elementen, Translozierungen von Landschaft und Architektur, Umwandlungen der Landschaft und ihres Verhältnisses zur Architektur und umgekehrt werden Kunstmittel, mit denen die Bildgestaltungen ausreifen[46]. Im Bild des italienischen Klostersaals (G 62) öffnet sich der Raum in einen Blick auf Capri, wie ein Bild im Bild. Der Ansicht des Concordia-Tempels von Agrigento ist der Fernblick auf die mittelalterliche Stadt beigegeben (G 64). In der Darstellung von S. Francesco in Fiesole (G 47) ist das Kirchengebäude freigelegt, zugleich aus der Höhenlage in die Senke einer bewegten Hügellandschaft versetzt. Das Gemälde Massa di Carrara (G 35) hebt das Kastell vom Hang über der Stadt hinauf auf einen isolierten, kräftig modellierten Felsberg, wo es über einer vegetationsreichen und von Staffagen belebten Landschaft und vor fernen Bergzügen sich in klarem Himmel behauptet. Im Bild des Monte Sacro von Varese hat Klenze die Architekturstaffage des Wallfahrtswegs geändert, die barocken Stationskapellen weggelassen, dafür im Vordergrund rechts eine einfache kleine Kapelle einkomponiert[47] und die Steilheit der Berglage gemildert. Eine besonders auffallende Veränderung des tatsächlichen Bestandes zeigt die Ansicht von Atrani (G 34): Im Unterschied zur gezeichneten Ortsaufnahme ist im Gemälde das Meer rechts vom Vorder- zum Mittelgrund hin übersetzt in eine Erdlandschaft mit einem Fluß, mit Gebüsch und vollkronigen Laubbäumen und Staffagefiguren – das Ganze fast wie ein »Englischer Garten«. Auch in den Bildern von Capri wandelt Klenze gern die Insel zu festländischer Erscheinung hin, das Meer (in G 76) beinahe in einen Binnensee. Die Walhalla-Landschaft (G 42) hat durch die Wahl eines in Wirklichkeit nicht so gegebenen Standorts ihre ideale Gesamterscheinung erlangt.

Der Maler Klenze bewegt sich im Spannungsfeld zwischen der sachlichen Treue von Prospekt und Vedute einerseits und freier künstlerischer Bildkomposition andererseits. Ausgehend von Forderungen und Gewohnheiten der traditionellen ersten Fachrichtung, strebt er nach der Idealität autonomer Malerei. Gewollt wird, mit Worten E. T. A. Hoffmanns von 1819 gesagt: ». . . nicht Panorama, sondern in gruppierter Ansicht, wahrhaftes Bild«. Dazu gehört der Begriff »Composition«. Ihn gebraucht Klenze selbst 1829/30 zweimal für italienische Landschaften (G 18, Z 159); auch für eine späte architektonische Raumdarstellung kommt 1861 der Ausdruck vor (G 72).

Gemeinschaft des Malers Klenze mit anderen Künstlern

Hier sind zunächst nochmals Carl Wilhelm von Heideck und Carl Rottmann zu nennen. Von Heideck lernte Klenze die Ölmalerei, mit Rottmann stand er besonders durch die Ausgestaltung der Münchner Hofgartenarkaden seit 1829 in Verbindung. Bei der Griechenland-Reise von 1834 haben sich zwischen Klenze, Heideck und Rottmann die Kontakte offenbar verdichtet. Am 24. März 1835 schreibt Rottmann aus Athen an Klenze, daß in seinem (Rottmanns) Corfu-Bild »die Staffage«, d. i. vor allem die Reitergruppe, von Heideck stamme[48]. Klenze, Heideck und Rottmann haben alle drei das Löwentor von Mykene gemalt. Könnte in Klenzes Mykene-Bild (G 37) die Landschaft möglicherweise auf Rottmann zurückgehen? Verbindung zwischen Klenze und Rottmann bezeugt noch die zum Agrigento-Bild von 1857 verwendete Zeichnung. Hinter manchen in Gemälden oder Zeichnungen Klenzes vorkommenden Figurenstaffagen, die durch besonderes Temperament charakterisiert erscheinen, mögen Entwürfe Heidecks stehen, wenn sie nicht gar von Heideck selbst auch gemalt sind: etwa der Pferdeführer im Vordergrund des Walhalla-Bildes von 1839 (vgl. auch G 57 oder die Figuren im Bild der Cloaca Maxima G 3). Umgekehrt dürfte von Klenze die Architektur in Heidecks Akropolis-Bild von 1835 entworfen sein, das bis 1841/42 sich in Klenzes Besitz befunden hat[49].

Gelegentlicher Zusammenhang Klenzes mit Peter Hess erweist sich in einer Ansicht der Münchner Ludwigstraße[50]. Andrerseits läßt sich vermuten, daß im Athener Einzugsbild des Peter Hess von 1839 (München, Neue Pinakothek) für die Architektur eine Zeichnung Klenzes vorgelegen habe.

Ludwig Schwanthaler ist von Klenze bei Entwürfen speziell figuralplastischer Motive zugezogen worden[51]. Auch der deutsch-römische Maler Theodor Weller hat zu Klenzes Kreis gehört.

Persönliche Entwicklung und geschichtliche Stellung

Die ersten erhaltenen Zeichnungen Klenzes sind im Zeitraum von etwa 1800 bis 1807 entstanden. Im folgenden Jahrzehnt liegt das Schwergewicht des Schaffens auf der Architektur. Nach dem Erfolg des Glyptothek-Projekts und dem Rom-Aufenthalt von 1818 leben in der Italien- und Sizilien-Reise von 1823/24 die bildkünstlerischen Neigungen voll auf. Die hochgespannte Zeitenwende des Regierungsantritts König Ludwigs I. von Bayern bringt den Übergang des Architekten zur Ölbildmalerei.

Die frühe Wirkung Italiens läßt sich schon im Vergleich zweier Baumzeichnungen beobachten. Die 1806 datierte, bildhaft aufgefaßte Zeichnung vom Rand des Forum Romanum scheint auf eine wohl druckgraphische Vorlage zurückzugehen. In den Anfängen der Ölmalerei zeigen schon zwei Bilder von 1825 (G 3 und 4) überraschende Energie, Gefühl sowohl als Witz. Andererseits verrät das 1828 Goethe zugeeignete Agrigento-Bild (G 13) gewisse Befangenheit, im besondern ist die Formation und kompositionelle Eingliederung der Bäume nicht ganz geglückt. Auch das Pirano-Bild ist noch etwas kleinteilig-überfüllt. Doch zehn Jahre nach dem Beginn des Malerwerks erreicht Klenze Großzügigkeit. Die Nahsicht der frühen Bilder gewinnt aus geweiteter Distanz und mit sicherem Zugriff ausgewogene und ausdrucksvolle Kompositionen, wofür die Landschaften Massa di Carrara, Walhalla, Monte Sacro di Varese und die erste Idealansicht Athens die besten Beispiele geben. Mit der kompositionellen Entwicklung geht jene auch der Farbigkeit einher: von harter und kühler Buntheit zu lebendiger Wärme und mildem Gesamtton. Aus weiteren Zeitabständen lassen sich zum Vergleich für die Entwicklung stellen: die zwei Capri-Bilder von 1833 und 1860 (G 30 und 68); die Ansichten des Jupiter-Tempels in Selinunt von 1823/24 und 1850. In der Spätzeit kann man verschiedenartige Symptome beobachten: Die Farbe wird bunt, manchmal in hartflächigem Auftrag. Jedoch kann zuweilen auch ein guter Einklang zustande kommen (G 63, 66, 73). Einige Gemälde erscheinen nicht frei von gewisser Langeweile (G 62, 65). Manchmal sind gezeichnete Architekturansichten und im besondern gezeichnete Räume etwas hart und leer. Verglichen mit der frühen (allerdings nach einer Vorlage kopierten) Zeichnung des Blicks aus der Weinlaube am Nemisee erscheint das motivverwandte spätere Blatt von der Isola Bella gestückelt, trocken, pedantisch. Die 1843 datierte Zeichnung des Gasthauses »All'Angelo« in Bellinzona ist originell komponiert, die Durchführung aber verrät ein Ermüden. Ebenso wirkt die 1857 gezeichnete Lugano-Landschaft sensibel, doch zerbröckelnd. Physiologische Bedingnis des Altersstils bekundet sich, wenn die Zeichnung des Kastells von Rovereto die aus Bildern König Friedrich Wilhelms I. von Preußen entnommene Aufschrift »in tormentis pinxit« trägt.

Jedoch finden sich auch Eigenschaften eines sympathischen Altersstils. Eine Federzeichnung von 1857 kommt in der brauntonigen Lavierung von Baumgruppen und Schatten der Lebendigkeit früher Blätter nah. Schließlich stehen versöhnbar nebeneinander: das elegische Capri-Bild von 1860 (G 68) und die mit liebender Sorgfalt in klarer Sicht aufgenommenen Zeichnungen von Pflanzen und Blättern.

Klenzes geschichtliche Position ist biographisch bestimmt: 1784 geboren, gehört er der gleichen Generation an wie Schinkel (1781) und der Maler Cornelius (1783). Im Jahrzehnt vorher waren Gilly (1772) und der Bildhauer Rauch (1777) geboren, im Jahrzehnt nach Klenze der Architekt Friedrich Gärtner (1792) und der Maler Julius Schnorr von Carolsfeld (1795). Seine Grundausbildung empfing Klenze gemäß einem wohl noch vom Leibniz-Universalismus geprägten Programm. Die baukünstlerische Ausbildung wurde erst vom einsamen Frühklassizismus Berlins in Pflicht genommen, bald aber in Paris zur weltläufigen Formkultur des Empires weiterentwickelt. Die ersten Regungen bildkünstlerischen Vorstellens schlossen sich den Überlieferungen barocker Landschafts- und Vedutenkunst an, im besondern diente in diesen Fächern Druckgraphik als Vermittlerin von Mustern und Anregungen. Einige italienische Zeichnungen Klenzes von 1806 sind französisch beschriftet. Noch das Agrigento-Bild von 1828 (G 13) weist auf Schulung in Paris. Nach einem Jahrzehnt erster Tätigkeit in Kassel, an einem Randort des napoleonischen Empires und nach einem nochmaligen Aufenthalt in Paris fand der 32jährige Architekt im wiedererwachenden Kunstleben Deutschlands den wohl besten Standort seines Schaffens und seiner Existenz im München König Ludwigs I. von Bayern. Auch hier wußte sich Klenze immer wieder befreiende Weite zu gewinnen, erstmals 1818 in der Begegnung mit den deutschen Bildkünstlern in Rom.

Als sich Klenze dann der Ölbildmalerei zuwendet, hat neben den Traditionen der klassisch-idealen Landschaftskunst auch – was noch nicht näher herausgearbeitet ist – die Veduten- und Bühnenmalerei nützliche Voraussetzungen gegeben. Diese Fächer waren im 18. Jahrhundert vor allem in Venedig gepflegt worden, Canaletto hatte 1761 auch in München gemalt. Hier entfaltete sich aus oberitalienischem Wurzelboden dann die Kunst des Domenico Quaglio. Er scheint auf die bildhaften Auffassungen der frühen Malerzeit Klenzes Einfluß gehabt zu haben. Quaglio wie Klenze haben beide den Dom von Orvieto (G 28) gemalt[52]. Das Pirano-Bild verrät in seiner Anlage wie in der malerischen Wiedergabe der Wasserfläche Beziehung zu Domenico Quaglios Malerei. Noch zu Klenzes italienischer Klosterhalle von 1855 läßt sich als Gegenstück eine Bildkomposition Domenico Quaglios von 1825 aufweisen[53]. Auch sonst reichen Nachwirkungen oberitalienischer und venezianischer Veduten- und Bühnenmalerei bei Klenze bis zu den Zeichnungen von Nauplia 1834 und Bellinzona 1843 sowie, wohl nicht ohne Hilfe der Druckgraphik, zum Gemälde des Platzes von Udine 1850 (G 57).

Im besonderen waren für die Verbindung von Architektur- und Landschaftsbild in München bereits manche Voraussetzungen gegeben. Klenze konnte sie dank seiner Kenntnis der französischen und italienischen Landschaftskunst und aus seiner nahen unmittelbaren Vertrautheit mit Italien weiter kultivieren. Im 1834 vollendeten Bild von Massa di Carrara (G 35) kommt die klassische südländische Landschaftsmalerei zu reifer Geltung. Während monumentale Figurenkompositionen bei Klenze fehlen, lassen sich seine besten, Architektur und Landschaft vereinenden Gemälde dem »Klassizismus« zuordnen. Im späten Athen-

Bild (G 73) besitzen die Figuren ihren sicheren Stellenwert in der Architekturszenerie und deren geschichtlichem Gehalt; sie sind sorgfältig vorbereitet, einzelne Figuren fast nach Art griechischer Vasenmalerei stilisiert. Im ganzen Bild äußert sich ein letzter Klassizismus.

Daneben erscheint in Klenzes Bildkunst eine andere Komponente, die sich als Romantik bezeichnen läßt. Diese Beziehung liegt einmal in der Thematik nicht weniger Architekturbilder, nämlich in der Vorliebe für nordische Burgen und südliche Kastelle, für Kreuzgänge und Klosterhöfe[54]. Schon das 1828 entstandene Bild Monselice (G 10) bietet eine mittelalterliche Burgszenerie, und nicht von ungefähr ist dieses Gemälde für Schinkel, den Verehrer und Denkmalpfleger der Marienburg, bestimmt gewesen. Romantischer Art sind ferner manche Gattungen von Staffagefiguren. So ist schon die frühe Zeichnung einer hessischen Burg mit einer altdeutschen Rittergruppe belebt. In anderen Darstellungen sind Mönche und Pilger aufgenommen[55]. Manche Bilder enthalten Gruppen von Figuren verschiedenen Standes: Pilger und Mönch im Lateran-Kreuzgang oder Mutter und Kind im Camposanto von Pisa, beide Male in stimmungtragender Wirkung. Zur Bezeichnung der geschichtlichen und topographischen Situation dagegen erscheinen Pilger, Wachsoldat und Knabe und Reiter vor der mittelalterlichen Burg von Monselice, Krieger und Landvolk im Bild von Zante. Romantisch wirken auch manche Motive: das stille Gespräch, der Blick in die Landschaft als Bildthema überhaupt (G 12) oder die von Staffagefiguren ins Bild gesetzte Freude am Ausblick (G 8, 42, 62). Im Gemälde von Torre di Adriano (G 48) wiegt Naturromantik vor, ohne viel Aufgebot menschlicher Staffage. Das Zusammenleben von Landschaft und Bauwerk kann durch das Motiv der Bergburgen, zumal wenn diese sich im Ruinenzustand befinden, in besondere Stimmung gelöst und gesammelt werden. Der Burgbau von Monselice steht in Akkord mit einer vordergründigen Baumgruppe und dem Fernblick in eine Berglandschaft. Nicht übersehen sollte man in diesem Bild aber auch das kleine, ausdrucksvolle Motiv des Blicks durch das innere Tor, wo uns helles Licht entgegenkommt. Wohltuende Atmosphäre liegt über den Landschaftsbildern von Massa di Carrara und dem Monte Sacro di Varese. Ins Walhalla-Bild scheinen aus unmittelbarer Empfindung Anklänge an den altdeutschen »Donaustil« und die romantische Landschaftlichkeit des stromabwärts folgenden Österreich aufgenommen. Das Erinnern Italiens erhält noch ein spätes Echo im Capri-Bild von 1860 (G 68), nicht zuletzt durch die Figurenstaffage, wo der die Tanzgruppe still betrachtende junge Mönch ein an Schwind erinnerndes Sentiment trägt.

Wenn man auf jüngere Zeitgenossen – etwa auf Overbeck, Friedrich Gärtner, Schnorr von Carolsfeld, vollends auf die zwei Jahrzehnte nach Klenze geborenen Ludwig Schwanthaler und Schwind – die Mischbegriffe »romantischer Klassizismus« oder »klassizistische Romantik« anwendet, so liegt das auch angesichts der Gehalte, Motive und kompositionellen Züge vieler Gemälde Klenzes als Mittel der Charakterisierung nah.

Andere Beobachtungen führen in Felder, die schon jenseits der Mitte des 19. Jahrhunderts liegen. Das Phantasiebild des italienischen Klostersaals (G 62) oder die Ansicht des Palasthofs von Ravello passen zum Münchner »Maximiliansstil«. Das zweite Idealbild von Athen hat für Klenze 1862 vielleicht in gewissem Sinn eine Schlußsumme aus den seit 1851 laufenden, nicht zur Verwirklichung kommenden Athenäum-Projekten bedeutet. Das Ravello-Bild und das späte Capri-Bild sind Zwischenglieder auf den Bahnen einer von Schinkel bis zu König Ludwig II. von Bayern verlaufenden Architekturauffassung.

Daneben steht in der Spätzeit auch ein liebenswürdiges, Spitzweg nahes Detail: die Blumentöpfe an den Fenstern des Palasthofs von Ravello. Eines der letzten Gemälde Klenzes, eine 1862 datierte Ansicht aus Bozen (G 74) ist 1934 als »Südtiroler Städtchen« betitelt worden. Diese Benennung sowie die im Auktionskatalog gegebene Beschreibung der Figurenstaffage läßt annehmen, daß Klenze zuletzt auch noch der volkstümlichen Genremalerei Münchens sich genähert hat.

Eigenart und Bedeutung

Eine zeitgenössische Beurteilung des Malers Klenze gibt erstmals 1833 Julius Max Schottky: »Herr Geheimer Rath von Klenze ist bekanntlich nicht allein als einer der ersten jetzt lebenden Architekten berühmt, sondern selbst als praktischer Künstler im Gebiet der Malerei so ausgezeichnet, daß man es nur bedauern kann, ihn durch die wichtigsten Amtsgeschäfte von dieser seiner Lieblingskunst so sehr abgezogen zu sehen.« 1839 folgt Naglers Künstler-Lexikon, dem wir einige Stichworte entnehmen: ein »Dilettant«; »aber . . . Vollendung, die er in kurzer Zeit erlangte; scharfer Beobachter der Natur, sein Hauptstreben geht . . . auf Naturwahrheit; Sorgfalt bis ins Detail; seine Färbung ist fröhlich, und in der Gesamtwirkung sind seine Bilder immer von schönster Harmonie.« 1842 charakterisierte Johann Michael Söltl Klenze als »tüchtigen Maler«, mit »scharfer Beobachtungsgabe«, seine Bildinhalte als »wahr und in harmonischer Färbung ausgedrückt«. Friedrich Gärtner dagegen sah in Klenzes Malen ein Imponiergehabe, ohne jedoch den Landschaften ein staunenswertes Gelingen abzustreiten. 1860 hebt Julius Schnorr von Carolsfeld in einem Brief an Klenze die »charakteristische Erfassung des Gegenstandes, gediegene Zeichnung und strenge Durchführung« an den Gemälden seines Freundes hervor. Im Nekrolog des Münchner Kunstvereins heißt es 1864/65: »Auch als Maler hat sich Klenze einen geachteten Namen gemacht, sowohl im Fache der Landschafts- als Architektur-Malerei. Durch letztere suchte er in der Regel seinen Ideen über die Totalität der antiken Bauwerke, von denen uns nur Reste erhalten sind, Ausdruck zu geben.«[56]

Gemälde Klenzes fanden jeweils meist bald nach ihrer Vollendung Aufnahme in Kunstausstellungen: seit 1825 in München, mehrmals auch in Berlin 1828/51, Leipzig 1837, Hannover, Dresden 1860. Das einzige bereits zu Lebzeiten Klenzes – und als dessen Angebot! – in eine öffentliche Sammlung, die Neue Pinakothek in München aufgenommene Malwerk des Architekten war 1852 das Athen-Bild von 1846. Seit 1957 haben die Städtischen Sammlungen in München und Regensburg und die Württembergische Staatsgalerie in Stuttgart einige Gemälde Klenzes erworben.

Klenze war auch als Maler durchaus selbstbewußt. Schon am 18. Juli 1826 spricht er in einem Brief an Ludwig I. von seiner »entschiedenen Freude und Leichtigkeit in dem angenehmsten Theile der Kunst, der Zeichnung und Malerey«. Daß die als Widmung oder Tauschgabe in andere Hände gelangten oder auf Wunsch und Bestellung für andere gemalten Bilder besondere Qualität gehabt haben, ist wohl selbstverständlich.

So zweifellos Klenze durch Ehrgeiz zur Malerei geführt worden ist, so wahrscheinlich manche taktischen Überlegungen bei den an einflußreiche Männer gegebenen Gemälden mitgespielt haben, so stolz der Architekt gewiß seine Gemälde auf Ausstellungen, auch auswärtigen, hat zeigen lassen, so sehr erscheint es andrerseits als wesentlich, daß Malen für Klenze zumeist eine Freunden zugedachte oder zur Bewahrung im eigenen familiären Kreis bestimmte private Kunstausübung gewesen ist.

Im Ursprung sind für sein bildkünstlerisches Schaffen in Zeichnung und Malerei mehrfache Motivationen und Funktionen wirksam gewesen. Schinkel war als Maler Autodidakt; er hat sich der Malerei besonders um 1810, vor der Zeit der großen staatlichen Bauaufgaben gewidmet. Friedrich Gärtner stand 1815 in Rom vor der Entscheidung der Berufswahl zwischen Architektur und Malerei. Klenze dagegen hat erst nachdem er volle Anerkennung als Architekt gewonnen hatte, die Malerei als zweites Feld in Besitz genommen und sie dann zeit seines Lebens mit Liebe gepflegt. Für ihn muß seit der Mitte der 1830er Jahre das Malen eine Gegenbewegung gegen den damals in seiner Architektur einsetzenden »reflektierenden Stil«[56a] bedeutet haben. Das freie Zeichnen und das Malen hat nicht nur Klenzes Ehrgeiz befriedigt, sondern ihm auch zur Entwicklung des Sehens und allgemeinen Gestaltens gedient. Nicht zum wenigsten hat die Ferien- und Freizeittätigkeit des Zeichnens und Malens ihm Erholung und Freude (»diletto«) gebracht. Sogar Kleinwerk wie das Zeichnen von Blatt, Baum und Fels ist für Klenze bis zuletzt Übung sorgfältigsten Beobachtens und Wiedergebens und ebendadurch auch wieder Mittel betrachterischer Konzentration gewesen. Im großen hat das ganze Mittelmeergebiet als Schauplatz und Erlebnisraum das bildkünstlerische Sehen und Gestalten, ja das Menschentum Klenzes am bedeutsamsten intensiviert: im Zeichnen das klare Fixieren und Sammeln unmittelbaren Sehens, im Gemälde alles Nachwirken belebter Erinnerung. Im Gemälde macht Klenze auch seine Vorstellungen des gebauten antiken Athen anschaulich, im Bild der Propyläen den künftigen Vollendungszustand eines eigenen Werks; in den Ansichten der Walhalla und von Amalfi die anregende Vorausweisung, ja Vorspiegelung erwünschter Tatsachen: der Ausgestaltung eines alten ländlichen Kirchenbaus und der rekonstruktiven Wiederherstellung einer romanischen Domfassade. In all diesen Motivationen und Funktionen der Bildkunst konnte Klenze, wie andere Zeitgenossen, eine Mehrfachbegabung demonstrieren, einen Überfluß an schöpferischer Lebendigkeit entfalten.

Auf der anderen Seite wird manches Problematische erkennbar. Das Lineare, auch die Linearperspektive kann aufdringlich erscheinen. Im Figurenzeichnen ist Klenze selbst nicht gewandt, sein Sinn für Plastizität, Kraft und Bewegung des menschlichen Körpers wenig entwickelt gewesen. Im Komponieren wird oft die Gefahr eines bloßen Kombinierens nicht vermieden. Nicht selten erscheinen Staffagefiguren nur als Versatzstücke, ja als Lückenbüßer. Das späte Zante-Bild von 1860 hat im Schalten verschiedener Motive und Zeitlagen kaum anders als disparat ausfallen können. Manchmal verwendet Klenze wie die Staffage oder wie Materialien auch Farben nur als Elemente; gezeichnete Kompositionen wirken zuweilen in lokalfarbigen Fixierungen gewissermaßen koloriert. Wenn Klenze in Zeichnungen wörtliche Notizen einträgt und nicht etwa an Ort und Stelle zum direkten Aquarellieren greift, so verrät sich darin ein in »malerischer« Hinsicht – etwa mit Johann Georg Dillis verglichen – unsinnliches Verfahren.

Und doch wird all das aufgewogen von besonderen Fähigkeiten. Klenzes Zeichnungen von Bäumen und Pflanzen sind geradezu naturwissenschaftlich genau; sie scheinen dem Goetheschen »Gesetz« der Pflanze nachzugehen, ebenso aber kann das aufgenommene Laubwerk in Dekoration umgesetzt werden. Das manchmal allzu angestrengt auf ein bestimmtes Ziel gerichtete Wollen, das absichtsreiche Fügen von Ortsmotiven und Zeitbezügen wird letztlich durch künstlerische Intelligenz, durch Einsicht diszipliniert, so daß echte Kompositionen zustande kommen können. Klenzes Gedächtnis ist hoch entwickelt gewesen. Im Bezug auf Farbigkeit muß sein Vorstellungs- und Erinnerungsvermögen und sein Gestaltungswille so stark gewesen sein, daß auch jene bloßen Stichwortnotizen ihm genügen konnten, das einmal Aufgenommene im Gemälde wieder zu erwecken. Ist die Anlage der Zeichnung und die Ausführung des Gemäldes durch räumliche und zeitliche Distanzen getrennt, muß das kein Nachteil sein: Das Ravello-Bild von 1861 hätte der alte Klenze unter den unmittelbaren Bedingungen von Ort, Zeit, Temperatur und Klima kaum so sicher malen können wie er es auf Grund der Zeichnung aus der Erinnerung zu Hause getan hat, wo eines seiner trefflichsten Gemälde entstanden ist.

Das Kombinieren der Komposition darf kein negatives Urteil rechtfertigen. »Montage-artige Arbeitsweise« ist neuerdings auch bei Millet und bei Menzel beobachtet worden. Doch schon früher als solche realistischen, vorimpressionistischen Maler hat Klenze dieses Verfahren gebraucht. Offenbar ist der kombinatorische »Montageprozeß« sogar ein besonderes Phänomen des Historismus, auch und gerade in der Architektur – sei es bei Klenze an einzelnen Bauten (Glyptothek und Festsaalbau der Residenz) wie in stadtbaulichen Konzeptionen (Königsplatz, Ludwigstraße). Entscheidend ist, wie nach und mit vorbereitenden Einzelzeichnungen und Kompositionsstudien schließlich die Bildeinheit gewonnen wird.

Aus Intelligenz schöpfte Klenze auch die Aufmerksamkeit und Fähigkeit der Durchführung merkwürdiger historischer Perspektiven[57]. Während er seine Gemälde von Literarischem freigehalten hat, lassen sich manchmal Züge von Witz bemerken: Die anekdotische Hauptgruppe des Dombildes von Amalfi hat sowohl rückschauende wie vorwärtsblickende Bezüglichkeit. In einem Rom-Bild (G 3) trägt das Nebeneinander von Cloaca Maxima und Bocca della Verità, samt der genrehaften Wäscherstaffage, wohl satirische Bedeutung, nicht fern der Sprache von Wilhelm Kaulbachs Wandbildern der Neuen Pinakothek in München.

Es mag naheliegen, schon die Personaleinheit von Architekt und Maler, die Weite des zweiberuflichen Schaffens, auch das Italien-Erlebnis als »romantisch« anzusehen. Blickt man auf Schinkel, so hat dieser ältere norddeutsche Architekt merkwürdigerweise – etwa gerade aus seinem Milieu? – mehr romantische Freiheit als Klenze gewonnen, zumal ein verständnisvolles und begeistertes Verhältnis zur Gotik. Klenze schließt aus seinem Schaffen als Architekt die Romantik entschiedener als Schinkel aus. Während Schinkel etwa 1834 das Phantasie-Projekt einer neuen Königsresidenz auf der Akropolis von Athen geschaffen hat, weiß Klenze bei der gleichen Aufgabe die gebotenen Unterschiede von architektonischer Entwurfsarbeit, denkmalpflegerischer Verpflichtung und gemalter Architekturvision viel bewußter und klarer auseinanderzuhalten. Sein rekonstruktives Idealbild ist eher Wachtraum als Utopie.

Klenze ist nicht zum Maler geboren und bestellt gewesen, sondern zum Architekten. Die architekturspezifischen Darstellungsverfahren von Grundriß und Aufriß, Proportion, Visierung, Perspektive haben Anlage und Einzelheiten auch seiner Gemälde bestimmt. Dementsprechend ist der Pinselstrich des Malers ruhig, der Farbauftrag dünn und flächig. Wie Klenze beim Entwurfprozeß der Allerheiligen-Hofkirche den Bauherrn vom Phantasiebild der Capella Palatina in Palermo auf das System von S. Marco in Venedig umzulenken gewußt hat, so hat er selbst auch seine Gemälde gewissermaßen baumeisterlich diszipliniert. Die Innenräume und die Freiräume werden stereometrisch erfaßt, die unendlich-freie Landschaft wird durch die Komposition zum Bild gestaltet.

Die vorwiegend baumeisterliche Haltung Klenzes äußert sich auch darin, daß in seinen Bildern die Architektur allein oder in der Landschaft das Hauptgewicht der Bildkomposition trägt; (im Athener Einzug des Peter Heß ist umgekehrt die antike Tempelarchitektur Staffage im Hintergrund eines personenreichen Ereignisbildes).

Nahe liegt es, den Maler Klenze mit seinem Rivalen Friedrich Gärtner zu vergleichen. Den Jupiter-Tempel von Agrigento nimmt Klenze sachlich-nah auf, Gärtner dagegen entwickelt 1821 einen weiten Landschaftsraum. Die Ansicht von Selinunt gestaltet Gärtner als titanisch geworfenes Ruinenfeld, während Klenze die Motive in Ordnung legt[58].

Ohne Italien wäre Klenze nicht zur Entwicklung seiner bildkünstlerischen Vorstellungen und seiner Darstellungsfähigkeiten gelangt. Seit Goethes Reise von 1786/88 hat das Italien-Erlebnis die Malerei des frühen 19. Jahrhunderts begründet und immer wieder genährt: der unwandelbar reine Himmel, die elementare Erdformation der Landschaft und das ihr zugehörige Meer, die beständig-klare Architektur, der gegliederte Wuchs der Vegetation und ihre Tektonisierung in Lauben und Terrassen, die normative Konstitution von Licht und Schatten, die Farbe als Lebenselement. Was all das für Klenze bedeutet hat, erfahren wir aus seinen Briefen an Heideck: In Italien hat der Zeichner sich einen »Vorrat für den nächsten Winter gesammelt« (1827), »fürs Öhl daheim«; »das Öhl ist keineswegs verlassen und soll auch in Italien wohl berücksichtigt werden«.

Klenze bevorzugt breitrechteckige Gemälde. Für die Formatproportionierung im »Quadratmaß« hat er einen eigenen, wohl aus der Architektur gezogenen »Grundsatz« gehabt[59]. Im rechteckigen Format wird die Komposition in bildflächenparallele Schichten gegliedert. In den Relationen von Architektur und Landschaft, im Felsgebilde wie in ganzen Landschaften sucht der Maler-Architekt das Tektonische. Charakteristisch für Klenzes Bildauffassung ist etwa auch, daß er in größeren Landschaftszeichnungen wie jenen von Amalfi 1830 mit der Architektur beginnt, das Landschaftliche und die Ränder aufs erste nur skizziert. Der Zeichner und Maler liebt gefestigte Landschaftlichkeit und einprägsame, doch beruhigte Kontraposte: Ebene mit fernen Bergen, Höhenland mit übergeordneten Bergen und eingelagerten Seen, die antiken Stadtburgen Kapitol und Akropolis, die Steilküste der Meeresbucht (G 34!), die Felseninsel im Meer. Immer braucht der Zeichner und Maler Festland, einen sicheren Standort und fast immer Tageslicht. Im Amalfi-Bild (G 67) pointieren die ans Ufer gezogenen Boote sowohl die Nähe der See wie das Festländische der Küste. An Capri genießt Klenze nicht die schwimmende Insel, nicht das 1817 von Joseph Rebell in der Art des Claude Lorrain gemalte Sonnenuntergangsmotiv[60], auch nicht die 1826 entdeckte »Blaue Grotte«. Er gewahrt das Insel-Festland, wie es sich mit Fels und Stadtarchitektur behauptet. Zwar ist ins Capri-Bild von 1860 etwas von der Variation der Ansichten, wie sie sich in der Anfahrt mit dem Segelschiff oder Boot ergeben, aufgenommen; diese Variation aber doch dann zur Bildeinheit stabilisiert. Im grundsätzlich terrestrischen Paestum-Bild von 1855 ergeben sich zwischen den Seitenmaßen des Bildes, zwischen Rahmen und Bildfläche, zwischen Flächenparallelität und Tiefe, Körper- und Raumkomposition, Licht und Schatten Spannungen, die kraftvoll sind und dicht, jedoch nicht gepreßt.

Einzigartig steht die 1806 datierte Zeichnung einer italienischen Küstenlandschaft, deren Temperament, durch den Zuschnitt des Formats gesteigert, etwas von »Sturm und Drang« an sich hat. Hier darf man sich auch an das 1832 ausgestellte (noch verschollene) Gemälde des Scirocco-Morgens in der Gegend von Neapel (G 27) erinnern. Spätere Gemälde, besonders die Bilder von Capri, auch Atrani (G 34), neigen zur Lyrik. Während die »Komposition« einer südlichen Landschaft von 1829 (G 18) sich in Naturschwelgerei ergeht, ist die 1834 gemalte Landschaft von Massa di Carrara (G 35) in ein bestes Gleichgewicht von Gefühlsamkeit und Gestaltungswillen gereift. Sehr viele Zeichnungen und Gemälde könnten den Titel »Erinnerung an Italien« tragen.

In Architektur-Landschaften wußte Klenze auch die Atmosphäre der Geschichte aufzunehmen. Das geschieht nicht immer auf unsentimentale Art, doch nie ohne Gehaltenheit. Wo antike Architektur in Landschaft erscheint, weckt sie nicht Gefühle der Vanitas, sondern eher die Bewußtheit denkwürdiger Kraft und dankenswerter Kostbarkeit. Während Carl Rottmann in seine griechischen Landschaften viel dramatische Tragik legt, tragen in Klenzes Bild von Zante Architektur und Landschaft gemeinsam eine Zeit und Zerstörung überdauernde Existenz. Das 1825 von Schinkel geschaffene Bild »Blick in Griechenlands Blüte« hängt mit der Bühnenmalerei zusammen[61]. Klenzes Idealbild Athens (G 55) ist auf archäologischen Studien und Rekonstruktionsvorstellungen fundiert, dann aber zu einer echten Tafelmalerei gediehen. Sie enthält im Vordergrund eine zwar im kompositionellen Gewicht gedämpfte, doch mit erzählerischer Beobachtung, differenzierender Regie und auch mit Psychologie durchgebildete Figurengruppe. Erst bei längerer und naher Betrachtung entdecken wir um das Haupt des führenden Rhetors einen zart linierten goldenen Heiligenschein. Mit diesem Zeichen wird die ganze Szene – vielleicht durch Julius Schnorr von Carolsfeld angeregt? – auf sehr diskrete Weise als die im 17. Kapitel der Apostelgeschichte berichtete Predigt des Paulus auf dem Areopag ausgewiesen. Im zweiten Athen-Bild von 1862 widmet der alte Klenze im Malwerk sich jener Synthese von Griechenland und Rom, die er einst im Bau der Glyptothek selbst vollzogen hatte.

Aus solcher Perspektive ahnt Klenze auch Schatten und Tragik der Antike: In der einen Zeichnung des Jupiter-Tempels von Agrigento wirkt im liegenden Koloß der Sturz der Macht und der Schlaf der Vergangenheit fast bedrohlich, nicht minder schreckhaft in der gemalten gleichen Ansicht (G 13) der rechts vorn am Boden liegende, ins Leere blickende steinerne Löwenkopf; und das Paestum-Gemälde von 1855 bringt mit dem Motiv der kämpfenden Schlangen und des scharfen Wurfs des Steinschleuderers ins Bild der Antike einen Zug urtümlicher »Wildnis«.

Eine wieder andere Seite der Geistigkeit Klenzes deutet sich darin an, daß man in den Bildern des Lateran-Kreuzgangs von 1846 und des Camposanto von Pisa von 1858 eine Gesinnung empfinden kann, die den Münchner Kirchen von St. Ludwig und St. Bonifaz nicht fernsteht. Das Athen-Bild von 1846 ist durch die Aufnahme der Paulus-Szene in eine weltgeschichtliche Weite geführt, die annehmen läßt, daß der Maler von Konzeptionen Schellings berührt gewesen ist. Über dem Gemälde liegt ein Hauch von Bedauern, daß keine Verbindung von klassischer Antike und Christentum zustande gekommen ist.

Das Malen war für Klenze keine bloße liebhaberische und ehrgeizbeflissene Nebenbeschäftigung, auch keine Ausflucht in Zwiespältigkeit[62]. Wie Friedrich Ludwig Sckell sein Schaffen als »bildende Gartenkunst« auffaßte, so erfüllte Klenzes Architektur im Stadt-Bild Münchens oder in der Landschaft der Walhalla »bildende« Funktionen. Der Maler kommt mit dem Architekten überein: im Aufbau der Komposition aus Körper und Raum, im Ausbau mit Staffagen aus dem Leben von Natur und Menschentum. Die Gliederung mancher Gemälde in Schichten ist analog der Architektur des Münchner Odeonsplatzes im mittelaxialen Blick nach Westen oder der Hofgartenfassade der Residenz. Das Paestum-Bild von 1855 und die Säulenarchitektur in der Mitte der Propyläen, nicht minder die Ausgewogenheit mancher Bilder und die Anlage des Königsplatzes sind von gleichem Geist.

Klenze ist ein Zeichner und Maler voll großer Wahrheitsliebe gewesen. Vom Objekt und von der Natur nimmt die Zeichnung gestaltend Abstand, zwischen Zeichnung und Gemälde liegen neue klärende Distanzierungen, und dann wird wieder Annäherung gewonnen. Eben dieses Verfahren soll auch Einstellung und Urteil des Betrachters bestimmen.

Zu Leben und Welt Klenzes gehört die Zeit- und Geistesgenossenschaft mit Goethe, Hölderlin, Adalbert Stifter. Zu seiner Kunst kann man Goethes Satz zitieren: »Wer von der Natur spricht, muß den Geist, wer vom Geist spricht, die Natur voraussetzen und im tiefsten mitverstehen.« Das Athen-Bild von 1846 vor Augen, mag man in Hölderlins Hyperion lesen, besonders das zweite Buch des ersten Bandes. Und ebenso bietet vor manchen Bildern Klenzes sich zu lesen an, was Adalbert Stifter 1857 im »Nachsommer« über die Ästhetik der romantisch-klassizistischen Landschaftsmalerei geschrieben hat.

Klenze hat zwei Jahrzehnte länger als Schinkel gelebt – wie sein königlicher Bauherr bis zum äußersten Rand der ihnen zugeordneten, von ihnen erfüllten Epoche. Bei den Zeitgenossen galt Klenze als kühl, hart und hochmütig. Seine Zeichnungen und Gemälde berichtigen diesen Eindruck. Klenze hat schöpferisch seine Künstlerpersönlichkeit ausgeweitet, in eine ein-hellige Auswägung, ohne Wagnis. Den Schlüssel zum Verstehen gibt das deutsche Wort »Bildung« – Bezeichnung einer Geisteshaltung, welche Liebe und Fähigkeit zum Bild miteinschließt.

Anmerkungen

(1) Hederer, Klenze, 1964, Farbabb. nach S. 72; Text S. 435. – Neue, etwas abgewandelte Kopie in einem »Aquarell von H. Meinecke nach einem Original Klenzes« (!) in der Sammlung W. Elbel, Schladen; abgebildet im Begleitheft der Klenze-Ausstellung Braunschweig 1964. – Seit 1858 wohnte Klenze im Hause Ottostraße 6/II (Palais Gumppenberg, später Hotel Continental); (Feststellung aus den Münchner Adreßbüchern durch Dr. Florian Hufnagl).

(2) N. Lieb, Klenze und die Künstler Ludwigs I. In: Festschrift Max Spindler. München 1969.

(3) Dieser hat im großen Bild der Grundsteinlegung der Gaibacher Konstitutionssäule 1823 Klenze porträtgetreu dargestellt (Katalog der Ausstellung »Bayern – Kunst und Kultur«, München 1972, S. 472 Nr. 1579, S. 19 Abb. 7).

(4) Monographie von Christine Pressler. München 1977. – Zu Carl Friedrich Heinzmann (1795–1846): Thieme-Becker, 16, 1923: Abbildungen der Walhalla, Glyptothek, Konstitutionssäule von Gaibach; München Obelisk am Karolinenplatz (Hederer, Klenze, Abb. 5); Klenzes Projekt der Königsresidenz in Athen 1838.

(5) H. Decker, Carl Rottmann, 1957. Vergl. auch Klenzes G 35.

(6) Thieme-Becker, 16, 1923, S. 253. – I. M. Söltl, Die bildende Kunst in München, 1842, S. 213 ff. – Hederer, Klenze, 1964, S. 164. – B. Trost, Domenico Quaglio, 1973.

(7) Schreiben Klenzes an Ludwig I. 1832 September 8, 1854 August 3. Hederer, Klenze, S. 60. Festschrift M. Spindler, 1969, S. 675 f. – Nach J. M. Sepp, Görres und seine Zeitgenossen, 1877, S. 399, empfing Kaulbach von Klenze »die erste Anregung zur Hunnenschlacht« (1837). Auch soll Klenze das Programm der seit 1847 entworfenen Außenwandmalereien der Neuen Pinakothek gegeben haben. (W. Mittlmeier, Die Neue Pinakothek in München, 1977, S. 49 f. .)

(8) Schreiben an Ludwig I. 1850 Oktober 21, 1854 Juli 20. Festschrift M. Spindler, 1969, S. 676.

(9) Briefwechsel von Jakob Burckhardt und Paul Heyse, herausgegeben von E. Petzet, 1916, S. 180.

(10) Der Brief betrifft die Vollendung (1862–64) des in Rom begonnenen, für das Maximilianeum in München bestimmten großen Gemäldes der Hermannschlacht. – Stadtbibliothek München, Handschriften-Sammlung: Klenze Sammelstück Nr. 1. Hinweis bei Hederer, Klenze, S. 424.

(11) Anfang 1830 läßt Klenze durch Heideck in Rom Grüße an (Johann Martin) Wagner, (Franz Ludwig) Catel und (Chr. D.) Rauch bestellen und »Herrn Schnetz [d. i. der französische Maler Jean Victor Schnetz] bitten, daß er mir etwas Schönes macht« (Staatsbibliothek München, Handschriftenabteilung: Heydeckeriana). – Eine zeitgenössische Beschreibung und Würdigung der Sammlung Klenzes bietet: J. M. Schottky, Münchens öffentliche Kunstschätze im Gebiete der Malerei, München 1833, S. 245–252.

(12) W. Mittlmeier, Die Neue Pinakothek, 1977, S. 12, 15, 129; S. 181 bis 201 (Gemäldekatalog 1855). – 1841 Dezember 6 berichtet der Königliche Kabinettsekretär Johann Heinrich von Kreutzer an Ludwig I., Klenze habe seine Sammlung »en bloc« an (den Münchener Kunsthändler Franz Xaver) Trautmann verkauft; für das 1826 von Léopold Robert in Rom gemalte Bild (Katalog 1855 Nr. 164) allein seien Klenze im vorigen Sommer 5000 Gulden geboten worden (Staatsbibliothek München: Ludwig I. – Archiv 21, Bl. 105). In einem Schreiben an Ludwig I. 1842 Februar 17 wehrt sich Klenze gegen das umlaufende Gerücht, er habe seine Sammlung allzu günstig verkauft.

(13) Hederer, Klenze S. 386.

(14) Staatsbibliothek München, Handschriftenabteilung: Heydeckeriana.

(15) Die 1822 von Peter Heß gemalte Ansicht von San Marino (Katalog 1855 Nr. 220) hatte Klenze 1826 von Trautmann aus dem Besitz Heidecks erworben (Brief Klenzes an Heideck 1826 Dezember 12). Zum 1833 datierten Bild des Ernst Fries »Wasserfall bei Isola di Sora« (Katalog 1855 Nr. 144): L. Schorns Kunstblatt, Stuttgart 1834, Nr. 40, S. 158.

(16) Nachdem Klenze von Heideck bereits ein deutsches und ein spanisches Bild besaß, wünschte er sich 1826 noch ein italienisches und dereinst auch ein griechisches Motiv. Klenze an Heideck 1826 Dezember 12. – Vergl. Gemäldekatalog der Neuen Pinakothek 1855, Nr. 145 (Spanien 1825), 150 (Griechenland 1830), 187 (Italien 1837), 239 (ein Tierbild, 1842).

(17) Gemäldekatalog der Neuen Pinakothek 1855, Nr. 70; 140, 188, 190; 83, 137 (letzteres Bild, Corfu, jetzt HG 850, z. Z. in Schloß Berchtesgaden). Vergl. H. Decker, C. Rottmann, 1957. Katalog der Ausstellung »Bayern – Kunst und Kultur«, München 1972, S. 475, 476. – Stilverwandtschaft mit Rottmann zeigt Klenzes Amalfi-Bild von 1832 (G 25). Verschollen ist ein 1833 als Besitz Klenzes erwähntes Ölbild »Ischia« (Decker, S. 74 Nr. 343).

(18) Hederer, Klenze Abb. 97.

(19) Fr. Pecht, Deutsche Künstler des neunzehnten Jahrhunderts, 4. Reihe, Nördlingen 1885, S. 67 f. – Zur Datierung vergl. Schreiben Ludwigs I. an Klenze 1833 September 17.

(20) Fr. Pecht, Deutsche Künstler (wie Anm. 19), S. 41. – Ders., Geschichte der Münchener Kunst im 19. Jahrhundert, 1888, S. 62. – Thieme-Becker, 4, 1910, S. 461.

(21) Auf diese Tatsache und die noch bestehenden Forschungsaufgaben hat Hubertus Günther hingewiesen (Weltkunst, 47, 1977, S. 2686).

(22) So 1839 Nagler, Künstlerlexikon: Artikel Klenze, S. 503. Bei Hederer, Klenze, S. 415 wird das erste Bild auf 1824 datiert.

(23) Staatsbibliothek München, Handschriftenabteilung: Heydeckeriana. 24 Briefe Klenzes an Heideck. Einmal gebraucht Klenze die Anrede »Lieber Herr und Lehrer«. 1826 Dezember 12: »Mein theurer Freund und Lehrer im fettigen Elemente des Öhls« (Hinweise von Dr. Florian Hufnagl). Klenzes Verbindung mit Heideck zeigt sich wohl auch in G 3 (von 1825).

(24) Staatsbibliothek München: Heydeckeriana.

(25) Zante 1834–36: Z 197 und 208. – S. Gimignano 1852–62: Z. 362 und 478. – 1823–24–57: vergl. Z 445. Zu beachten ist, daß mit einem Tagesdatum versehene Zeichnungen auch erst später zu Hause angefertigt worden sind (z. B. Z 181 nach Z 180: 1831).

(26) Ähnliche horizontale Linienlagen kann man in Z 181 beobachten. – Friedrich Gärtner hat 1839 auf Sizilien als Hilfsmittel eine »Camera lucida« benutzt (O. Hederer, Friedrich Gärtner, 1976, S. 72).

(27) O. Hederer, Das Bild der Antike in den Augen Leo von Klenzes. In: Bericht der Koldewey-Gesellschaft über die 23. Tagung . . . in Hildesheim, 1965.

(28) Farbnotizen gibt es auch in Zeichnungen Carl Rottmanns: H. Decker, C. Rottmann, 1957, S. 67 Nr. 224, S. 77 Nr. 401, S. 84 Nr. 516, S. 104 Nr. 895.

(29) Sie kommt auch in geteilten Quadraten oder in Rechtecken vor. Die gewählten Maßeinheiten sollten noch festgestellt werden.

(30) Mit Buchstaben und Bezifferung bezeichnete Quadrierungen: Z 107, 187, 246. – Nur teilweise quadriert Ansicht der Akropolis von 1834 (Z 190).

(31) Baumgruppen: Z 89, 115, 563, 96. – Figuren und Figurengruppen: Z 555, 88, 447, 539, 175, 553 (auf der Rückseite quadriert, um die Figur spiegelbildlich übertragen zu können).

(32) Das Verzeichnis ist oben beschnitten, also wohl nicht vollständig erhalten, offenbar aus dem Gedächtnis geschrieben, ohne zeitliche Ordnung. Unklar ist noch die Bedeutung der den einzelnen Bildtiteln beigefügten Zahlen 1, 2, 3, 5. Man könnte an Bezeichnung von Formatgrößen der Bilder oder von Sammlungsmappen der Zeichnungen denken. Nicht in Betracht kommen wohl verschlüsselte Preisangaben oder Angaben mehrfacher Ausführung eines Bildthemas (letztere Deutung gibt Hubertus Günther in: Weltkunst, 47, 1977, S. 2685).

(33) Ein Beispiel ist die mit Feder auf grau grundierter Malleinwand vorgezeichnete Ansicht einer italienischen Kirche, G 52. Auf Pappe gemalt ist die Ansicht des Jupiter-Tempels von Selinunt 1850 (Z 335) und das Bild des römischen Forums von 1857.

(34) Staatsbibliothek München: Heydeckeriana. – 1 Fuß = etwa 0,32 cm.

(35) In vier Fällen hat Klenze auf Zeichnungen den Vermerk »nicht gemalt« angebracht.

(36) Zur Deutung der Zeitintervalle Hubertus Günther: in Weltkunst, 47, 1977, S. 2686. – Vergl. zeitliche Abstände (1817–20, 1817–22) zwischen Zeichnung und Gemälde bei Peter Hess: Oberbayerisches Archiv, 102, München 1977, nach S. 364 Abb. 19/20, 21/22. Ludwig Richter, der 1823–26 in Italien weilte, malte 1831 das Erinnerungsbild »Waldbrunnen bei Ariccia« (Berlin, Nationalgalerie).

(37) Andererseits sind manche Gemälde in Details bereichert.

(37a) Ohne figürliche Staffage sind G 79 (1832) und G 68. – Carl August Lebschée hat in Repliken einer Ansicht die Staffage verändert (Oberbayer. Archiv, 102, München 1977, S. 12).

(38) Hederer, Klenze, Abb. 249.

(39) Ein Blatt mit zwei kleinen Bleistiftskizzen, dazu notiert »Ölwald«; »Staffage Fischzug, wobei ein junger Kapuziner mit vorn hoch aufgeschürzter Kutte im Wasser stehend half«. Vielfach verwenden Maler (z. B. Peter Candid) in Zeichnungen Tekturen zur Darlegung von Varianten. Klenze dagegen setzt Tekturen zur Gewinnung der Komposition ein.
Eine bezeichnende Prozedur der Verpflanzung von Staffagen in die Vorder- und Mittelgrundkomposition zeigt Z 104 für das Bild G 16/35. Verwendung von Einzelmotiven anderer Künstler zur Staffage eigener Gemälde: Analog hat Ferdinand von Olivier, der selbst nie in Italien gewesen ist, für manche Bilder frühere Zeichnungen seines Bruders Friedrich von Olivier und des Julius Schnorr von Carolsfeld verwendet.

(40) Venedig: Die Darstellungen englischer Kathedralen sind nach Publikationen kopiert.

(41) Die Ansicht ist fast identisch mit dem Stahlstich in der ersten Auflage von Gsell Fells, Rom.

(42) Hans Gerhard Evers, Schriften, Darmstadt 1975, S. 233 Abb. 120.

(43) Abbildung in Reclams Kunstführer Italien, II 2, 2. Aufl., nach S. 592.

(44) Enciclopedia Italiana, 28, 1935, Tav. CLXXIV.

(45) Eine Phantasiekombination zweier innenarchitektonischen Motive gibt es um 1829 bei Domenico Quaglio (B. Trost, D. Quaglio, 1973, Abb. 258).
Beispiel für mehrfache Verwendung ein und derselben Architekturstaffage: die Kapelle in Z 118, 170 und 464. Die gleiche Kapelle hat Josef Anton Koch 1814 in dem Gemälde »Das Kloster S. Francesco di Civitella in den Sabinerbergen« (Berlin, Nationalgalerie) dargestellt.

(46) Zum Folgenden H. Günther in: Weltkunst, 47, 1977, S. 2686.

(47) Hinweise von Herrn Hans Peter Autenrieth, Krailling.

(48) Staatsbibliothek München: Klenzeana XV, 6. – Das Bild kam in den Besitz Klenzes und dann 1841/42 in die Neue Pinakothek. H. Decker, Carl Rottmann, 1957, S. 87 Nr. 583; Abb. 126. W. Mittlmeier, Die Neue Pinakothek, 1977, S. 187 Nr. 137. – Von diesem Beleg aus darf man Heideck vermutlich auch die Figurenstaffage anderer Gemälde Rottmanns zuschreiben: so Decker, Abb. 127, 128, 133, 139, 152, 186.

(49) Bayerische Staatsgemäldesammlungen. – Katalog der Ausstellung »Bayern in Griechenland«, München 1967, S. 20 Nr. 69. W. Mittlmeier, Neue Pinakothek, 1977, S. 197 Nr. 251. Zuschreibung der Architektur an Klenze durch Dr. Florian Hufnagl.

(50) Hannover, Sammlung Hausmann. Mitteilung von Herrn Dr. Hugo Decker.

(51) Ein Beispiel für die Zusammenarbeit: Entwurfzeichnung zu einer Uhr mit Figurengruppe Kaiserkrönung Rudolfs von Habsburg, etwa 1835 für die Residenz in München (wohl Festsaalbau) entstanden; die Figurengruppe von Ludwig Schwanthaler, der Sockel wohl von Klenze entworfen. München Stadtmuseum, Nr. 1496.

(52) Domenico Quaglio 1831: B. Trost, Domenico Quaglio, 1973, S. 183 Vg 87. W. Mittlmeier, Neue Pinakothek, 1977, S. 186.

(53) Vergl. B. Trost, Taf. I, III, VIII, IX; Abb. 5, 166, 205, 261, 322.

(54) In seiner Sammlung besaß Klenze drei verschiedene Kreuzgangsbilder.

(55) Mit Vorliebe haben Caspar David Friedrich und Ernst Fries Mönche als Bildstaffage gemalt.

(56) J. M. Schottky, Münchens öffentliche Kunstschätze, 1833, S. 245. – J. M. Söltl, Die bildende Kunst in München, 1842, S. 64. – Hederer, Klenze, S. 164. – Staatsbibliothek München: Klenzeana XV (Brief Schnorrs, Dresden 30. Juli 1860). – Nekrolog in: Rechenschaftsbericht des Kunstvereins für das Jahr 1864, München 1865, S. 54/56. – C. A. Regnet, Münchener Künstlerbilder, 2. Bde., Leipzig 1871, S. 320. – Die zum 100. Geburtstag Klenzes in München veranstaltete Ausstellung zeigte je 18 Gemälde und Bildzeichnungen. – Spätere Urteile: R. Oldenbourg, Die Münchner Malerei im neunzehnten Jahrhundert, I. Teil, 1922, S. 148 (sagt nichts über die Landschaftsbilder). O. Hederer, Klenze, 1964, S. 13 (»Naturtreue der Münchner Landschaftsschule«), 164ff. H. Günther in: Weltkunst, 47, 1977, S. 2684ff.

(56a) Hans Kiener in: Thieme-Becker, 20, 1927, S. 479f.

(57) Diesem Phänomen und seinen Problemen geht der folgende Beitrag Florian Hufnagls nach.

(58) Hederer, Gärtner, Abb. 16, 17. – Vergl. auch Gärtners Ansicht des Concordia-Tempels von Agrigento (a. a. O., Abb. 14) mit Klenzes Gemälde G 64. Auch Hederer, Klenze, Abb.

249 und Hederer, Gärtner, Abb. 33 lassen sich im Vergleich zusammenstellen; oder Klenzes Paestum-Bild (G 63) mit Hederer, Gärtner, Abb. 35.

Im Münchner Kunstverein sind folgende Gemälde Friedrich Gärtners ausgestellt worden: 1825 »Ein runder Turm am Gestade des Meeres, ein Mann mit einem Knaben sieht einem durch die Brandung herankommenden Schiffe zu« (13 : 16 1/2 Zoll. Zum Motiv vergl. Klenze G 17 von 1829). – 1825 »Der Vorhof eines Kapuziner-Klosters in Sizilien« (14 1/4 : 17 Zoll). – 1826 »Il forte St. Alessi an der Küste von Sizilien« (17 : 19 1/4 Zoll). (1. Halbjahresbericht 1825, S. 19 Nr. 187. 2. Halbjahresbericht 1825, S. 17 Nr. 232. Jahresbericht für 1826, S. 23 Nr. 377). Vielleicht helfen diese Mitteilungen zur Wiederauffindung der verschollenen Gemälde.

(59) Staatsbibliothek München: Heydeckeriana, Brief Klenzes an Heideck München 1828 November 2. Dieser »Grundsatz« müßte noch eruiert werden.

(60) München Schackgalerie; Bayerische Staatsgemäldesammlungen Nr. 11473. – Eine Gesamtansicht der Stadt Capri gibt auch das 1824 datierte kleine Gemälde des L. Th. Comte de Turpin de Crissé (1782 bis 1859), Köln Wallraf-Richartz-Museum Inv. 1811.

(61) Auch der Wiener Josef Hoffmann (1831 bis 1904) hat etwa 1864/65 ein Bild »Das alte Athen« gemalt (Thieme-Becker, 17, 1924, S. 260f.). Hoffmanns Signatur mit der Jahreszahl 1858 trägt ein Ölgemälde Ansicht Athens mit der unterhalb der Akropolis projektierten Akademie der Künste (in einem von der Münchner Glyptothek ableitbaren Typus); im Besitz Seiner Königlichen Hoheit des Prinzen Alexander von Bayern, München-Nymphenburg (aus dem Nachlaß des Prinzen Ludwig Ferdinand von Bayern; ursprünglich wohl im Besitz des Königs Otto von Griechenland).

(62) Bezeichnend ist, wenn Klenze 1830 vor einer Italienreise an Heideck schreibt: »Das rechte Auge werde ich auf Stein, das linke auf Öl einrichten« (Staatsbibliothek München: Heydeckeriana, Brief Klenzes, wohl von Anfang 1830).

III Küstenlandschaft am Golf von Neapel, nach 1830. G 31

Florian Hufnagl

Beobachtungen zu Komposition und historischen Perspektiven in Klenzes Bildkunst

Die Tatsache, daß einer der bedeutendsten Architekten des Klassizismus zugleich ein ernst zu nehmender Zeichner und Maler gewesen ist, fasziniert gerade in unserer Zeit, in der Spezialwissen und -kenntnisse über die Maßen geschätzt und gefordert werden. Das Universalgenie wird, als heute verloren erachtete Dimension menschlichen Geistes, bewundert und glorifiziert. Und dennoch, Leo von Klenze war primär Architekt, der seinen Gestaltungswillen in gebaute Formen umgesetzt wissen wollte. Daß er für dieses Ziel auf verschiedenen Ebenen zu taktieren bereit war, daß er es mit Energie, Zähigkeit und Ehrgeiz verfolgte, dafür finden sich in seiner Biographie genügend Anhaltspunkte[1]. Das Wissen um das kalkulierte, rationale Vorgehen Klenzes, die Kenntnis seiner diplomatischen Geschicklichkeit wie der Wandelbarkeit seines Einsatzes der Mittel sind wesentliche Voraussetzungen bei der Beschäftigung mit seinem malerischen OEuvre.

Bildhafte Elemente liegen auch in Klenzes Bauentwürfen. Die perfekt gezeichnete und aquarellierte Schauzeichnung eines Bauprojektes ist damals wie heute ein nicht unwesentliches Mittel, den Bauauftrag tatsächlich zu erhalten. Als Beispiele seien die Entwürfe zur Glyptothek (Abb. V) und zum »Armeedenkmal« (Abb. VI) erwähnt. Klenzes Ölgemälde der Walhalla (G 42) und der Propyläen (G 56), eigener Bauten also, entstanden erst nach der Auftragserteilung und während der Fertigstellung der Gebäude und können somit für diese Intention nicht reklamiert werden.

Wie sind aber nun jene Zeichnungen und Gemälde aufzufassen, die offenkundig in keiner Beziehung zu Klenzes eigenen Bauten stehen? Sind die in großer Anzahl erhaltenen Zeichnungen nur als Reiseskizzen zu werten, wie sie für alle deutschen Künstler geradezu obligatorisch gewesen sind? Sind folglich auch die nach diesen Skizzen entstandenen Gemälde nur naturgetreue Veduten?

Die Münchener Ausstellung[2] von 1977/78 hat durch die Zuordnung verschiedener Vorzeichnungen zu einzelnen Gemälden nachgewiesen, daß ein großer Teil der vermeintlich naturgetreuen Reiseansichten das Ergebnis intellektueller Komposition ist. Zwar entstand das zentrale Thema des später geschaffenen Bildes wie üblich in einer schnellen Skizze vor Ort, die manchmal noch auf der Reise in eine penible Reinzeichnung umgesetzt wurde; diese wurde dann aber Jahre, manchmal sogar erst Jahrzehnte später mit weiteren Motiven und Versatzstücken ergänzt und ergab erst so das Thema des Gemäldes. Geographische Distanz der Motive oder Wiederholung eines Versatzstückes waren für Klenze zur Komposition eines Gemäldes durchaus legitime Gestaltungsmittel.

Dieses additive Zusammenfügen wäre bei einem Maler nichts Ungewöhnliches. Bei einem Architekten des Historismus aber, der Bauwerke vergangener Epochen studiert, Detailzeichnungen aufnimmt und einzelne Elemente tradierter Baukunst dann in einem eigenen Entwurf zu einer neuen Einheit zusammenfügt, verdient dieses Vorgehen stärkere Beachtung. Außerdem kombiniert Klenze nicht nur verschiedene Veduten miteinander, sondern er fügt dem zentralen, nach der Wirklichkeit skizzierten Motiv eigene, erfundene Motive – zumeist Bauten – hinzu. Dieses Vorgehen kann man etwa bei seinem Gemälde »Der Hafen von Pirano« (G 24) beobachten, wo er links im Vordergrund einen Torbau mit Brücke einsetzt. Ebenso verfährt Klenze bei dem Gemälde »Lago del Fusaro« (G 70), bei dem er, diesmal im Mittelgrund rechts, ein Gebäude hinzufügt, das sich eindeutig als Klenzesche Bauidee zu erkennen gibt. Klenze »verbessert« also in seinen Gemälden nicht nur reale Ansichten durch Kombination mit anderen, sondern er fügt ihnen eigene Entwürfe bei. Dieses Vorgehen geht Hand in Hand mit der Intention seiner Bauten: »Am Ende dieses gründlichen Weges steht, im antiken Geist und der antiken Bauweise ein Modell darzustellen, naturgroß und mit selbstentwickelten Zutaten: die Ruhmeshalle oder die Walhalla – was uns heute als Vermessenheit erscheint, war damals gläubige Befangenheit«, schreibt Oswald Hederer[3] zu diesem Vorgehen Klenzes im Bereich der Architektur.

In dem 1855 entstandenen Gemälde »Saal eines italienischen Klosters« (G 62) geht Klenze in der Gewichtsverlagerung zwischen erfundenen und realen Motiven noch einen Schritt weiter. Das hier gezeigte halb-sakrale Raumgebilde, ein eigenartiges Konglomerat aus verschiedenen architektonischen Stilformen von der Romanik bis zur Renaissance kann nur die Erfindung eines Architekten des Historismus sein. Der kleine Ausblick auf die Insel Capri dagegen, der in dem Gemälde gleichsam als Bild im Bild verwendet wird, ist mit Sicherheit wieder auf eine Reiseskizze Klenzes zurückzuführen. Dieses Vorgehen wird erst aus der Entstehungsgeschichte des Gemäldes erklärbar. Empfänger des Bildes war Theodor von Zwehl, damals bayerischer Minister für Kirchen- und Schulangelegenheiten. Für ihn entwarf Klenze einen Raum, der sich aus den verschiedensten Elementen abendländischer Kirchenbaukunst zusammensetzt. Die Darstellung der Mönche unterstreicht noch den sakralen Charakter des Saales. Der Raum wird gefüllt mit dezent an die Ränder des Bildes gerücktem wissenschaftlichem Instrumentarium: Folianten, physikalischen Geräten, exotischen Pflanzen, tierischen Versteinerungen, einem Globus. Über allem stehen, auf den Tragbalken des offenen Dachstuhles das Rationale, die Gesetzestafeln und das Kreuz als Symbole für das Judentum, das Alte und das Neue Testament. Am letzten Bogen – sozusagen am »Triumphbogen« – sind die Namen der drei großen Ordensgründer Benediktus, Franziskus und Ignatius zu lesen. Alles ikonographische Elemente, die nach dem herkömmlichen Kanon nicht unbedingt einen gemeinsamen Nenner erkennen lassen. Dieser erschließt sich erst durch die Person des Empfängers als ein »Sinn-Bild« kirchlicher Gelehrsamkeit. Diesem, auf die Person des Empfängers überdeutlich zugeschnittenen Programm zuliebe läßt Klenze sogar eine Karyatide die Hände zum Gebet falten.

Von solch additivem Konstruieren bis zum Rekonstruieren im Bild ist nur ein kleiner Schritt. Klenze, der sich der Archäologie als Grundlage für seine eigenen Bauten bediente, hielt Vorträge über die Antike und versuchte sich in der Rekonstruktion antiker Bauwerke. Dieses rekonstruierende Vorgehen auch in seinen Bildern wiederzufinden, darf daher nicht verwundern. Im April 1828 schickte Klenze ein kleines Ölgemälde mit der Ansicht des Jupitertempels in Agrigento an Goethe, der 1787 angesichts des riesigen Trümmerhaufens geschrieben hatte: »Wir schieden hier mit dem unangenehmen Gefühle, daß hier für den Zeichner gar nichts zu thun sey[4].« Klenzes Antwort darauf war die behutsame Rekonstruktion des Tempels im Bild, in dem er einen am Boden liegenden Atlanten an der Cellawand wiederaufrichtete. Sechs Jahre später konnte Klenze in Griechenland diese Idee mit einem Plan »zu einer vollständigen Reinigung der Akropolis von den sie entstellenden Trümmern und Schutthaufen moderner Gebäude und zur Wiederaufrichtung der Säulen und Cellamauern des Parthenon, soweit sie aus den vorhandenen, beträchtlichen Überresten geschehen kann[5]«, in die Tat umsetzen.

Klenze rekonstruierte nicht nur einzelne Bauten, sondern er ließ vergangene Zeiträume und geschichtliche Ereignisse in seiner Bilderwelt wiedererstehen. So wird schon 1826/28 die für Karl Friedrich Schinkel nach der Natur gemalte Ansicht des mittelalterlichen Kastells von Monselice bei Padua (G 10) durch das historisierende Kostüm der Staffagefiguren in die Zeit der Kreuzritter transponiert. Wird bei diesem frühen Bild die historisierende Staffage noch lediglich didaktisch, als Datierungshilfe für den Betrachter eingesetzt, so kommt ihr in Klenzes Spätwerk oft die entscheidende Rolle bei der Interpretation des Gemäldes zu.

Bei seinem Gemälde »Ansicht auf der Insel Zante« (G 69) verwandelt Klenze das mittelalterliche Erscheinungsbild des Ortes, das er bei seiner Griechenlandreise vorfand, durch rekonstruierte Architektur in ein antikes Stadtbild zurück. Die Kreuzfahrerburg im Hintergrund, das Kreuz auf der zum griechischen Antentempel umstilisierten Kirche und nicht zuletzt die sich durch ihre Kleidung als Kreuzritter ausweisenden Staffagefiguren führen aber eine mittelalterliche Szenerie vor Augen. Deutbar wird dieses Bild erst, wenn man der von Norbert Lieb ausgesprochenen Interpretation des bereits 1846 entstandenen Gemäldes »Rekonstruierende Ansicht von Athen« (G 55) folgt. Bei diesem Bild wird nicht nur eine rekonstruierende Idealansicht des antiken Athen vorgestellt, sondern durch einen nur wenige Millimeter messenden Nimbus über dem Haupt des Redners im Vordergrund wird dieser als Heiliger, als Paulus bei seiner Rede auf dem Aeropag ausgewiesen. Diese Szene wird in der Theologie als Sieg des Christentums über die heidnische Antike begriffen. Ähnlich ist wohl auch das Gemälde »Ansicht auf der Insel Zante« zu deuten. Inmitten antiker Bauten erscheinen mit dem Kreuz und dem Hinweis auf das Kreuzrittertum die Symbole des siegreichen Christentums. Diese starke, wenn auch nur im Bereich der Staffage zutage tretende Betonung des Christentums in beiden Gemälden mag zunächst überraschen; lehnte doch der Katholik Klenze das innige und mystische Ideal des Christentums, das seine Zeitgenossen im römischen Lukasbund prägte, strikt ab. Klenze, der noch im rationalen Glauben der Aufklärung verwurzelt war, der das Christentum als siegreichen und legitimen Nachfolger antiker Philosophie betrachtete, hatte als Architekt die Verknüpfung von Antike und Christentum in seiner »Anweisung zur Architektur des christlichen Cultus« (1822 und 1834) längst vollzogen. Dort findet sich auch der Satz, der gleichsam die Grundlage der Interpretation der Gemälde Athen und Zante liefert: »Mag man annehmen, daß die altindischen, nubischen, ägyptischen, persischen und griechischen Lehren als Zweige einer religiösen Weltbildung angesehen werden müssen, welche später durch das Christentum ihre Erfüllung und Vollendung erhielt, und daß nur Zeit und Lücken in der Geschichte die Bande zerrissen und verwirrt haben, welche sie verknüpften, . . . so sind doch die geistigen Bande und die innere Analogie mit den Lehren des Christentums so mannigfaltig und deutlich[6]. . .«.

Dieses zerrissene Band, das der Architekt Klenze in seinen Bauten wieder zu knüpfen versuchte, bemühte sich auch der Theoretiker und Maler Klenze wieder zusammenzufügen.

Ebenfalls rekonstruierend, wenn auch nicht aus dem Bereich der Antike, verhält sich das Gemälde mit der Ansicht des Domes von Amalfi (G 67), das zunächst als wirklichkeitsgetreue Vedute aufgefaßt werden kann. Erneut sind es die Staffagefiguren, die hier mit den Allonge-Perücken und dem Kostüm in das frühe 18. Jahrhundert verweisen. Anhand der kleinen, gegenüber der Architektur zunächst unbedeutend erscheinenden Szene im Vordergrund erschließt sich erst das ganze Bild. Vor der Ansicht des mittelalterlichen Domes wird dem Bischof von Amalfi und seiner Begleitung ein Plan zur barocken Umgestaltung der Fassade gezeigt, den der rechts stehende Architekt mit weit ausholender Geste erklärt. Auf dem ausgerollten Plan ist, miniaturhaft und daher nur schwer erkennbar, ein barocker Sprenggiebel mit seitlich rahmenden Voluten zu sehen, Bestandteil jener barocken Fassade, die der Dom von Amalfi in der Zeit von 1701/31 erhielt[7] und die Klenze noch vor Augen hatte, als er am 17. Mai 1855 eine bereits rekonstruierende Vorzeichnung zu dem Gemälde schuf. War es das Wissen um die geplante Regotisierung des Domes, die 1870/94 von den Architekten Enrico Alvino[8] und Dalle Corte[9] tatsächlich durchgeführt wurde? Ist das Gemälde somit als rekonstruierender Entwurf oder als rekonstruierende Ansicht zu werten? Der Übergang von entwurfgebundener Schauzeichnung und zeichnerischer Rekonstruktion erscheint hier fließend.

G 67 (Ausschnitt)

Adolf Senff. Der Dom von Amalfi (Detail)

Aufnahme des Domplatzes von Amalfi um 1900

◁ G 67 Der Domplatz von Amalfi

Z 429 zu G 67

Adolf Senff (1785–1863), Der Dom von Amalfi

Auch das späte Gemälde mit dem Titel »Athen im Altertum« (G 73) läßt über dem vordergründigen Thema einer bildlichen Rekonstruktion des antiken Athen eine weitere Bedeutungsebene vermuten. Rücken hier doch einzelne Bauten stark in den Vordergrund, die zwar als antik bezeichnet, jedoch nicht mit konkreten antiken Gebäuden in Verbindung gebracht werden können. Dies ist um so erstaunlicher, als die Akropolis selbst höchst genau rekonstruiert, jedoch nur klein und in den Hintergrund gerückt erscheint. Die Deutung des Bildes ergibt sich wiederum, wie beim Gemälde des Domes von Amalfi, über die Figurenstaffage im Vordergrund. Bei einem offenbar im Bau befindlichen Gebäude werden zwei Gruppen gezeigt, die sich einander zuwenden. Während die beiden ganz links stehenden Männer lebhaft gestikulieren, wird die rechte Gruppe verharrend dargestellt. Aus dieser Gruppe treten zwei Personen besonders hervor, mit Abstand von den übrigen. Die ganz links stehende männliche Figur ist ein wenig in den Vordergrund gerückt und als einzige Person durch eine Handbewegung in Dialog mit dem ersten Paar dargestellt. Die Bekleidung erlaubt auch hier eine genauere Datierung: Der kurze Rock, das Kurzschwert und die Toga verweisen nach Rom. Damit wird im Bild also Athen im Zeitalter der Römer vor Augen geführt. Eine nochmalige Spezifizierung ermöglicht der Lorbeerkranz auf dem Haupte des Mannes; stand doch der Lorbeer bei den Römern nur dem siegreichen Feldherrn oder dem Imperator selbst zu. Mit der Charakterisierung der rechts anschließenden Figur – ihrer femininen Haltung, dem leichten Anschmiegen und einem aus Rosen geflochtenen Kranz auf dem Haupt – wird eine eindeutige Bestimmung möglich: Gezeigt wird Kaiser Hadrian mit seinem Lustknaben Antinous. Somit kann auch das Bauwerk, um das sich beide Personengruppen versammeln, genauer bestimmt werden. Auf zwei großen voneinander getrennten Bodenplatten erhebt sich ein mit Lisenen verkleidetes Mauerwerk, vor welches auf beiden Seiten Säulen gestellt werden. Auf dem halbfertigen rechten Säulensockel liegt eine Rolle, offenbar wieder ein Bauplan, den wohl der Architekt durch sein Deuten auf das Bauwerk gerade erläutert. Sein Begleiter zeigt nach oben, zu den Propyläen der Akropolis. Demnach schildert Klenze hier die Errichtung des Hadriantores in Athen.

Erschöpft sich aber mit der Schilderung eines fiktiven historischen Vorgangs die Bedeutung des Bildes als reine Historienmalerei? Die Unterscheidung zwischen antikisierenden Bauten und strenger Rekonstruktion läßt eine dritte Bedeutungsschicht vermuten. Kaiser Hadrian, dem Neigungen zu Geschichte, Philosophie und Kunst nachgerühmt werden, gilt in der Geschichte als Philhellene (Übernahme der Barttracht der Philosophen ins römische Kaiserporträt, Einweihung in die Mysterien von Eleusis, Verehrung als Zeus Olympios, Eleutherios), der bei seinen Bauten in der Heranziehung griechischer Künstler, in der Verwendung farbigen Marmors an griechische Vorbilder anknüpfte. Unter seiner Herrschaft wurde in Athen das Olympieion vollendet, ein neuer Markt samt Bibliothek errichtet und die östliche Villenvorstadt als Hadriansstadt ummauert. Ihm zu Ehren wurde das Hadrianstor errichtet, dessen Inschrift sagt: »Dies ist nicht Theseus', dies ist Hadrians Stadt.« Damit wird Hadrian als großer Bauherr und Wohltäter der Stadt Athen bezeichnet. In diesem Gemälde nun keine Anspielung auf König Ludwig I. von Bayern zu sehen, fällt schwer. Den Philhellenen Ludwig, der seinen Sohn zum König Griechenlands wählen und das antike Athen rekonstruieren und zu einer neuen Hauptstadt ausbauen ließ, einen Mann, der seine eigene Hauptstadt in ein zweites Athen, ein Isarathen verwandeln wollte, als neuzeitlichen Hadrian, als Wohltäter Griechenlands zu bezeichnen, erscheint bei dem in historischen Kategorien denkenden Klenze nicht unnatürlich. Die typologische Beziehung Hadrian – Ludwig I. ist zudem hier nicht zum erstenmal verwendet worden. Bereits Ludwigs erster Bau, die Glyptothek, zeigte eine Statue Kaiser Hadrians an bevorzugter Stelle[10], neben dem Portikus. Verantwortlich für das ikonographische Programm dieses Bauwerkes ist letztlich Klenze gewesen[11]. Und bereits Zeitgenossen warfen die Frage auf, ob sich Ludwig I. der inneren Verwandtschaft zu Hadrian bewußt war; eine Frage, die Klenze in seinen Tagebuchaufzeichnungen durch den Ausspruch Ludwigs »O Hadrian, wie richtig habe ich dein Zeitalter oft mit unserer Zeit in Deutschland verglichen«[12] eindeutig bejaht.

Daß Klenze an diesem Ruhm seines königlichen Bauherrn selbst auch zu partizipieren suchte, ist bei der Persönlichkeitsstruktur des Architekten nicht verwunderlich. Da sich bei den nun als hadrianisch erkannten Bildarchitekturen Motive Klenzescher Architektur finden lassen (Pylonen der Propyläen, Rundbank nach dem pompejanischen Grabmal der Priesterin Mamia im Englischen Garten, Befreiungsdenkmal für die Schlacht bei Leipzig und Verwendung des Atlanten von Agrigento bei seinem Entwurf für das Königsschloß in Athen), kann davon ausgegangen werden, daß Klenze die Darstellung des Architekten im Bild als eine

Anspielung auf seine eigene Person verstanden wissen wollte. Demnach schuf sich der Maler Klenze mit dem Gemälde »Athen im Zeitalter Hadrians« ein Denkmal für den Architekten Klenze und seinen königlichen Bauherrn.

Da nun der Staffage in Klenzes Gemälden oftmals eine entscheidende Bedeutung zukommt, muß das Problem der Eigenhändigkeit der Figurenstaffage nochmals aufgegriffen werden. Es ist auffallend, daß sich im ganzen zeichnerischen Nachlaß Klenzes keine einzige Personenstudie gefunden hat, die jenen schnellen, kursorischen, fast nervösen Strich aufweist, wie er in Landschafts- oder Architekturzeichnungen, die vor Ort entstanden sind, sehr wohl zu finden ist. Die in Klenzes Nachlaß erhaltenen Figurenstudien sind alle entweder ausgeprägt körperhaft durchgestaltet, mit starken Verschattungen und Schraffuren, oder sie sind mit jenem dünnen, präzisen Strich gezeichnet, wie ihn die addierten Kompositionszeichnungen, als die letzte zeichnerische Stufe vor der Ausführung des Gemäldes, aufweisen. Klenzes Arbeitsweise kann man nur ganz selten, etwa anhand der Schwanthaler-Zeichnung der »Familie Klenze« (Z 415) genauer studieren. So zeichnet er aus diesem Blatt die Figur des sitzenden Mannes mit Becher auf Pauspapier nach (Z 416) und verändert sie nur leicht durch Hinzufügung einer Schirmmütze und eines Säbels in ihrem Erscheinungsbild. Durch Quadrieren kann diese Figur dann passend im Format in jedem Gemälde verwendet oder jenem »Vorrat« an Staffagefiguren einverleibt werden, wie er auf Z 447 zu finden ist.

Beinahe lückenlos nachweisbar ist das Vorgehen Klenzes nur einmal, bei den Staffagefiguren zu seinem Gemälde »Das Castell von Monselice« (G 10), die somit als pars pro toto betrachtet werden dürfen. Ausgangspunkt für die Staffage im Vordergrund, die, wie erwähnt, für die zeitliche Charakterisierung des Bildes von Bedeutung ist, sind zwei Zeichnungen, die sich beide in Klenzes Besitz befanden: Einmal eine Illustration zu Schillers Ballade »Der Kampf

Unbekannter Künstler, Bayerische Staatsbibliothek, Klenzeana IX, 11, 20 recto
Z 87 zu G 10

Unbekannter Künstler, Bayerische Staatsbibliothek, Klenzeana IX, 11, 20 verso
Z 88 recto zu G 10
Z 88 verso zu G 10

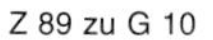
Z 89 zu G 10

G 10 Das Castel von Monselice

Z 86

mit dem Drachen«[13] – ein Entwurf eines unbekannten Künstlers[14]. Zum anderen die Zeichnung eines Pilgers mit einem Knaben (Z 87), die stilistisch eng verwandt mit einer Zeichnung Theodor Wellers ist, die sich im Nachlaß Klenzes erhalten hat. Diese Zeichnung wird nun im Umriß kopiert (die Kopie ist verloren) und mit Hilfe der Quadratur in der passenden Größe auf ein neues, sehr dünnes Blatt (Z 88) übertragen. Dann zeichnet Klenze auf der Rückseite der Schillerillustration die Figur des stehenden Ritters nach und überträgt sie, wohl wieder mit einer verlorenen Pause, auf die Rückseite des Blattes, das die Umrißzeichnung des Pilgers mit dem Knaben trägt. Werden diese beiden Figuren schließlich abermals durch das dünne Blatt von der Vorderseite durchgezeichnet, so ergeben sie, seitenverkehrt und nach leichten Abänderungen, zusammen mit dem Ritter die endgültige Komposition der Staffage für das Gemälde.

Für das »Erfinden«, das »Invenit«, der Staffagefiguren dürfen also in den Gemälden Klenzes wohl andere Künstler angenommen werden – zumal dann, wenn die Staffage von entscheidender Bedeutung für das Gemälde selbst ist. Das »Ausführen«, das »Fecit«, besorgte Klenze, wie gezeigt, wohl selbst. Damit weisen auch die Staffagezeichnungen jenes intellektuelle, schrittweise Vorgehen auf, das bereits bei der Gesamtkomposition Klenzescher Zeichnungen und Gemälde allgemein zu konstatieren war.

Anmerkungen

(1) Pölnitz, P. Winfrid Frhr. v., Münchener Kunst und Münchener Kunstkämpfe 1799–1831: OAVG 72, 1936, 1–117.

(2) Kat.-Ausst., Leo von Klenze als Maler und Zeichner, München 1977.

(3) Hederer, Oswald, Leo von Klenze, München 1964, S. 89.

(4) Goethe, Johann Wolfgang, Italienische Reise, 25. April 1787.

(5) Zitiert nach: Russack, Hans Hermann, Deutsche bauen in Athen, Berlin 1942, S. 65 f.

(6) Klenze, Leo v., Anweisungen zur Architectur des christlichen Cultus, München 1. Auflage 1822, 2. Auflage 1834.

(7) Enciclopedia Italiana, II, 1929.

(8) Allgemeines Lexikon der bildenden Künstler, hrsg. Ulrich Thieme und Felix Becker, Bd. 1, S. 364, Leipzig 1907.

(9) Ceschi, Carlo, Teoria e storia del restauro, Roma 1970.

(10) Schwahn, Britta-Roswitha, Die Glyptothek in München – Baugeschichte und Ikonologie, Diss. phil. masch., München 1976.

(11) Hierzu steht jedoch Klenzes negativer Ausspruch über das Hadrianische Zeitalter von 1818 ganz im Widerspruch: »... Niemals ward und wird auf diese Art die Kunst erlernt und gefördert werden, und in alter Zeit gibt es nur eine Epoche, wo man zur Nachahmung alterthümlicher Manier zurückging, dieses war unter dem faden kunsterkünstelnden Hadrian, welcher selbst zu schwachen Geistes um die Idee einer Kunstzeit und eines Kunststyls zu fassen und auszubilden, durch die Nachahmung alles dessen was ihm auf seinen Reisen reizend vorgekommen war, nur seine durch Sinnlichkeit überreizte Seele zu kitzeln suchte, und zu dieser Spielerei sein Zeitalter und Rom gerade verderbt genug fand ...«
Zitiert nach O. Hederer, Leo v. Klenze, München 1964, S. 39.

(12) Staatsbibliothek München, Klenzeana XIII, 1.

(13) Staatsbibliothek München, Klenzeana IX, 11, 20.

(14) Nachforschungen im Deutschen Literaturarchiv, Schiller-Nationalmuseum Marbach verliefen negativ. Brief vom 11. Mai 1978 Sch./Gr.

IV Die Walhalla im Donautal, 1839. G 42

Katalog der Gemälde

Norbert Lieb

Vorbemerkungen

In den folgenden Katalog sind die während und nach der Ausstellung von 1977–78 neu bekannt gewordenen Gemälde sowie die zu einzelnen Bildern nachträglich gewonnenen Feststellungen eingearbeitet. Ausgeschieden wurde als nicht überzeugende Zuschreibung die Ansicht der Münchner Ruhmeshalle (Ausstellung G 12).
Anders als im Ausstellungskatalog werden hier die erhaltenen und die verschollenen Gemälde in eine einzige Reihe zusammengefaßt. Als Titel sind möglichst die originalen Formulierungen gewählt worden. Von den nunmehr aufgeführten 78 Gemälden sind 25 fest datiert, von 1832 bis 1862. 36 können durch Ausstellungskataloge und andere Quellen zeitlich fixiert werden (von 1825 bis 1864), fünf auch nach Zeichnungen. Die restlichen Gemälde werden hypothetisch in die zeitliche Reihenfolge eingegliedert.
Die Bezüge zahlreicher Entwurfzeichnungen zu bestimmten Gemälden hat Dr. Florian Hufnagl neu herauspräpariert. Das zum Schluß beigegebene Verzeichnis einiger sonstiger bildmäßiger Kompositionszeichnungen kann vielleicht den Nachweis noch unbekannter oder unerkannt gebliebener Gemälde fördern.

Quellen und Literatur:

Klenzes eigene Gemäldeliste: siehe Z 327.

Gedruckte Jahresberichte des Münchner Kunstvereins seit 1825 (Bayerische Staatsbibliothek München); für den folgenden Katalog durchgearbeitet von Christine Thomas, München.

Schottky, Julius Max, Münchens öffentliche Kunstschätze im Gebiet der Malerei. München 1833, S. 215ff. (Die Sammlung des Herrn Geheimen Rathes Ritters v. Klenze).

Nagler, Georg Kaspar, Künstler-Lexikon, VII. München 1839 (Artikel Klenze).

Söltl, (Johann Michael), Die bildende Kunst in München. München 1842.

Marggraff, Hugo, Katalog der vom Architekten- & Ingenieur-Vereine veranstalteten Ausstellung von Plänen und Bildern Leo von Klenze's. München 1884. Zweite verbesserte Auflage.

Boetticher, Friedrich von, Malerwerke des 19. Jahrhunderts. I/2. Dresden 1895, S. 695 (Artikel Klenze).

Hederer, Oswald, Leo von Klenze. München 1964. (S. 415–417 Verzeichnis der Ölgemälde, chronologisch geordnet nach Hugo Decker).

Leo von Klenze als Maler und Zeichner. Katalog der Ausstellung München 1977–78.

G 1 »Innere Ansicht des Concordien-Tempels zu Agrigent«

$16\,^1/_2$ x $13\,^1/_2$ Zoll
Im ersten Halbjahr (Januar–Mai) 1825 ausgestellt im Kunstverein München. 1833 in Klenzes Besitz, damals erwähnt als sein »erstes und dennoch schon ausgezeichnetes Gemälde«.
Vorbereitet wohl in Zeichnungen vom Dezember 1823 (vgl. Hederer, S. 413).
Zum Thema: G 64 von 1857.
Literatur: 1. Halbjahrs-Bericht über den Bestand und das Wirken des Kunstvereins in München für das Jahr 1825. München 1825.S. 18 Nr. 137. – Schottky, 1833, S. 251. – Hederer, S. 415 Nr. 3.

G 2 Der Poseidon-Tempel von Paestum

Vor 1964 im Besitz von Dr. Eckhart von Pütz, einem Nachfahren der Familie Klenze.
Ohne nähere Begründung als »das erste von Klenze gemalte Ölbild« angesprochen (vielleicht in Verwechslung mit G 1?).
Klenze kam im April 1824 mit dem Kronprinzen Ludwig von Bayern nach Paestum (Hederer, S. 44, 47).
Die Komposition vielleicht vorbereitet in Z 61. Einzelentwürfe Z 62, 63.
Zum Motiv der kämpfenden Schlangen vgl. G 63 und Z 335.
Literatur: Hederer, S. 167, 415 Nr. 1.

Z 63 zu G 2

Z 62 zu G 2

Z 61 zu G 2

G 3 »Ansicht der Cloaca Maxima in Rom«

Ölgemälde auf Kupfer; 56,5 x 44,5 cm
Im zweiten Halbjahr 1825 ausgestellt im Kunstverein München.
Besitzer Dipl.-Ing. Friedrich Voit, Mannheim. – Vorbesitzer: dessen Großvater Professor Dr. Ernst Voit, München (vgl. G 5), Sohn des Architekten August Voit. Auf der Rückseite des Rahmens aufgeklebt ein vor 1914 vom Vater des gegenwärtigen Besitzers geschriebener Zettel mit folgendem Text: »Cloaca maxima / in Rom / gemalt angeblich vom / Architekt Leo von Clenze / und von diesem im Austausch an Grossvater / Lange gegeben«. Letzterer: Ludwig Lange (1808–68), Architekt und Maler, von dem das Bild dann an August Voit und dessen Sohn Ernst Voit übergegangen ist.
Dargestellt ist die Mündung der Cloaca maxima vor der Neuanlage des Lungotevere Testaccio. Dazu kombiniert Wandbrunnen mit der Wasserspeiermaske der »Bocca della Verità« (in der Vorhalle von S. Maria in Cosmedin).
Einzelstudie Z 82.

Z 82 zu G 3

Literatur: Jahresbericht über den Bestand und das Wirken des Kunstvereins in München. München 1825, S. 17 Nr. 228.

G 3

G 4 »Eine malerische Gegend in Italien, mit Architektur«

Ölgemälde auf Leinwand; 32 x 49 cm
Rückseits auf dem Keilrahmen alte Aufschrift mit Tinte: »Leo von Klenze / 1784–1864«; auf dem (alten) Rahmen ein Zettel »4/Klenze«.
Besitzer: Professor Dr. Dr. h. c. Otto Friedrich Bollnow, 74 Tübingen. Erworben etwa 1948 in einer Buchhandlung an der Brienner Straße in München.
1825 ausgestellt im Kunstverein München. Die Darstellung zu lokalisieren auf Palestrina bei Rom? Nach Palestrina könnte Klenze durch das archäologische Interesse am Heiligtum der »Fortuna Primigenia« gelenkt worden sein. Mit der Rekonstruktion dieser Anlage hatte sich nach Palladio in eindrucksvoller Weise Joannes Blaeu beschäftigt; (zwei große Kupferstichtafeln in »Theatrum civitatum Italiae«, Amsterdam 1663. – Hinweis von Frau Dr. Traudl Seifert, Bayerische Staatsbibliothek/Kartensammlung, München). Für Klenze mag die Rekonstruktion dann bei der Gestaltung des Stufen- und Terrassenbaus der Walhalla anregend gewesen sein.
Literatur: 1. Halbjahrs-Bericht über den Bestand und das Wirken des Kunstvereins in München für das Jahr 1825. München 1825, S. 19 Nr. 160.

G 4

G 5 »Vedute aus der Campagna«

1884 im Besitz von Professor Dr. Ernst Voit, München. Dieser war ein Sohn des Architekten August Voit (1801-70), der seit 1847 als Nachfolger Klenzes Vorstand der Obersten Baubehörde in München war. Gegenwärtig ist das Bild in der weitverzweigten Familie Voit nicht nachweisbar (vgl. G 3).
Das Motiv des Gemäldes ist wohl sicher eine Landschaft.
Literatur: H. Marggraff, 1884, S. 25 Nr. 352 (ohne Maßangaben).

G 6 »Das Innere eines italienischen Hofes«

fast 26 x 23 1/2 Zoll
1826 ausgestellt im Kunstverein München.
Literatur: Jahresbericht über den Bestand und das Wirken des Kunstvereins in München für das Jahr 1826. München 1827, S. 25 Nr. 435.

G 7 »Italienischer Klosterhof«

Ölgemälde auf Kupfer; 22 x 17 Zoll
Bis 1847 im Besitz des Grafen Carl von Rechberg-Rothenlöwen. Dieser war seit 1808 Kämmerer, 1833 Oberstkämmerer, 1839 Obersthofmeister (Oberstzeremonienmeister) am Bayerischen Königshof; gest. 1847 in München. Vgl. G 8.
Literatur: Verzeichnis der hinterlassenen Gemälde, Kupferstiche, Zeichnungen und plastischen Werke Carl von Rechberg, München; Versteigerungskatalog 8. November 1847, Nr. 48b.

G 8 Italienischer Klosterhof

»Vorhof eines Klosters, durch einen Bogen desselben sieht man auf hochgelegene Gebäude. Zwei Mönche betrachten die Gegend«. (Zum Motiv vgl. G 62.)
Ölgemälde auf Leinwand; 10 1/2 x 8 1/2 Zoll
Bis 1847 im Besitz des Grafen Carl von Rechberg-Rothenlöwen, München (vgl. G 7).
Vermutlich identisch mit dem 1897 als Vermächtnis des Münchner Architekturmalers Anton Höchl (1829–97) an die Bayerischen Staatsgemäldesammlungen (Inv.Nr. 8016) gekommenen, 23 x 29 cm messenden Gemälde »Italienischer Klosterhof«, das seit 1945 verschollen ist (eine Photographie liegt nicht vor).
Vielleicht zugehörig Z 133/35.
Literatur: Verzeichnis der hinterlassenen Gemälde usw. Carl v. Rechberg, München; Versteigerungskatalog 8. November 1847, Nr. 48a. – Hederer, S. 168, 416 Nr. 19. – Zu Anton Höchl neuerdings: Oberbayerisches Archiv, 102. München 1977, S. 360.

Z 135 zu Z 133

Z 134 zu Z 133

Z 133 zu G 8

Z 74 zu G 9

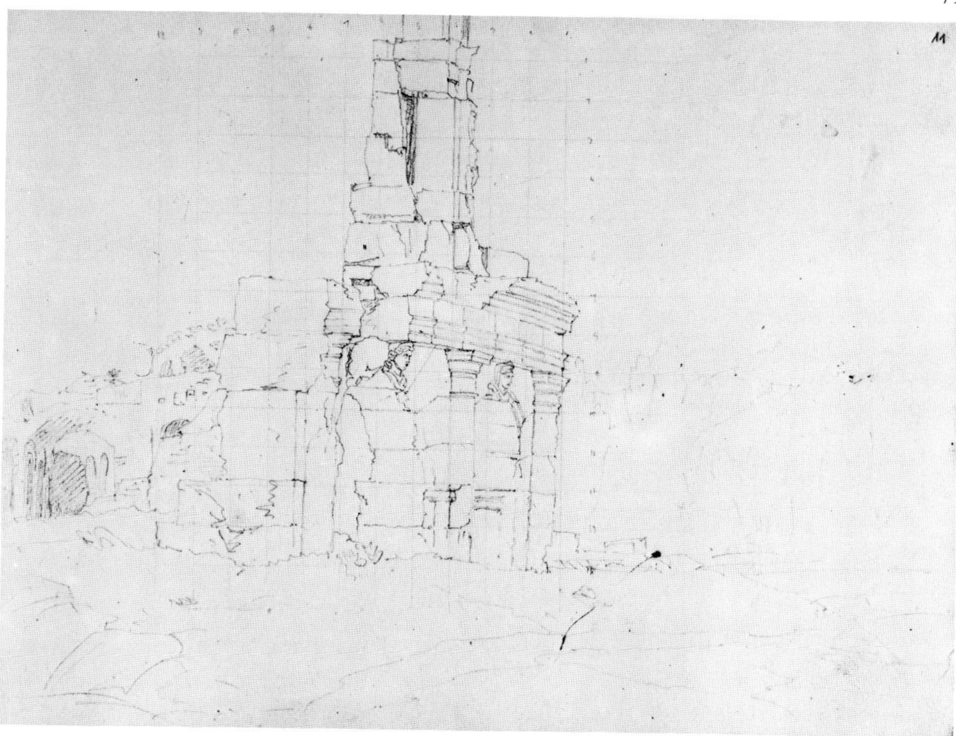

Sk 5 zu G 9

G 9 »Ansicht der Ruinen des Amphitheaters von Alt-Capua«

20 1/2 x 16 1/2 Zoll
1826 ausgestellt im Kunstverein München. Laut Aufschrift der Zeichnung (s. u.) »für Graf Mejan gemalt«.
Entwurf: Z 74 (links unten beschriftet). – Vorbereitende Skizze Sk 5, Bl. 11 r (Bleistift, quadriert; 20,5 x 28,5 cm).
Etienne Graf Méjan, Publizist, Sekretär des Vicekönigs Eugen Beauharnais (»Herzog von Leuchtenberg«), zu welchem er 1816 nach München kam. Dort seit 1829 Königl. Bayerischer Kämmerer, gest. 1846. 1823/24 ließ er sich durch Jean-Baptiste Métivier ein Palais an der Ostecke Wittelsbacherplatz/Briennerstraße bauen, dessen Fassade Klenze entwarf (Zur Verbindung Klenzes mit dem Grafen: Schreiben Klenzes an Ludwig I. 1824 Oktober 5, 1826 Februar 2 und 24). – In München lebte auch Moritz (Heinrich) Graf Méjan, wohl ein Sohn des Vorgenannten, 1827 Königl. Bayerischer Kämmerer, 1833 Oberstleutnant à la suite, 1848 »Grand Maître« der Herzogin-Witwe Auguste von Beauharnais-Leuchtenberg.
Zu diesem Kreis auch G 32.

Literatur: Jahresbericht über den Bestand und das Wirken des Kunstvereins in München für das Jahr 1826, München 1827, S. 21 Nr. 318. – Hederer, S. 168, 385f, 411 (eingeordnet zu 1842), 416 Nr. 2.

G 10 »Das Castel von Monselice, in den Euganaeen«

bei Padua. Anstieg der Via del Santuario zur sogenannten Cà Marcello.
Ölgemälde auf Leinwand; 61 x 73 cm
Rechts unten bezeichnet L. v. Kl.
Privatbesitz in 583 Schwelm.
1827 ausgestellt im Kunstverein München, 1828 in der Akademie-Ausstellung Berlin. Vom gegenwärtigen Besitzer erworben 1953 im Kunsthandel Köln.
Klenze, der am 12. Juli 1826 im nahe gelegenen Arqua das Grabmal des Petrarca gezeichnet hat (Z 90), schreibt am 12. Dezember 1826 an Carl Wilhelm von Heideck: »Das Schloss von Monselice hat das Motiv zu einem grossen Bilde gegeben« (Bayerische Staatsbibliothek München: Handschriftenabteilung, Heydeckeriana II 1). Das Gemälde empfing laut Beschriftung der Zeichnung (s. u.) und Klenzes Gemäldeliste Karl Friedrich von Schinkel. Dieser hatte am 23. November 1824 Klenze in München besucht.

Vorentwürfe Z 86, 88, 89.

Literatur: Jahresbericht über den Bestand und das Wirken des Kunstvereins in München für das Jahr 1827. München 1828, S. 23 Nr. 6. – Katalog der Akademie-Ausstellung Berlin 1828, S. 30 Nr. 261. – Boetticher Nr. 1. – M. Lempertz, Köln, Auktion 3. November 1950, Katalog S. 21 Nr. 140; Tafel 30. – Hederer, S. 168, 386, 411 (irrig eingeordnet bei 1841), 416 Nr. 3. – Die Weltkunst, 47, Nr. 24, 1977, S. 2684f. (H. Günther, mit Abb.).

Z 86 zu G 10

Z 89 zu G 10

Z 88 verso zu G 10

G 10

G 11 Schloß Lucera

vor Foggia in Apulien.
Ölgemälde, 1827.
1884 im Besitz von Leo Klenzes Enkel Hippolyt (II) Ludwig von Klenze (gest. 1892).
Zeichnung mit Farbangaben: Klenzeana IX (erwähnt von Hederer, S. 386, 417), z. Zt. nicht feststellbar (über Verluste aus Klenzeana IX vgl. Hederer, S. 394, 396).
Literatur: H. Marggraff, 1884, S. 24 Nr. 341. – Zum Kastell-Palast Kaiser Friedrichs II. neuerdings: Katalog der Ausstellung »Die Zeit der Staufer«. Stuttgart 1977, III, S. 154f. (C. A. Willemsen), Fig. 12–15, Abb. 64–67.

G 12 »Ansicht von Rua in den Euganaeischen Bergen«

Monte Rua, südwestlich von Padua.
23 1/2 x 17 1/2 Zoll
1827 ausgestellt im Kunstverein München.
Laut Beschriftung von Z 93 und Klenzes Gemäldeliste »gemalt für Eichthal«: Simon Leonhard Freiherr von Eichthal (1787–1854), Königlich Bayerischer Hofbankier und Königlich Griechischer Staatsrat, Mitbegründer der Bayerischen Hypotheken- und Wechselbank; entscheidend beteiligt an der Einführung des Eisenbahnwesens in Bayern und an der Vorausfinanzierung der Griechischen Regentschaft; förderte die Finanzierung der Hofgarten-Arkaden in München und der Malereien Carl Rottmanns. Mai–Juni 1826 reiste Eichthal mit Klenze, Peter Hess und Carl Wilhelm von Heideck nach Venedig, 1827 gemeinsam mit Klenze nach Como-Genua–Livorno–Florenz. (Neue Deutsche Biographie, 4, 1959. – Oberbayerisches Archiv, 102, München 1977, S. 264, 265, auch 333f., 346, 361, 371, 377f., 410 Nr. 9). Zur späteren Familiengeschichte: Karl von Eichthal (1845–1909), Sohn des gleichnamigen Hofbankiers (1812–80), heiratete 1877 Luise, Tochter des Maximilian Josef Grafen von Otting und der Athenais von Klenze.
Entwürfe: Z 92/94, zurückgehend wohl auf Klenzes Aufenthalt 1826. Den Vordergrund des Gemäldes (Teil des Camaldulenserklosters) darf man sich wahrschein-

Z 92 zu G 12

Z 93 zu G 12

Z 94 zu G 12

lich nach Z 94 vorstellen. Vgl. auch Skizzenbuch 3 (Ausstellungskatalog 1977, S. 154).
Literatur: Jahresbericht über den Bestand und das Wirken des Kunstvereins in München für das Jahr 1827. München 1828, S. 26 Nr. 98.

G 13 Der Jupiter-Tempel von Agrigento

Ölgemälde auf Kupfer; 29,5 x 37,3 cm
Weimar, Goethe-Nationalmuseum.
1828 ausgestellt im Kunstverein München (»Ruine des Giganten-Tempels bei Girgenti«).
In Klenzes Gemäldeliste verzeichnet als »Goethe Gigantentempel«. Das in Studien der Jahreswende 1823/24 vorbereitete Bild wurde im April 1828 nach Weimar gesandt. Dankschreiben Goethes vom 3. Mai 1828 (Bayerische Staatsbibliothek München, Handschriftenabteilung, Klenzeana XV).
Gesamtentwurf Z 79. Detailentwurf Z 80. Zum Thema: G 45 von 1841.
Literatur: Jahresbericht über den Bestand und das Wirken des Kunstvereins in München für das Jahr 1828. München 1829, S. 22 Nr. 43. – Nagler, Künstler-Lexikon, 1839 (»nach der Ausgrabung«). – Soeltl, 1842, S. 64. – Chr. Schuchhardt, Goethes Kunstsammlungen. Jena 1848, I. S. 330 Nr. 23. – Hederer, S. 93f., 164, 168, 385, 415 Nr. 2. – Ausstellungskatalog 1977, S. 52 (ergänzende Mitteilungen über Klenzes Verbindung mit Goethe und Weimar).

Z 79 zu G 13

G 13

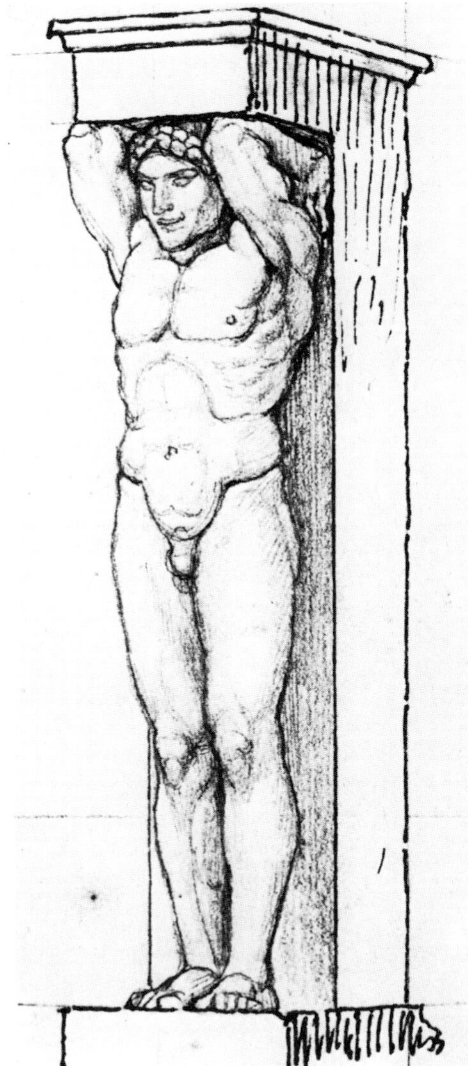
Z 80 zu G 13

G 14 »Das Circaeische Vorgebirge«

Monte Circeo (Circello) am Golf von Terracina.
11 x 14 Zoll
1828 ausgestellt im Kunstverein München.
In Klenzes Gemäldeliste verzeichnet als »Monte circello«, für »A. Rechberg« gemalt.
Als Empfänger des Gemäldes kommen in Betracht: 1. Alois [Franz] Graf von Rechberg-Rothenlöwen (1766–1849), 1817–25 Minister des Königlichen Hauses und der Auswärtigen Angelegenheiten in München; oder (eher) 2. Anton Graf von Rechberg-Rothenlöwen (1776–1837), 1818 Generaladjutant des Bayerischen Königs (Allgemeine Deutsche Biographie, 27, 1888). Vgl. eine vom 3. Juni 1830 datierte Bleistiftskizze in Sk 4.
Literatur: Jahresbericht über den Bestand und das Wirken des Kunstvereins in München für das Jahr 1828. München 1829, S. 22 Nr. 68. – Hederer, S. 416 Nr. 7; auch S. 414.

G 16 »Eine Aussicht von La Rocca bei Massa«

20 x 26 Zoll
1828 ausgestellt im Kunstverein München.
Literatur: Jahresbericht über den Bestand und das Wirken des Kunstvereins in München für das Jahr 1828. München 1829, S. 25 Nr. 175.
Vermutlich zugehörend Kompositionsentwurf Z 103 und Entwurf des Vorder- und Mittelgrunds Z 104.

In seiner Gemäldeliste führt Klenze ein für »Bolgiano« gemaltes Bild »Massa« auf. Es geht wohl auf den dortigen Aufenthalt 1827 zurück und kann mit G 15 oder 16 identifiziert werden. Das reizvolle Thema hat Klenze bis 1834 noch einmal in einem dritten größeren Gemälde dargestellt (G 35), das im Besitz der Familie Klenze geblieben ist.

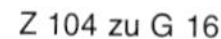

Z 104 zu G 16

Z 103 zu G 16

G 15 »Massa di Carrara«

28 x 37 Zoll
1828 ausgestellt im Kunstverein München.
Literatur: Jahresbericht über den Bestand und das Wirken des Kunstvereins in München für das Jahr 1828. München 1829, S. 21 Nr. 9.

Z 102 zu G 17

G 17

Empfänger des Gemäldes »Massa« von 1828 war Franz Bolgiano (1778–1857), Kollegialsekretär im Bayerischen Kriegsministerium, Kunstsammler in München. Zu ihm: M. J. Hufnagel, Berühmte Tote im Südlichen Friedhof zu München, 2. Aufl., 1969, S. 114f. H. Decker, Carl Rottmann, 1957. W. Mittlmeier, Neue Pinakothek, 1977. Oberbayerisches Archiv, 102, München 1977, S. 346, 383, 386. Festschrift Wolfgang Braunfels, 1977, S. 208.

G 17 Porto Venere

am Golf von La Spezia
Ölgemälde auf Leinwand; 91 x 114 cm
Besitzerin Frau Dr. med. Orla von Delbrück, 6607 Ingelheim. An die Familie kam das Bild durch die Urgroßmutter der jetzigen Besitzerin, Anna (Elisabeth) Klenze (geb. 1826 in Berlin als Tochter eines Bruders Leo von Klenzes), seit 1854 verehelicht mit dem Mediziner Ernst Friedrich Delbrück. Im Berliner Ausstellungsverzeichnis von 1830 wird als Eigentümer des Bildes »Hr. Prof. Klenze« genannt.
1829 ausgestellt im Kunstverein München.

1830 angekündigt in der Akademie-Ausstellung Berlin, tatsächlich dort aber erst 1832 gezeigt.
In Leo von Klenzes Gemäldeliste aufgeführt: »Clemens Porto Venere«. Laut Beschriftung der Entwurfzeichnung (s. u.) »gemalt nach Berlin«.
In Porto Venere weilte Klenze am 26. Mai 1827. Das Motiv des Seesturms und der Zuschauer vergleichbar in einem 1825 im Kunstverein München ausgestellten Gemälde Friedrich Gärtners (1. Halb-Jahresbericht . . . 1825. München 1825, S. 19 Nr. 187); zurückgehend wohl auf Claude Joseph Vernet (1714–89).

Entwurf der Gesamtkomposition (ohne Staffage) Z 102.

Literatur: Jahresbericht über den Bestand und das Wirken des Kunstvereins in München für das Jahr 1829. München 1830, S. 27 Nr. 89. – Katalog der Akademie-Ausstellung Berlin 1832, S. 27f. Nr. 340 (»Gegend zwischen Porto Venere und der Insel Palmaria. Im Ausstellungs-Verzeichniß von 1830 unter Nr. 312 aufgeführt; kam aber erst nach dem Schlusse der Ausstellung an«). – Nagler, Künstler-Lexikon, 1839. – Söltl, 1842, S. 64 (»Die Aussicht auf die Anhöhe von Porto Venerie«). – Boetticher, Nr. 3.

G 18 »Landschaft, Composition«

Phantasiebild mit Motiven aus der Gegend von Neapel-Gaeta.
Ölgemälde auf Leinwand; 30,5 x 43 cm
Leipzig, Museum der bildenden Künste (Inv.Nr. 1739); vorher in der Sammlung Speck-Sternburg, Lützschena.
1829 ausgestellt im Kunstverein München. Laut Beschriftung der Zeichnung (s. u.) 1829 »komponiert« und gemalt für Baron Sternburg, wohl nach Reiseeindrücken vom Dezember 1823 oder Februar 1824. In Klenzes Gemäldeliste verzeichnet als »Speck Composition«.
Maximilian Freiherr von Speck-Sternburg (1776–1856) wurde 1828 vom König Ludwig I. zur Mitarbeit bei der Förderung der Landwirtschaft in Bayern berufen; 1836 in den Bayerischen Freiherrnstand erhoben. Klenze war 1828 Mitglied des ›Landwirtschaftlichen Vereins für Bayern‹.

Entwurf der Gesamtkomposition (mit Staffage!) Z 108.

Literatur: Jahresbericht über den Bestand und das Wirken des Kunstvereins in München für das Jahr 1829. München 1830, S. 30 Nr. 198. – Boetticher Nr. 2. – Hederer, S. 168, 416 Nr. 6. – Weltkunst, 47, 1977, S. 2686 (Abbildungen). – Zu Maximilian Freiherr von Speck-Sternburg: Allgemeine Deutsche Biographie, 25, 1893, S. 78. Oberbayerisches Archiv, 102, München 1977, S. 376.

G 18

Z 108 zu G 18

G 19 »Der Mallnitzer Tauern-Pass in das Naßfeld hinab«

13 x 16 Zoll
1829 ausgestellt im Kunstverein München. Laut Aufschrift der Entwurfzeichnung gemalt für Clemens Zimmermann (1788–1869), seit 1825 Professor an der Akademie der bildenden Künste in München.

Vorentwurf Z 71 (datiert 1819).
Literatur: Jahresbericht über den Bestand und das Wirken des Kunstvereins in München für das Jahr 1829. München 1830, S. 28 Nr. 120. – Hederer, S. 384, 412.

Z 71 zu G 19

G 20 »Tauern Gebirg bei Gastein«

28 x 37 Zoll
1831 ausgestellt im Kunstverein München. Laut Aufschrift der Entwurfzeichnung »für Rothschild gemalt«. In Klenzes Gemäldeliste ohne Angabe des Empfängers aufgeführt.
Der Empfänger des Gemäldes war wohl Amschel Mayer Rothschild (1773–1855). Mit ihm verhandelte Klenze 1835 wegen der Finanzierung des Ludwig-Donau-Main-Kanals. 1838 traf er mit dem Bankier in Frankfurt zusammen. Rothschild beschäftigte 1832 den Maler Peter Hess (Schreiben Klenzes an Ludwig I. 1832 Juli 19; 1835 Juni 23, August 15, Oktober 16; 1838 September 25).
Klenze war 1825 und 1828 in Gastein.

Kompositionsentwurf Z 107.
Literatur: Jahresbericht über den Bestand und das Wirken des Kunstvereins in München für das Jahr 1831. München 1832, S. 43 Nr. 399. – Hederer, S. 416.

Z 107 zu G 20

Z 442 zu G 21

G 21 »Capo d'orso bei Amalfi«

Östlich von Amalfi gelegenes Vorgebirge der Halbinsel von Sorrent.
14 x 17 Zoll
1831 ausgestellt im Kunstverein München.
1833 in Klenzes Besitz erwähnt.
Das Gemälde beruhte wohl auf Studien vom Mai 1830.

Vermutlich zugehöriger Kompositionsentwurf Z 442.

Literatur: Jahresbericht über den Bestand und das Wirken des Kunstvereins in München für das Jahr 1831. München 1832, S. 41 Nr. 336. – Schottky, 1833, S. 247: »ein sehr poetisches Gemälde von Klenze, die Aussicht von Capo d'Osso (!) bei Amalfi«. – Hederer, S. 385, 415 Nr. 5.

Z 158 zu G 22

G 22 Capri

Laut Beschriftung von Z 158 und Klenzes Gemäldeliste gemalt für Königin Karoline von Bayern (gest. 1841).
Heute im Besitz des Hauses Wittelsbach nicht feststellbar.
Möglicherweise identisch mit einem 1831 im Kunstverein München ausgestellten Bild »Parthie auf der Insel Capri« (Größe 18 x 23 Zoll). Vielleicht auch identisch mit der 1832 auf der Münchener Akademieausstellung gezeigten »Ansicht des Monte Solaro« (ohne Maßangaben).
Klenze weilte Mitte Mai 1830 auf Capri.

Kompositionsentwurf Z 158.

Literatur: Jahresbericht über den Bestand und das Wirken des Kunstvereins in München für das Jahr 1831. München 1832, S. 36 Nr. 108. – Verzeichnis der Kunstausstellung der königlich bayerischen Akademie der bildenden Künste am 12. October 1832, München 1832, S. 40, Nr. 489. – Hederer, S. 384f., 411, 416 Nr. 5.

V Der Monte Sacro von Varese in der Lombardei, 1842. G 46

G 23 Stadt am Golf von Neapel

Im Vordergrund Boote und Angler.
In Klenzes Gemäldeliste aufgeführt einmal »Neapel«, ohne Angabe des Empfängers.

Entwürfe: Z 180 und 181 (Komposition); Z 152 und 154 (Stadtansichten); Z 120, 122 und 123 (Detailstudien zu Fischerbooten und Figuren).

Z 180

Z 120 zu Z 181

Z 181

Z 122 zu Z 181

Z 152 zu Z 181

Z 154 zu Z 181

Z 123 zu Z 181

G 24

Z 84 recto zu G 24

G 24 Der Hafen von Pirano in Istrien

Ölgemälde auf Leinwand; 62,8 x 78,5 cm
Rechts unten signiert LvK.
Kopenhagen Thorvaldsen Museum (Inv.Nr. B 124).
1831 ausgestellt im Kunstverein München (angegebene Maße: 28 x 37 Zoll!).
Klenze hat bei seinem Venedig-Aufenthalt von 1830 Pirano besucht und am 28. Mai (1830) die das Gemälde vorbereitende Zeichnung aufgenommen. Der im Bild dargestellte, im Mittelgrund am Hafen stehende Steinpfeiler zeigt eine Bauinschrift mit der Jahreszahl 1826.
Laut Klenzes Gemäldeliste ist das Bild für Thorvaldsen gemalt. Mit ihm verhandelte Klenze im Frühjahr 1830 in Rom wegen einer Berufung nach München (Schreiben Klenzes an König Ludwig I. vom 11. April 1830). Daran schließt sich offenbar die Entstehung des Gemäldes. Am 31. März 1831 schreibt Klenze aus München an Thorvaldsen nach Rom: »Endlich habe ich dazu gelangen können, das von Ihnen gewünschte und von mir versprochene Bild – Ansicht des kleinen Hafens von Pirano in Istrien – zu vollenden. Es erfolgt durch Frachtfuhr und ist schon abgegangen« (Archiv des Thorvaldsen Museums Kopenhagen, 1831/23. Freundliche Mitteilung des Museumsleiters Herrn Bjarne Jørnæs).

Kompositionsentwurf der Hauptarchitektur Z 84.

Literatur: Jahresbericht über den Bestand und das Wirken des Kunstvereins in München für das Jahr 1831. München 1832, S. 33 Nr. 2. – Katalog des Thorvaldsen Museums Kopenhagen, 1907, S. 4. – Hederer, S. 412 (irrig datiert 28. Mai 1852).

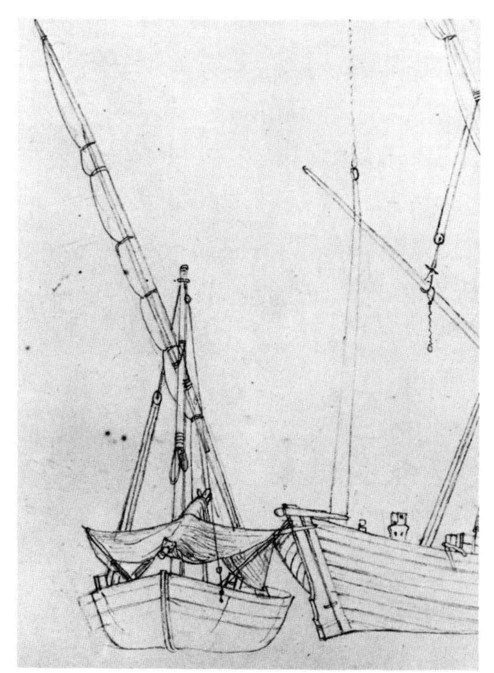

Z 126 (Detail) zu G 25

G 25

G 25 Amalfi

Links Steilküste mit Bauten, im Mittelgrund eine Landzunge mit Stadt, im Hintergrund Bergzug; rechts vorne ein Segelboot und ein Kahn. In der Motivik verwandt Z 240.
Ölgemälde auf Kupfer; 22,2 x 27 cm
Rechts unten bezeichnet mit Monogramm L. v. Klze. Auf der Rückseite eingraviert (später): »Amalfi / par Leon de Klenze / '32« (1832).

Besitzer seit 1978 Heinz Wilhelm Schoof, München-Solln. Vorher im Besitz der Familie Gantner, 752 Bruchsal. Etwa 1930 im Kunsthandel.

Zugehörig Z 126 (Einzelstudie Fischerboot).

Literatur: Neumeister Münchner Kunstauktionshaus KG, Auktion 185, 29./30. November 1978, Katalog S. 156 Nr. 1454, Abb. Tafel 217.

G 26 »Ansicht von Amalfi«

27 x 22 Zoll
1832 ausgestellt im Kunstverein München.
Den angegebenen Maßen zufolge nicht mit G 29 zu identifizieren.
Literatur: Jahresbericht über den Bestand und das Wirken des Kunstvereins in München für das Jahr 1832. München 1833, S. 31 Nr. 1.

G 27 »Landschaft, einen Sciroccomorgen in der Gegend von Neapel vorstellend«

19 x 27 Zoll
1832 ausgestellt im Kunstverein München.
Ebenfalls 1832 als »Italienische Landschaft beim Scirocco« in der Kunstausstellung der K. bayerischen Akademie der bildenden Künste gezeigt.
Den Maßen zufolge nicht mit G 33 identisch.
Literatur: Jahresbericht über den Bestand und das Wirken des Kunstvereins in München für das Jahr 1832. München 1833, S. 31 Nr. 4.
Verzeichnis der Kunstausstellung der königlich bayerischen Akademie der bildenden Künste am 12. October, München, 1832, S. 18, Nr. 221

G 28 »Ansicht des Doms von Orvieto«

Vermutlich identisch mit einem 1832 von Ludwig I. im Tausch erworbenen Gemälde (Schreiben Klenzes an Ludwig I., 1832 Juli 8). 1852 Januar 5 bat Klenze, das von ihm »als eine Jugend- oder vielmehr Anfängerarbeit« angesehene Bild vom König im Tausch gegen die »Ansicht des alten Athen« (1846. G 55) zurückzuerhalten; der König ging 1852 Januar 7 auf diesen Wunsch ein, wobei als Thema des abgegebenen Gemäldes der oben gesetzte Titel genannt wird (Schriftwechsel Klenze–Ludwig I.).

G 29 Ansicht in Amalfi mit Pergola

Überliefert in Z 132; links unten beschriftet Amalfi 10. Mai (1830), nachträglich hinzugefügt: »gemalt nach Hannover« (vermutlich zu einer Ausstellung).
Auf der Kunstausstellung der Kgl. bayerischen Akademie der bildenden Künste von 1832 wurde von Klenze eine »Aussicht bei Amalfi« gezeigt, die sich damals im Besitz »Sr. Majestät des Königs« befand.
1833 wurde im Münchner Kunstverein eine »Ansicht aus den Ruinen des Klosters der Kapuziner bei Amalfi« (vgl. Z 134, 136) ausgestellt (19 x 28 Zoll). Nagler nennt 1839 eine »Aussicht bei Amalfi im Besitz des Königs Ludwig«; Söltl, 1842, S. 64 »eine Aussicht bei Amalfi«. Im Testament König Ludwigs I. von Bayern wird ein Bild dieses Themas nicht erwähnt; heute ist ein solches nicht im Besitz des Hauses Wittelsbach festzustellen.
Kompositionsentwurf Z 132.

Literatur: Verzeichnis der Kunstausstellung der königlich bayerischen Akademie der bildenden Künste am 12. October, München 1832, S. 17, Nr. 220. – Jahresbericht über den Bestand und das Wirken des Kunstvereins in München für das Jahr 1833. München 1834, S. 37 Nr. 91. – Hederer, S. 168, 416 Nr. 4.

Z 132 zu G 29

G 30 »Innere Ansicht der Insel Capri« (Anacapri)

Ölgemälde auf Leinwand; 74 x 99 cm
Rentoiliert.
Links unten bezeichnet mit Monogramm und Jahreszahl (18)33.
München, Städtische Galerie im Lenbachhaus (Inv.Nr. G 12175); erworben 1957 in der Kunsthandlung Ritter, Hamburg.
Laut Beschriftung der Entwurfzeichnung (s. u.) gemalt für den Bildhauer Christian Daniel Rauch, mit dem Klenze 1833 in Berlin zusammentraf. 1834 war das Gemälde in Berlin ausgestellt.

Vorentwürfe Z 155 und 156.

Literatur: Katalog der Akademie-Ausstellung Berlin, 1834, Nr. 362. – Boetticher Nr. 5. – Katalog der Ausstellung »Münchner Malerei unter Ludwig I.«, Galerie Heinemann München, 1921, S. 36 Nr. 230. – Hederer, S. 168, 385, 411, 415 Nr. 6.

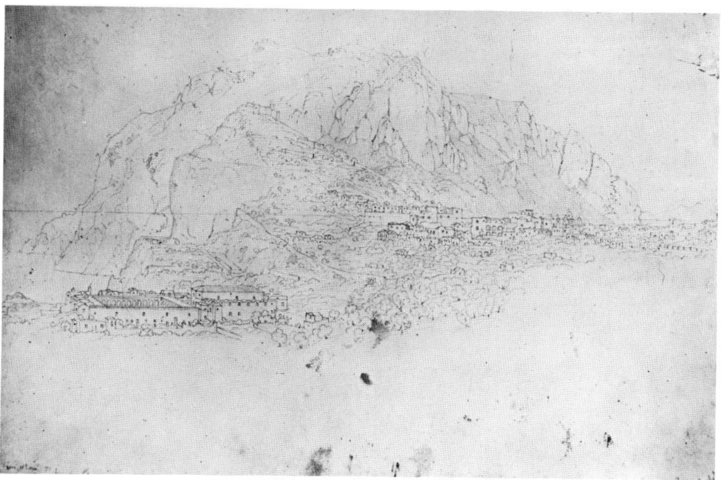

Z 156 zu G 30

G 30

Z 155 zu G 30

G 31

Z 128 zu G 31

G 31 Küstenlandschaft am Golf von Neapel

Ölgemälde auf Leinwand; 38,5 x 50,5 cm
Links unten bezeichnet mit Monogramm.
Das auf die Reise vom Mai 1830 zurückgehende Bild ist vermutlich einige Jahre später entstanden.
Schweinfurt, Sammlung Georg Schäfer (Nr. 2631); Leihgabe im Germanischen Nationalmuseum, Nürnberg.
Laut Beschriftung der Entwurfzeichnung (s. u.) gemalt für »Gräfin Pappenheim«; wohl zu identifizieren mit Maria Antoi-

netta geb. Taenzl von Tratzberg, 1793–1861; seit 1814 verheiratet mit Friedrich Albert Graf zu Pappenheim; seit 1833 Hofdame der Königin Therese von Bayern.

Kompositionsentwurf (mit Staffage) Z 128.

Literatur: Hederer, S. 168, 416 Nr. 1. – Katalog der Ausstellung ›Klassizismus und Romantik in Deutschland‹, Nürnberg 1966, S. 77, Nr. 79; Farbtafel 79.

G 32 »Ansicht von Palermo in frischer Morgenbeleuchtung«

Laut Nagler, 1839, ein kleines Bild.
Klenzes Gemäldeliste verzeichnet: »Planat Palermo«.
Klenze hielt sich im Dezember 1823 und Februar 1824 in Palermo auf. Vielleicht liegt dem Gemälde die vom 19. Dezember 1823 datierte Zeichnung Sk 2, Bl. 7 (Blick auf den Monte Pellegrino) zugrunde.
Der Empfänger des Gemäldes war Planat de la Faye, Oberst unter Kaiser Napoleon; seit 1822 in München bei Eugen Beauharnais (»Herzog von Leuchtenberg«; vgl. G 9) als Erzieher von dessen Sohn August.
Literatur: Nagler, Künstler-Lexikon, 1839 (». . . bei frischem Morgenlicht«). – Söltl, 1842, S. 64. – Zu Planat de la Faye: Adalbert Prinz von Bayern, Eugen Beauharnais; Berlin 1940.

Sk 2 zu G 32

G 33 Italienische Meeresküste

Ölgemälde auf Leinwand; 36,5 x 62,5 cm 1964 in der Schweiz. Dokumentiert durch photographische Aufnahme des Kantonalen Hochbauamtes Zürich (Nr. 2743/64) im Besitz von Herrn Professor Dr. Oswald Hederer, München.

Die Zuschreibung an Klenze erscheint nicht überzeugend.

G 33

G 34 »Ansicht von Atrani«
(bei Amalfi)

Ölgemälde auf Leinwand; 75 x 100 cm
Rechts unten bezeichnet mit Monogramm und Jahreszahl 1834.
1834 ausgestellt im Kunstverein München.
Privatbesitz in der Schweiz.
Besitzgeschichte: Hippolyt I von Klenze (1814–1888), Sohn Leo von Klenzes. – Irene Athenais von Klenze (1850–1916; Tochter des Hippolyt I von Klenze), vermählt mit dem Kunstmaler Angelo Graf von Courten. – Deren Sohn: Felix Graf von Courten (geb. 1877), Architekt. – Von dessen Gemahlin (seit 1924) Claire Gräfin von Courten 1960 den Bayerischen Staatsgemäldesammlungen (Inv.Nr. 13077) geschenkt. 1968 der Schenkerin auf deren Wunsch wieder zurückgegeben.

Vorentwurf Z 138, datiert 12. Mai (1830).

Literatur: Bericht über den Bestand und das Wirken des Kunstvereins für das Jahr 1834. München 1835, S. 40 Nr. 118. – Weltkunst, 1960, Nr. 13, S. 8 (mit Abb.). – Hederer, S. 168, 385, 415 Nr. 7. – Weltkunst, 47, 1977, S. 2686 (H. Günther).

Z 138 zu G 34

G 34

VI Ansicht von San Francesco in Fiesole, 1842. G 47

Z 105 zu G 35

Sk 3 zu G 35

G 35

G 35 Landschaft mit dem Castel von Massa di Carrara

Im Vordergrund rechts ein Aquädukt.
Ölgemälde auf Leinwand; 82 x 106 cm
Links unten bezeichnet mit Monogramm.
Besitzer: Herbert M. von Klenze, 2340 Kappeln-Ellenberg.
1834 in Berlin ausgestellt.
Klenze weilte Ende Mai/Anfang Juni 1827 in Massa (Brief an König Ludwig I. von Bayern 1827 Juni 5). Vorangehend G 15 und 16.

Vorstudien in Sk 3 und Z 105.

Literatur: Katalog der Akademie-Ausstellung Berlin 1834, S. 32 Nr. 361 (»eine italienische Landschaft mit einer Stadt und Brücke«). – Nagler, 1839 (»Ansicht der hohen Burg, . . . mit dem bezaubernden Reichtum der Vegetation und der belebenden Heiterkeit jenes südlichen Himmels«; ähnlich Carl Rottmann 1826: H. Decker, Rottmann, 1957, S. 145). – Söltl, 1842, S. 64 (»die Ansicht der Burg Massa di Carrara mit der üppigsten Pflanzenwelt umher«). – Boetticher Nr. 4 – Hederer, S. 168, 385, 415 Nr. 8 (»Campagnalandschaft«). – Ausstellungskatalog 1977, G 5 und G 30. – Weltkunst, 47, 1977, S. 2686.

G 36 (Motiv aus Griechenland)

Als Beleg für ein solches Gemälde nennt Hederer, 1964, ein Blatt aus dem »Skizzenbuch, Klenzeana IX«, mit der Aufschrift: »für Graf Armansperg gemalt«. Gegenwärtig kann dieses Blatt nicht festgestellt werden. (Über Verluste aus Klenzeana IX vgl. Hederer, S. 394, 396).

Joseph Ludwig Graf Armansperg (1787–1853) war 1832–35 Präsident des für König Otto von Griechenland eingesetzten Regentschaftsrats, 1835–37 Griechischer Staatskanzler. (Allgemeine Deutsche Biographie, 1, 1875. Neue Deutsche Biographie, 1, 1953. R. von Bary, J. L. Graf Armansperg = Miscellanea Bavarica Monacensia Heft 67, 1976. Auch Oberbayerisches Archiv, 102. München 1977, S. 380).

Literatur: Hederer, S. 416 Nr. 8.

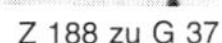

Z 188 zu G 37

G 37 Das Löwentor von Mykene

Ölgemälde auf Leinwand; 72x50 cm
Links unten signiert »LvK 37« (1837).
Schloß Aschach bei Kitzingen (Unterfranken) Graf Luxburg-Museum des Bezirks Unterfranken.

Als erster Besitzer des Gemäldes darf Friedrich Graf von Luxburg (1783–1856) gelten, Königl. Bayerischer Staatsrat und Gesandter in Berlin, Dresden und London. Sein Sohn Max war eng mit Leo von Klenzes Sohn Ludwig befreundet.

Das Gemälde kann mit einem 1837 im Kunstverein München ausgestellten Bild (18 1/2 x 27 Zoll) des gleichen Themas identifiziert werden.

In Mykene ist Klenze 1834 gemeinsam mit Carl Rottmann gewesen. Die vom 28. September (18)34 datierte Zeichnung (Z 188) Klenzes mit der Ansicht des Löwentors stimmt aufs nächste mit dem Aschacher Bild überein.

Z 188 trägt den Vermerk: »für Fürst Löwenstein gemalt«. Dieser war wohl Constantin Fürst von Löwenstein-Wertheim-Rosenberg (1786–1844), Königl. Bayerischer General, Generaladjutant König Ludwigs I. Heute ist ein Mykene-Bild Klenzes im Besitz des Hauses Löwenstein nicht nachweisbar. Das Aschacher Bild ist vermutlich eine zweite Ausführung gewesen.

G 37

Literatur: Bericht über den Bestand und das Wirken des Kunstvereins für das Jahr 1837. München 1838, S. 58, Nr. 369. – Söltl, 1842, S. 64 (»Ansicht von Mykenä«, wohl das 1837 ausgestellte Bild). – Hederer, S. 412, 417. – Begleitheft zur Ausstellung »Die Gaibacher Konstitutionssäule«, Mainfränkisches Museum Würzburg 1978, Einführung und Nr. 54 (mit irriger Datierung auf 1834). – Als Werk Klenzes ist das Aschacher Gemälde nach der Münchner Ausstellung von 1977/78 durch Professor Dr. Max H. von Freeden, Würzburg, erkannt worden. Seiner Aufmerksamkeit danken wir den Hinweis, Angaben zum Bild und dessen Besitzgeschichte.

G 38 Blick auf die Akropolis von Athen

von Westen her, mit dem Parthenon.
Ölgemälde auf Leinwand; etwa 60 x 40 cm (Mitteilung von Herrn Professor Dr. Oswald Hederer, München).
»Besitz der Familie v. Miller«, München.
1960 im Kunsthandel Galerie Brutscher, Brienner Straße 12, München.
Literatur: Hederer, S. 167.

G 39 »Antike Ruine«

57 x 74 cm
1921 im Kunsthandel München.
Literatur: Katalog der Ausstellung »Münchener Malerei unter Ludwig I.«, Galerie Heinemann München 1921, S. 36 Nr. 231.

G 40 Ansicht von Sarzana

Stadt zwischen Massa di Carrara und La Spezia, mit Citadelle.
22 1/2 x 28 1/2 Zoll
1838 ausgestellt im Kunstverein München.
Klenze weilte in Sarzana am 27. Mai 1827 (datierte quadrierte Zeichnung in Sk 3).
Literatur: Bericht über den Bestand und das Wirken des Kunstvereins für das Jahr 1838, München 1839, S. 62 Nr. 361. – Söltl, 1842, S. 64. – Hederer, S. 417, auch 404.

G 41 Project eines königlichen Residenzschlosses auf dem Platze des ehemaligen innern Kerameikos in Athen, von der Gartenseite her

Schaubild von Nordwesten her.
Ölgemälde (ohne Maßangaben) überliefert wohl in einer Lithographie; Bildgröße 34,5 x 51 cm. Bezeichnet links unten »Leo von Klenze inv.«, rechts unten »Carl Heinzmann lithogr.« Taf. VI (Doppelfolio) in: »Sechs Lithographien zu L. v. Klenze's Reise nach Griechenland« (»Aphoristische Bemerkungen, gesammelt auf einer Reise nach Griechenland«), Berlin 1838; (Exemplar in der Württembergischen Landesbibliothek Stuttgart, Signatur »Geogr. fol. 125«). Abb. bei H. H. Russack, Deutsche bauen in Athen; Berlin 1942. Vorgesehen war zunächst zur Veröffentlichung (als »Tab. VIII«) das von Klenze auf 1834 datierte große Aquarell der Staatlichen Graphischen Sammlung München (Inv.Nr. 25050). Ausgestellt 1835 in München, 1836 in Berlin/Nr. 466, 1884 in München/Nr. 184 – Katalog der Ausstellung München 1977, S. 93 G 49, (mit Angabe früherer Literatur). Klenzes Schloßprojekt kam nicht zur Ausführung.
Literatur: Verzeichnis der Kunstausstellung der königlich bayerischen Akademie der bildenden Künste am 12. October 1835. München 1835, S. 15, Nr. 141.

Sk 3 zu G 40

Leo von Klenze, Lithographie. Berlin 1838. Zu G 41

G 42 Die Walhalla im Donautal
mit der Wallfahrtskirche St. Salvator bei Donaustauf.
Ölgemälde auf Leinwand; 80 x 125 cm
Rechts unten bezeichnet L v K (18)39.
Museum der Stadt Regensburg (Inv.Nr. 1965/14).
Vorbesitzer: 1884 Hippolyt II Ludwig von Klenze (1849–92). – Familie Hunglinger, Wildenroth-Höhenroth (Oberbayern. Franz Hunglinger, gest. 1945, war seit 1910 verheiratet mit Hertha Eugenie von Klenze, einer 1888 geborenen Nichte des Hippolyt II Ludwig von Klenze). – Seit 1965 im Besitz der Stadt Regensburg.

Studien zur Figurenstaffage Z 226 (wieder verwendet in G 64), auch Z 227.
Das Gemälde sollte vielleicht eine im Sinn des romantischen Klassizismus veredelte Außengestaltung der spätmittelalterlichen Wallfahrtskirche St. Salvator vorbereiten, wie sie 1842 nach Klenzes Entwurf tatsächlich durchgeführt wurde.
Dem Gemälde von 1839 ist anscheinend eine andere Fassung vorausgegangen. Auf sie bezieht sich die Mitteilung Klenzes an König Ludwig I. vom 30. Dezember 1836: »Das Walhallabild ist von mir vollendet und ich hoffe, daß es in den ersten Tagen der nächsten Woche zum Transport in die Residenz trocken genug und bereit sein wird.« Dieses Gemälde ist wohl identisch mit einem 1837 im Münchner Kunstverein gezeigten, das den Maßangaben zufolge etwas höher als das Bild von 1839 gewesen ist. Möglich wäre aber auch, daß Klenze das 1836/37 erwähnte Bild nachträglich noch überarbeitet, im besondern in der Höhe etwas beschnitten und dann auf 1839 datiert hat.
Andere Ansichten: In umgekehrter Richtung gesehen Klenzes aquarellierte Bleistiftzeichnung in der Kunsthalle Hamburg, Inv.Nr. 1920–165 (Katalog der Ausstellung »William Turner und die Landschaft seiner Zeit«, Kunsthalle Hamburg, 1976, S. 239 Nr. 205, mit Abb.). – 1842 Lithographie von Gustav Kraus (Chr. Pressler, Gustav Kraus, 1977, Abb. 317). – 1843 Buchillustration (erwähnt in: Kunstdenkmäler . . . Bayern, II 20, 1914, S. 37. St. Salvator im Vordergrund). – Dem Hamburger Aquarell entsprechend: 1849 Lithographie von C. A. Lebschée, erschienen in Klenzes »Sammlung architektonischer Entwürfe«, II. Ausgabe, Heft 7/8, Taf. VI, München 1850. (H. Karlinger, München und die deutsche Kunst des XIX. Jahrhunderts, 1933, S. 55 Abb. 24, S. 247. Hederer, Klenze, S. 300 Abb. 178). – Vgl. Fr. Pecht, Deutsche Künstler des 19. Jahrhunderts, 4. Reihe. Nördlingen 1885, S. 67f.
Literatur: Zum Gemälde von 1837 Bericht über den Bestand und das Wirken des Kunstvereins für das Jahr 1837. München 1838, S. 52 Nr. 88. – Zum Gemälde von 1839: H. Marggraff, 1884, S. 24 Nr. 337 (vgl. auch S. 18 Nr. 216). – Hederer, S. 168, 385, 415 Nr. 9. – H. Schindler, Reisen in Niederbayern, 1975, S. 492; Farbtafel S. 172/173 (Ausschnitt). – V. Loers, Walhalla und Salvatorkirche. In: Verhandlungen des Historischen Vereins für Oberpfalz und Regensburg, 118, 1978, S. 137ff. – Katalog der Ausstellung »Münchner Landschaftsmalerei 1800–1850«, München 1979, S. 125, 127, 332 Nr. 316 mit Abb.

1

2

1 Leo von KLenze. Projekt zur Walhalla, Aquarell. München, Bayer. Staatsbibliothek, Klenzeana VIII, 53. Foto. Original im Krieg verschollen. Zu G 42.

2 Leo von Klenze, Ansicht der Walhalla, aquarellierte Bleistiftzeichnung. Hamburg, Kunsthalle, Inv.Nr. 1920–165. Zu G 42.

3 Ansicht der Walhalla. Foto um 1915. Zu G 42.

G 42

3

Sk 3, Blatt 10 verso zu G 43

G 43 »Ansicht des Hauses, welches der Kaiser Napoleon in der Citadelle von Portoferraio auf Elba bewohnte«

Das im Mai 1814 von Napoleon bezogene Haus des Gouverneurs.
14 x 18 Zoll
1839 ausgestellt im Kunstverein München.
Klenze weilte an der Wende Mai/Juni 1827 in Portoferraio.

Entwurf: Sk 3, Bl. 10v.
Zur Identifizierung vgl. photographische Abbildung des Hauses in: Lessico Universale Italiano, XIV. Roma 1974, p. 478.

Literatur: Bericht über den Bestand und das Wirken des Kunstvereins für das Jahr 1839. München 1840, S. 59 Nr. 93. – Söltl, 1842, S. 64. – Hederer, S. 417, auch 404.

G 44 Blick auf das Forum Romanum

Ölgemälde auf Leinwand; 73,5 x 99,5 cm
Links unten bezeichnet L v Kl (kursiv) (18)40.
Im Mittelgrund des Bildes nach links dargestellt über einem Bogen eine Inschrifttafel mit der Jahreszahl 1824.
Besitzer: 1884 Klenzes Tochter Athenais Gräfin von Otting (1828–1924). – Nach 1939 Sammlung Karl Obermaier. – 1947 bei Julius Böhler, München. – Seit 1948 Hans Reger, 8131 Berg 1 am Starnberger See.

Studien zur Figurenstaffage Z 171 und 172.
Die Komposition stimmt nah überein mit einer signierten Zeichnung Theodor Leopold Wellers, die sich im Besitz Klenzes befunden hat (jetzt Stadtmuseum München, MS II/1626 Nr. 41. Ausstellungskatalog Klenze, 1977, S. 153 Z 443).
Literatur: H. Marggraff, 1884, S. 24 Nr. 343. – Katalog der Ausstellung »Münchener Malerei unter Ludwig I.«, München 1921, S. 36 Nr. 229.

Z 171 zu G 44

1 Theodor Weller (?). Ansicht des Forum Romanum, ehemals im Besitz Leo v. Klenzes. München, Stadtmuseum, MS II/1626 Nr. 41. Zu G 44.
2 Foto um 1855. Rom, Sammlung Cianfarani. Zu G 44

G 44

1

2

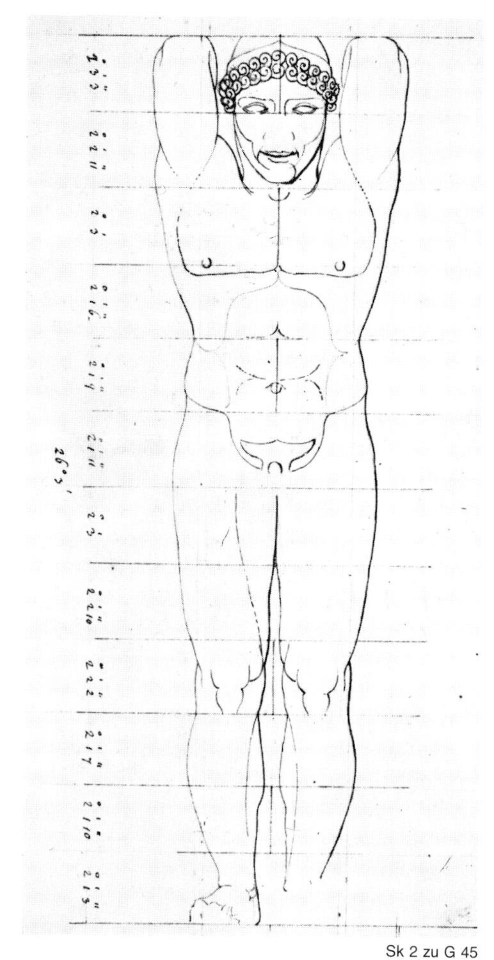

Sk 2 zu G 45

G 45 »Koloß mit dem Zeustempel zu Agrigent«

15 x 21 Zoll (etwa 39 x 54,5 cm)
1841 ausgestellt im Kunstverein München. Größere Variante von G 13, vermutlich nach Sk 2, Bl. 16 (Hederer, Abb. 249).

Zwei Studien in Sk 2. Vgl. Z 79 und 80.
Literatur: Bericht über den Bestand und das Wirken des Kunstvereins für das Jahr 1841. München 1842, S. 63 Nr. 55.

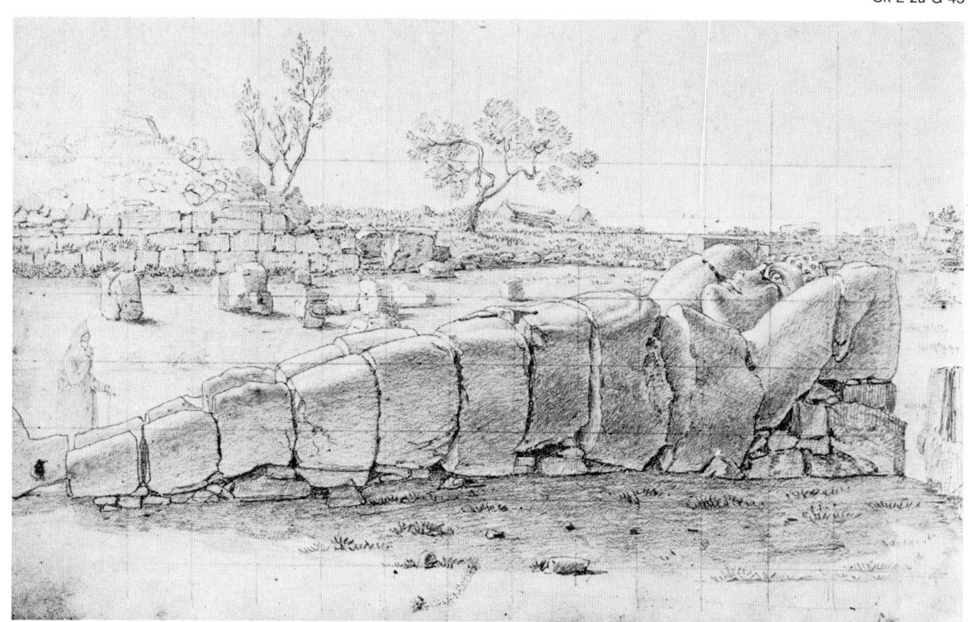

Sk 2 zu G 45

VII Die Bergfestung »Torre di Adriano«, 1842. G 48

G 46 Der Monte Sacro von Varese in der Lombardei

Wallfahrt »S. Maria del monte sopra Varese«
Ölgemälde auf Leinwand; 77,5 x 102 cm
Bezeichnet mit Monogramm und Jahreszahl 1842.
Stuttgart, Staatsgalerie (Inv.Nr. 3086).
1841 (!) ausgestellt im Kunstverein München unter dem Titel »Das Kloster Madonna del Monte bei Varese« und mit etwas abweichenden Maßangaben (28 x 36 Zoll).
Geschenk Leo von Klenzes an seine Tochter Sophie Marie Leodegilde Olympia (1821–49), seit 1840 verheiratet mit Maximilian Josef Graf von Otting und Fünfstetten, Königl. Bayerischem Kämmerer und Oberhofmeister der Prinzessin Luitpold von Bayern. Maximilian Joseph Graf von Otting (1815–1901) besaß das nach Entwürfen Klenzes gebaute Schloß Wiesenfelden (Niederbayern, Bogen). 1884 war das Gemälde im Besitz von Wilhelmine Gräfin von Yrsch, Tochter (geb. 1852) des Grafen Maximilian Joseph von Otting und seiner zweiten Gemahlin Athenais von Klenze; seit 1873 vermählt mit dem Königl. Bayerischen Kämmerer Friedrich Grafen von Yrsch. – 1968 in der Kunsthandlung Gebhardt, München.
Literatur: Bericht über den Bestand und das Wirken des Kunstvereins für das Jahr 1841. München 1842, S. 73 Nr. 442. – H. Marggraff, 1884, S. 25 Nr. 350 (»Wallfahrtskirche Monte Santo in Oberitalien. 1841«). – Die Weltkunst, 1968, Heft 15, S. 668 (mit Abb.); 1969, Heft 21a, S. 1250 (mit Abbildung).

G 46

G 47

G 47 Ansicht von San Francesco in Fiesole

Ölgemälde auf Leinwand; 31 x 38,5 cm
Links unten bezeichnet L. v. K. (18)42.
Besitzer: Franz Göger, Schweinfurt. – Vorher in Sammlung Georg Schäfer, Schweinfurt.
Laut Aufschrift der Entwurfzeichnung »für Frau v. Krüdener gemalt«. In Klenzes Gemäldeliste ohne Angabe des Empfängers aufgeführt.
Amalia Freifrau von Krüdener (1808–88), seit 1825 vermählt mit dem Diplomaten Paul Freiherrn von Krüdener; 1828 von Joseph Stieler für die Schönheitengalerie in München porträtiert. Die Krüdeners vermittelten Klenzes Berufung nach Petersburg und betreuten ihn dort 1839.

Vorzeichnungen Sk 4 und Z 170a (dazu Farblegende auf Z 325v).
Literatur: Weltkunst, 47, 1977, S. 2686 (H. Günther; zur topographischen Eigenwilligkeit der Darstellung).

Sk 4 zu G 47

G 48 Die Bergfestung »Torre di Adriano«

Ölgemälde auf Leinwand; 48 x 68 cm
Links unten bezeichnet mit Monogramm und Jahreszahl (18)42.
Besitzerin: Frau Dr. phil. Gisela Zöller, Würzburg. Ihr Vater, Dr. Walter Helbig, Radebeul, erwarb das Bild etwa 1930 im Kunsthandel (Gebrüder Sandor, München).
Die vom Vorbesitzer irrig als »Ruine Schrofenstein bei Landeck« (Tirol) angesprochene Ansicht wird durch Z 246 topographisch bestimmt.

Vorentwürfe Z 245 (datiert 1. Mai 1842) und 246.

G 48

Z 245 zu G 48

Z 246 zu G 48

G 49 »Schloßruine Arco an der Sarca in der Nähe des Gardasees«

nordöstlich von Riva gelegen, nahe der Strecke Trient–Verona.
27 x 36 Zoll
1842 ausgestellt im Kunstverein München.

Vorstudie Z 228 (»gemalt 1841«). Vgl. auch Z 230.
Literatur: Bericht über den Bestand und das Wirken des Kunstvereins für das Jahr 1842. München 1843, S. 61 Nr. 184.

Z 228 zu G 49

G 50 Castel La Rocca

Zu identifizieren mit dem Castello La Rocca di Riva del Garda (Mitteilung von Herrn Dr. iur. Heinrich Dusini, Meran). Die Entwurfzeichnung (s. u.) datiert 12. September 1842.
Laut Klenzes Gemäldeliste gemalt für »C. Rechberg«. Im Versteigerungskatalog der Sammlung des Grafen Karl von Rechberg (gest. 1847), München 1847, kommt dieses Gemälde nicht vor.

Kompositionsentwurf Z 266 (datiert 12. September 1842). Detailstudien Z 265.

Z 266 zu G 50

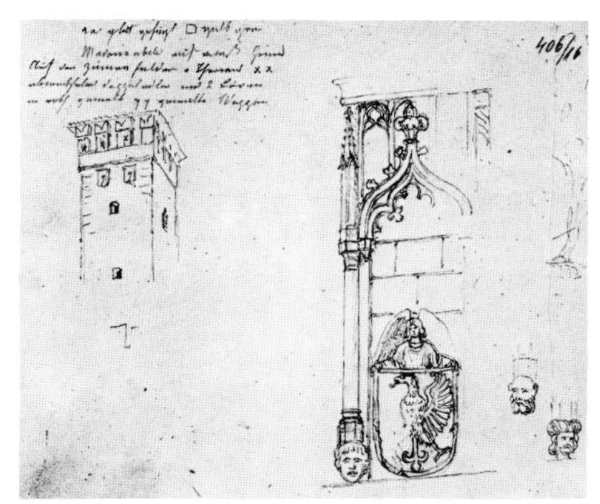

Z 265 recto zu G 50

VIII »Ideale Ansicht der Stadt Athen mit der Akropolis und dem Areopag«, 1846. G 55

G 51 »Der Dom von Spalato mit den Überresten des Diokletianischen Palastes«

32 x 27 Zoll
1843 ausgestellt im Kunstverein München. Entwurf Z 236, wohl auf Klenzes Aufenthalt im September 1841 zurückgehend; links unten später beschriftet: »gemalt 1842/43«.
Literatur: Bericht über den Bestand und das Wirken des Kunstvereins für das Jahr 1843. München 1844, S. 70 Nr. 474. – Hederer, S. 169 (Abb. 66), 412, 432.

Z 236 zu G 51

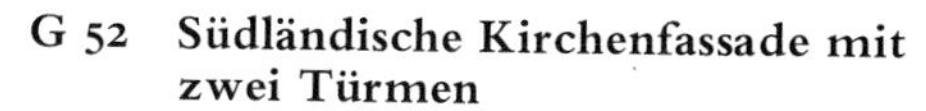

G 52 Südländische Kirchenfassade mit zwei Türmen

Vorzeichnung mit Feder auf grundierter Malleinwand; 48 x 60,6 cm
München, Staatliche Graphische Sammlung (Inv.Nr. 27327).
Kompositionsaufnahme Z 331.

Z 331 zu G 52

G 52

G 53

G 53 Das Innere der Taufkapelle bei der Capella Palatina in Palermo

Ölgemälde auf Leinwand; 69,5 x 52 cm
Rechts unten bezeichnet L. v. Klze (18)46.
Sammlung Georg Schäfer, Schweinfurt. – Vorher Kunstversteigerungshaus A. Weinmüller, München, Auktion 65, 1./2. Oktober 1958, Katalog 72 Nr. 564.

Einzelentwürfe: Z 332 (Figurenstaffage), 333 (Kruzifixus).

Z 333 zu G 53

Z 332 zu G 53

G 54

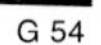

Z 334 zu G 54

G 54 Der Kreuzgang bei San Giovanni in Laterano in Rom

Ölgemälde auf Leinwand; 82,5 x 108 cm Rechts unten bezeichnet mit Monogramm und Jahreszahl 1846. 1976/77 restauriert. München, Städtische Galerie im Lenbachhaus (Inv.Nr. G 15082); 1974 erworben von Frau Martha Firsching, München.

Entwurf zur Figurenstaffage Z 334.

G 55 »Ideale Ansicht der Stadt Athen mit der Akropolis und dem Areopag«

Ölgemälde auf Leinwand; 101 x 146 cm
Links unten bezeichnet mit Monogramm und Jahreszahl 1846.
München, Neue Pinakothek (Bayerische Staatsgemäldesammlungen, Inv.Nr. 9463). Bis 1927 im Wittelsbacher Ausgleichsfonds (Königliches Hausgut).
1851 in Berlin ausgestellt. Mit Schreiben vom 5. Januar 1852 bietet Klenze das soeben aus Berlin zurückgekommene Bild »Ansicht des alten Athen« dem König Ludwig I. im Tausch gegen ein früheres Gemälde (G 28) an. Der König, der das Athen-Bild hochschätzt, nimmt mit Schreiben vom 7. Januar 1852 diesen Vorschlag an. 1853 wird das Bild in München ausgestellt.
Die Szene im Vordergrund zeigt »Paulus auf dem Areopag« (Apg 17, 16f und 19ff). Dem entspricht chronologisch der bei Boetticher gegebene Bildtitel »Ideale Ansicht der Stadt Athen mit der Akropolis und dem Areopag vor 1800 Jahren«.

Entwurf zur Hauptarchitektur Z 287 (datiert 14. November 1843). Zur Figurenstaffage Z 291 und 292; zur Figuralskulptur Z 289, 290, 293.

Literatur: Fr. Pecht, Artikel Klenze in: Allgemeine Deutsche Biographie, 16, 1882, S. 166. – H. Marggraff, 1884, S. 25 Nr. 353 (»Die Akropolis in Athen zur Zeit Hadrians, Restauration«. Verwechslung mit G 73). – Boetticher Nr. 6 (vgl. auch Nr. 8). – R. Oldenbourg, Die Münchner Malerei im 19. Jahrhundert, 1. Teil, 1922, S. 148. – Hederer, S. (167), 168, 175 Abb. 70, 415 Nr. 10. – W. Mittlmeier, Die Neue Pinakothek in München, 1977, S. 183 Nr. 104. – Weltkunst, 47, 1977, S. 2686 (H. Günther). – Unser Bayern. Heimatbeilage der Bayerischen Staatszeitung, 26. Jahrgang Nr. 12, München Dezember 1977, S. 96f (H. Grassl; »Nähe Schellings«). – H. Ludwig, Münchner Malerei im 19. Jahrhundert, 1978, Abb. 43 Farbtafel. – Katalog der Ausstellung »Münchner Landschaftsmalerei 1800–1850«, München 1979, S. 116, 122, 125, 141, 333 Nr. 317 mit Abb.

Z 293 zu G 55

Z 290 zu G 55

Z 289 zu G 55

Z 291 zu G 55

Z 292 zu G 55

Z 287 zu G 55

G 55

G 56 Die Propyläen in München

Ansicht von Westen her.
Ölgemälde, auf Sperrholz übertragen; 87,5 x 130,2 cm
Links unten bezeichnet L. v. K. und Jahreszahl 1848.
München, Stadtmuseum (Inv.Nr. P 13682). Vorher Sammlung Carlo Pröbst, München. – 1884 im Besitz des Königlich Bayerischen Hofphotographen Joseph Albert (1825–86) in München.
Am 14. Januar 1846 verlangt König Ludwig I. von Klenze schriftlich die sofortige Vorlage der »Abbildung der Propyläen« (wohl eine Zeichnung). Am 29. Dezember 1848 berichtet Klenze dem König Ludwig I., daß »das Bild Die Propyläen darstellend« vollendet ist. Am 17. Juni 1849 bittet Klenze bei Ludwig I. um die Erlaubnis, das »gemachte Bild« der Propyläen gelegentlich dem König Maximilian II. von Bayern zeigen zu dürfen. – Das vorliegende Bild ist mit geringen, der 1846 begonnenen Bauausführung näher entsprechenden Abweichungen in einem Stahlstich von Georg Michael Kurz (Hederer, Abb. 207) reproduziert. Vgl. Photographie des Bauzustands von 1849: Hederer, Abb. 212.
Literatur: H. Marggraff, 1884, S. 25 Nr. 354 (mit wohl irriger Angabe der Jahreszahl 1863. Erfolgte in diesem Jahr etwa Erwerbung des Bildes durch J. Albrecht?). – Schönes altes München, herausgegeben vom Kreis der Freunde Alt-Münchens, 1965, A. S. 164. – C. Hohoff, München, 1970, Farbtafel zwischen S. 88 und 89. – Katalog der Ausstellung »Bayern – Kunst und Kultur«, München 1972, S. 486 Nr. 1718 (mit Angabe weiterer Literatur); Farbtafel 21 zwischen S. 144 und 145. – B. Trost, Domenico Quaglio, 1973, S. 88, 104 Anm. 342. – O. Hederer, Klassizismus (= Heyne-Stilkunde, 1), 1976, Farbtafel S. 104/105. – Weltkunst, 47, 1977, S. 2685 (H. Günther; zur Bildgattung). – H. Ludwig, Münchner Malerei im 19. Jahrhundert, 1978, Abb. 44.

G 56

G 57

Z 247 zu G 57

G 57 Die Piazza Contarena in Udine

heute Piazza della Libertà.
Ölgemälde auf Leinwand, 80 x 116 cm
Rechts unten bezeichnet mit Monogramm und Jahreszahl (18)50. 1977 restauriert.
Besitzer: Sammlung Armin Pertsch, Mannheim. Erworben 1977 in 3581 Ungedanken bei Fritzlar. Früher angeblich im Besitz der Familie Klenze, d. h. wohl der Bruderlinie Leo von Klenzes (vgl. G 17).

Entwurf der Gesamtkomposition Z 247. Detailstudie Z 248.

G 58 Die Piazza della Borsa in Triest bei Nacht

Links die Börse (1802–06, Architekt Antonio Mollari), auf dem Platz der Neptunbrunnen und das Säulendenkmal Kaiser Leopolds I.
Ölgemälde auf Leinwand; 65,5 x 100,5 cm
Besitzer: Ingo von Klenze, Sohn (geb. 1950) Herbert M. von Klenzes; 8131 Berg-Haarkirchen.
Das Bild ist erst bei der Ausstellung 1977 bekannt geworden. Dabei ist die Zuteilung an Klenze noch unentschieden geblieben.

1. Für die Zuschreibung an Klenze können folgende Argumente angeführt werden: In dem für die Entstehung des Gemäldes in Betracht kommenden Zeitraum weilte Klenze im Herbst 1848 in Venedig und Udine, im April 1851 in Venedig. Das Bild ist in Klenzes Familie erhalten. Daß es als Werk eines anderen Malers zu Leo von Klenzes Sammlung gehört habe, ist nicht festzustellen. Die rhythmische Gestaltung des Raums entspricht den Zeichnungen von Nauplia (1834) und Trient (1851). Die Schrägstellung der Börse ist dem Udine-Bild (G 57) verwandt. Die Figurenstaffage, wie meist bei Klenze klein gehalten, ist in Ruhe und Bewegung, Isolierung und Gruppierung differenziert. Die Figuren einerseits, die Körper und die Flächen der Bauten und der Platz andererseits sind sinnvoll aufeinander abgestimmt. Die Figurenstaffage wirkt schildernd-erzählerisch, doch fehlt anscheinend eine konkrete historienmalerische Absicht und Beziehung. (Dargestellt ist wohl kein politischer Aufstand, sondern die Ergreifung etwa eines Diebs.) Im vorauszusetzenden Entwurf kommt dem Linear-Zeichnerischen große Bedeutung zu. Das ausgeführte Gemälde zeigt eine zartfarbige Malweise, die ähnlich wie auf G 42, 46 und 56 erscheint. Die Wandungen und Körper der Bauten und ihre Einzelglieder werden mit Licht und Schlagschatten akzentuiert und durchgebildet. Die spezifische Beleuchtung der Mondnacht kann als der Methode früher architektonischer Entwurf-Schaubilder vergleichbar gelten; (Hederer, Abb. 74, 97. Ausstellungskatalog 1977, Abb. V, VI).

G 58

2. Diesen Argumenten stehen negative gegenüber: Das Bild ist nicht signiert; (das kommt freilich auch bei manchen gesicherten Gemälden Klenzes vor). In der Familie Klenze hat sich keine die Autorschaft erweisende Tradition erhalten. Bis jetzt ist auch keine Erwähnung des Bildes in Quellen und in sonstiger Literatur bekannt geworden. Vorbereitende Zeichnungen sind in Klenzes Nachlaß nicht festzustellen; (das gilt allerdings auch für andere Gemälde Klenzes). Von Klenzes Stil weichen ab: die größere Distanzierung und weitere Darlegung des Architekturraums; die Bewegtheit des Platzes und seiner Wände; die freie bühnenhafte Räumlichkeit; die malerisch-lebendige Begleitung und Interpretation des Raums mit Figurenstaffage, Wolken, Licht und Schatten. Bezeichnende Einzelheiten sind: der in die Tiefe führende, durch Baukuben, Licht und Schattenschläge skandierte Straßenzug mit dem Bergabschluß; die besonders rechts vorne knapp angerissene Randkulisse. Die Figurenstaffage ist in intensiverer Aktion als sonst bei Klenze am Bild beteiligt, besonders die zur Säulenarchitektur der Börse kontrastierende Gruppe. Abweichend von der Klenze meist eigenen Buntheit (besonders in G 57) bietet dieses Gemälde fast eine Grisaille. Die Farbflächen sind weniger als sonst durch lineare Struktur gefestigt, vielmehr in weicher Pinselführung (zumal die Fenster) dünnflüssig deckend, wie geschmolzen, aufgetragen. Das Bild ist sozusagen ein gemaltes Notturno in magischem Realismus, mit etwas theatralischem Widerspiel von

Christian Friedrich Nerly (G 59)

Mondlicht und Wolkenbogen, von kompositionell wirksamen Licht- und Schattenlagen, auch kleinen Pointen von Laternenlicht.
Im ganzen steht das Werk in Klenzes Schaffen allzu singulär, um in der Abwägung der Argumente eine sichere Entscheidung zugunsten Klenzes möglich zu machen. Im Auge zu behalten ist die Frage der Zuweisung an einen andern Maler, etwa einen Österreicher oder Italiener.

Ähnlich wie bei G 58 liegt die Problematik bei einem anderen, im Besitz einer Nachkommenlinie Leo von Klenzes erhaltenen und in der Familientradition diesem zugewiesenen Gemälde:

G 59 Die »Casa di Otello« in Venedig bei Nacht

Ölgemälde auf Leinwand; 48,5 x 40 cm
Besitzerin: Ina Gräfin von Spreti, Wien.
Vorbesitzreihe: Karl Graf von Spreti – dessen Eltern: Adolf Graf von Spreti (1866–1945) und seine Gemahlin (seit 1902) Anna Maria (Athenais) Gräfin von Yrsch (1874–1944) – Mutter der letzteren: Wilhelmine Gräfin von Otting (1852–1904), Tochter des Max Joseph Grafen von Otting und seiner Gemahlin Athenais von Klenze.

Dieses Gemälde wurde als Werk des Malers Christian Friedrich Nerly 1869 in der Münchner Glaspalast-Ausstellung gezeigt (Katalog zur I. Internationalen Kunstausstellung im Kgl. Glaspalaste zu München, 1869, S. 29 Nr. 654, verkäuflich. Mitteilung von Christine Thomas, München). Christian Friedrich Nerly (geb. 1807) weilte 1828–35 in Rom, von 1835 bis zu seinem Tod 1878 in Venedig. (F. v. Boetticher, Malerwerke des 19. Jahrhunderts, II 1, 1898. Thieme-Becker, 25, 1931. Ein anderes Mondnachtmotiv aus Venedig: Karl & Faber, München; Katalog der Auktion 148, 23./24. November 1978, S. 38 Nr. 230; Taf. 17; identisch: Akademie-Ausstellung Berlin 1838, Nr. 550.

G 60 Das Innere von San Miniato al Monte über Florenz

Ölgemälde auf Leinwand; 103 x 87 cm
Bezeichnet mit Monogramm und Jahreszahl 1853.
1853 in München ausgestellt. 1854 erworben von Prinz (später Prinz-Regent) Luitpold von Bayern, aus dessen Nachlaß (1913) das Bild an Prinz Heinrich von Bayern (gefallen 1916) gelangte. Heute im Wittelsbacher Besitz nicht festzustellen.

Z 316 zu G 60

Z 315 zu G 60

Prinz Luitpold, Sohn König Ludwigs I., war 1844 mit Auguste Ferdinande Luise, Tochter des Großherzogs Leopold II. von Toscana, vermählt worden; die Trauung fand im Dom von Florenz statt. Oberhofmeister der Prinzessin Auguste war in München Klenzes Schwiegersohn Maximilian Joseph Graf von Otting.

Gesamtentwurf Z 315. Detailstudien Z 225, 316, 317. Vgl. auch Z 314, 318, 320.
Literatur: Verzeichnis der Werke hiesiger und auswärtiger Künstler, welche auf der diesjährigen von der K. B. Akademie der bildenden Künste veranstalteten Kunstausstellung sich befinden, München 1853, S. 11, Nr. 72. H. Marggraff, 1884, S. 24 Nr. 328 (Zeichnung damals im Besitz von Athenais Gräfin von Otting). – Boetticher Nr. 10. – E. Pixis, Verzeichnis der von . . . dem Prinzregenten Luitpold von Bayern aus privaten Mitteln erworbenen Werke der bildenden Kunst. München 1913, S. 34. – Hederer, S. 411, auch 396.

G 62

Z 413 zu G 62

Z 414 zu G 62

G 61 Der Kreuzgang der Alten Stiftskirche von Bozen-Gries

Ölgemälde, datiert 1853.
1884 im Besitz von Klenzes Tochter Athenais Gräfin von Otting.
Vgl. J. Weingartner, Die Kunstdenkmäler Südtirols, III/2 = Die Kunstdenkmäler Bozens, 1926, S. 205; Abb. 68.
Literatur: H. Marggraff, 1884, S. 25 Nr. 345.

G 62 Italienische Klosterhalle

Phantasiebild eines »Musaeums«, mit Ausblick auf Capri (vgl. Z 158).
Ölgemälde auf Leinwand; 87 x 107 cm
Links unten bezeichnet mit Monogramm und Jahreszahl 1855.
Privatbesitz Köln. Vorher im Besitz von Dr. Theodor von Zwehl, München.
Theodor von Zwehl (1800–75) war 1852–64 Königlich Bayerischer Minister für Kirchen- und Schulangelegenheiten (Allgemeine Deutsche Biographie, 45, 1900).

Detailentwürfe Z 413 und 414.
Zum Motiv des Ausblicks vgl. G 8. – Zur Ausgestaltung der Architektur: In den rautenförmigen Wandfeldern Szenen aus der biblischen Schöpfungsgeschichte. Im Obergeschoß weißmarmorne Standfiguren der Apostel, rechts oben Statue des Mose. Auf den Querbalken des Dachstuhls Bronzegruppen: Das Kreuz, von zwei knienden Engeln verehrt; ein Engel mit den zwei Gesetzestafeln zu seiten; der Brustschild des Hohenpriesters, seitlich zwei Putten. Über dem Stichbogen im Abschluß des Raums Inschriften: St. Benedictus (Mitte), St. Franciscus (links) und St. Ignazius (rechts). Damit wird auf die Orden der Benediktiner, Franziskaner und Jesuiten Bezug genommen. – In der Halle sind Benediktiner dargestellt: In der Mitte an einem Tisch drei Mönche beim Studium von Büchern, aufgeschlagen eine Bibel mit großer griechischer Schrift und dem Namen Esaia (vgl. Is 66). Links ein Mönch in nachdenklicher Betrachtung von Fossilien. Rechts ein Erdglobus, auf einem Tisch eine Elektrisiermaschine, ein anderes Gerät und ein Fernrohr. – In Tonschalen einige merkwürdige Pflanzen mit

botanischer Bestimmung: rechts auf dem Tisch »Musa paradisiaca« (Bananenstaude); unter dem Tisch »Vallisneria spiralis« (Wasserpflanze); links im Mittelgrund auf der Brüstung »Dionaea muscipula« (»Venus-Fliegenfalle«). – Zu den Emblemen vgl. die Zeichnung Bayerische Staatsbibliothek München, Handschriftenabteilung, Klenzeana IX 12/2.
Das Bild, dessen allgemeine Motivik mit G 72 verwandt erscheint, wird durch die eingebrachten Beziehungen als Allegorie auf die wissenschaftliche, im besondern die auf die Bibel begründete naturwissenschaftliche Arbeit des Mönchtums ausgeprägt. Das paßt in die Zeit (1848–64) König Maximilians II. von Bayern, vornehmlich auf die staatsdienstliche Stellung und kulturpolitische Konzeption Theodor von Zwehls.

G 63 Der Poseidon-Tempel von Paestum

mit Durchblick nach Süden auf die »Basilica« (Hera-Tempel)
Ölgemälde auf Leinwand; 50 x 73 cm
München, Stadtmuseum (Inv.Nr. 66/2939); erworben 1966.
Vorher im Besitz der Familie Oskar von Miller, 8134 Pöcking. Laut Familientradition war das Bild ein Geschenk Ludwigs I. an den Erzgießer Ferdinand von Miller. Die zugehörige Zeichnung (s. u.) ist 1855 datiert. 1855 September 10 schreibt Klenze über den Tempel an Ludwig I.

Gesamtentwurf Z 423. Details Z 424 und 425.

Zum Motiv der kämpfenden Schlangen vgl. Z 61 und 335.

Literatur: Hederer, S. 167, 168, 385 Nr. 4 zum Gemälde; S. 45 Abb. 11, 396, 417.

G 63

Z 424 Zu G 63

Z 425 zu G 63

Z 423 zu G 63

G 64 Der »Concordia-Tempel« von Agrigento

Ölgemälde auf Leinwand; 89 x 131 cm
Unten rechts der Mitte bezeichnet mit Monogramm und Jahreszahl 1857.
Der Vordergrund des Bildes 1944–45 bei einem Luftangriff in München beschädigt, restauriert.
Besitzer: Professor Dr. Rainer Lepsius, (694) Weinheim an der Bergstraße. Laut Familientradition ist das Bild für den Ägyptologen Professor Richard Lepsius (1810–84), Berlin gemalt worden und 1858 im Haus Lepsius angekommen.

Entwürfe Sk 2 (Tempel) und Z 446 (Stadt). Zur Figurenstaffage Z 226 und 447 (vgl. auch Z 227 und G 42).
Die Darstellung des Tempels entspricht Tav. I des Werks »Le Antichità siciliane« des Domenico Lo Faso, Duca di Serradifalco; Palermo 1835–42. Vgl. G 1 von 1825.
Zu Domenico Duca di Serradifalco (1783–1863): Joh. Winckelmanns sämtliche Werke, Ausgabe von J. Eiselein, 2, Donaueschingen 1825, S. 329 (Klenze 1824). Thieme-Becker, 30, 1936. Zu seiner Biographie: Schreiben Klenzes an König Ludwig I. von Bayern 16. November 1856 und Schreiben Ludwigs I. an Klenze Neapel 4. Mai 1857.
Literatur: Weltkunst, 47, 1977, S. 2686 (H. Günther).

Sk 2 zu G 64

Z 446 zu G 64

Z 226 zu G 64

G 64

G 65

Z 306 zu G 65

G 65 Am Forum Romanum

Durchblick durch einen Bogen des Kolosseums auf die Apsis des Venus- und Roma-Tempels und den Campanile von S. Francesca Romana.
Ölgemälde auf Pappe; 41 x 30 cm
Bezeichnet und datiert [18]57.
Besitzer: Dr. Hermann Hartlaub, München. Vorher im Kunsthandel (München, Galerie Wimmer. 1961 Gerd Rosen, Berlin).

Entwurf der Komposition Z 306 (datiert 4. Oktober 1845). Zur Figurenstaffage Z 307 und 308.
Literatur: Hederer, S. 163 (Abb. 62), 168, 415 Nr. 11; S. 436 Abb. 251 (Zeichnung).

Z 307 zu G 65

Z 308 zu G 65

G 66

G 66 Im Camposanto von Pisa

Ölgemälde auf Leinwand; 103,5 x 130,5 cm. Links unten voll signiert, datiert 1858. München, Neue Pinakothek (Bayerische Staatsgemäldesammlungen, Inv. Nr. 13078).

1858 in München als Besitz Klenzes ausgestellt.

1884 im Besitz von Hippolyt II Ludwig von Klenze. Dann (nach 1892) bei dessen Schwester Irene Athenais, verheiratet mit Angelo Graf von Courten. Von des letzteren Schwiegertochter Claire Gräfin von Courten 1960 den Bayerischen Staatsgemäldesammlungen geschenkt.

Klenze hielt sich im Mai 1854 in Pisa auf. (Eine von ihm exakt durchgeführte Grundrißaufnahme des Camposanto in der Staatlichen Graphischen Sammlung München, Inv.Nr. 27641). Zwei im Gemälde erscheinende, an der linken Wand angebrachte Epitaphien weisen die Jahreszahlen 1848 und 1854 auf.

Gesamtentwurf (ohne Figurenstaffage) Z 300. Detailstudien zu Figuralplastik Z 301 und 302. Vgl. auch Z 363.

Literatur: Katalog zur deutschen allgemeinen und historischen Kunstausstellung zu München, 1858, S. 21 Nr. 439. – H. Marggraff, 1884, S. 24 Nr. 340. – Boetticher Nr. 11. – Hederer, S. 168, 415 Nr. 12; zu Z 300 S. 385 Abb. 245, 412. – Weltkunst, 47, 1977, S. 2686 (Abb.).

Z 300 zu G 66

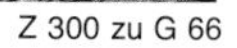

Z 301 zu G 66

Z 302 recto zu G 66

Z 302 verso zu G 66

G 67 Der Domplatz von Amalfi

Ölgemälde auf Leinwand; 84,5 x 114 cm
Rechts unten bezeichnet mit Monogramm L v Kl und der Datierung »1859 Febr.«. Hannover, Niedersächsische Landesgalerie (Inv.Nr. PNM 819/7603. Leihgabe der Bundesrepublik Deutschland). Vorher im Münchner Kunsthandel. 1884 im Besitz von Klenzes Tochter Athenais Gräfin von Otting.

Gesamtentwurf (ohne Staffage) Z 429 (datiert 17. Mai 1855). Studien zur Architektur Z 430, 431; zur Staffage Z 123. Zur Zeit der Konzeption und Ausführung des Gemäldes bestand noch die im ersten Drittel des 18. Jahrhunderts errichtete Barockfassade. Auf ihre Entstehung bezieht sich die im Vordergrund des Bildes erscheinende figurale Hauptstaffagengruppe. Die von Klenze im Malwerk ausgeführte romanische Rekonstruktion der Domfassade ist erst zwischen 1875 und 1894 ausgeführt worden, zunächst unter Leitung des neapolitanischen Architekten Enrico Alvino (Thieme-Becker, 1, 1907, S. 364. – Enciclopedia Italiana, 2, 1929, Tav. CLVIII, p. 746: »liberamente rifatta«). Oswald Achenbach hat 1876 die Domfassade von einem anderen Standort aus und in vereinfachter romanischer Art rekonstruiert gemalt (Berlin, Nationalgalerie).
Literatur: H. Marggraff, 1884, S. 25 Nr. 347. – Hederer, S. 168, 415f. Nr. 13. – H. Seiler, Niedersächsische Landesgalerie Hannover, 1969, Abb. 200.

G 67

Z 430 zu G 67

Z 431 zu G 67

Z 429 zu G 67

Z 430 zu G 67

Z 123 zu G 67

G 68 Ansicht von Capri

Ölgemälde auf Leinwand; 82 x 108 cm
Bezeichnet mit Monogramm L. Klze und Jahreszahl (18)60.
München, Stadtmuseum (Inv. Nr. 2d, 208); erworben 1926 von Eckhart von Pütz. 1884 im Besitz von Hippolyt II Ludwig von Klenze.

Entwurf der Gesamtansicht Z 441. Skizzen zu einzelnen Bauten Z 433/37, zur Figurenstaffage Z 438.
Literatur: H. Marggraff, 1884, S. 24 Nr. 338. – R. Oldenbourg, Die Münchner Malerei im 19. Jahrhundert, I. Teil, 1922, S. 239 (Abbildung). – Hederer, S. 167 Abb. 64, 168, 385, 416 Nr. 15 (mit Angabe früherer Literatur); zu Z 441 S. 166 Abb. 63.

Z 441 zu G 68

G 68

Z 197 zu G 69

Z 208 zu G 69

Z 210 zu G 69

Z 211 zu G 69

Z 212 zu G 69

Z 209 zu G 69

G 69

G 69 »Ansicht auf der Insel Zante«

Ölgemälde auf Leinwand; 78 x 114 cm
Links unten bezeichnet L v Kl 1860.
Besitzer: Bernhard Meinecke (3342), Schladen.
1860 in Dresden ausgestellt. Ein von dort am 30. Juli 1860 datierter Brief des Julius Schnorr von Carolsfeld an Klenze überliefert den oben gewählten Bildtitel (Bayerische Staatsbibliothek München, Handschriftenabteilung, Klenzeana XV). Christian Jank hat das Bild 1864 anscheinend unter dem rechten Fenster in Klenzes Arbeitszimmer dargestellt.
Auf der ionischen Insel Zante (Zakynthos) hielt sich Klenze im September und Oktober 1834 am Ende seiner Griechenland-Reise auf. Über die dort entstandenen Zeichnungen schreibt er aus Ancona am 20. Oktober 1834 an Heideck (Bayerische Staatsbibliothek München, Handschriftenabteilung, Heydeckeriana II/1). H. Decker, Carl Rottmann, 1957, S. 161.

Vorentwurf Z 197 (datiert 1834). Kompositionsentwurf Z 208 (datiert 1836). Einzelstudien zur Figurenstaffage Z 209/12.

Literatur: Boetticher Nr. 12 (»Zante im 8. Jahrhundert, nach den Ruinen restaurirt«). – Hederer, S. 168, 396, 412, 416 Nr. 14, mit Angabe früherer Literatur. – Weltkunst, 47, 1977, S. 2685 Abbildungen, 2686 (H. Günther).

G 70

G 70 Der Lago del Fusaro
bei Bajae am Golf von Neapel
Ölgemälde auf Leinwand; 43 x 63,5 cm
Rechts unten bezeichnet L. v. Klz (18)61.
Besitzer: Prinz Joseph Clemens von Bayern, München. 1884 im Besitz von Klenzes Tochter Athenais Gräfin von Otting.
Entwurfzeichnung (s. u.), datiert 10. Mai 1855; vom Gemälde abweichend.

Vorentwurf Z 421. Kompositionsentwurf Z 420. Zur Figurenstaffage Z 422.
Literatur: H. Marggraff, 1884, S. 24 Nr. 344 (»Motiv vom Golf von Bajä. 1861«), auch Nr. 332. – Hederer, S. 386, 417.

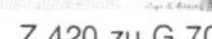
Z 420 zu G 70

Z 421 zu G 70

G 71 Der Hof des Palazzo Rufolo in Ravello bei Amalfi

Ölgemälde auf Leinwand; 96,5 x 83 cm
Rechts unten bezeichnet mit Monogramm L. v. Klze und Jahreszahl (18)61 (60?).
München, Schack-Galerie (Bayerische Staatsgemäldesammlungen, Inv.Nr. 11474).
Entwurfzeichnung (s. u.) datiert 1855.

Kompositionsentwurf (ohne Staffage) Z 427. Zur Figurenstaffage Z 226, 428.

Literatur: Boetticher Nr. 13 (irrig angesetzt » im letzten Lebensjahr« Klenzes). – A. Fr. Graf von Schack, Meine Gemäldesammlung, 7. Aufl., Stuttgart 1894, S. 359 Nr. 26. – Katalog Schack-Galerie in München, 34. Aufl., 1918, S. 77 Nr. 66. – Hederer, S. 165 (Farbtafel), 168, 385, 411, 416 Nr. 17. – Gemäldekataloge der Bayerischen Staatsgemäldesammlungen: Schack-Galerie München, 1969, Textband S. 207ff.; Bildband Abb. 12. – R. Löwe, Führer durch die Schack-Galerie München, 1972, S. 12f., 47; Abb. 7.

G 71

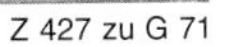

Z 427 zu G 71

Z 428 recto zu G 71

G 72 »Eine Klosterhalle (Composition)«

Ölgemälde (auf Leinwand); 35 x 44 Zoll. (Durch diese Maße wird die Identifizierung mit dem verschollenen Bild G 8 ausgeschlossen).
1861 von Klenze dem »Unterstützungs-Verein für Künstler« in München geschenkt.
Literatur: »Verzeichnis der Kunstwerke, welche zum Besten des Unterstützungs-Vereins für Künstler in München am 15. Dez. 1861 verlost werden«; München 1861, S. 4 Nr. 45 (Mitteilung von Christine Thomas, München).

G 73 »Athen im Altertum«

(»Ansicht der Restauration Athens«)
Ölgemälde auf Leinwand; 104,5 x 131,5 cm
Links unten bezeichnet »L. v. Klenze 62« (1862).
Eigentum der Bundesrepublik Deutschland. Leihgabe an die Bayerische Verwaltung der Staatlichen Schlösser, Gärten und Seen; München. 1884 im Besitz von Klenzes Tochter Athenais Gräfin von Otting.

Einzelentwürfe: zur figuralen Bauskulptur Z 293, 473/76; zur Figurenstaffage Z 471/72; zu Baum im Mittelgrund Z 477.
Literatur: H. Marggraff, 1884, S. 25 Nr. 346 (durch die Angabe der Jahreszahl auf G 73 bestimmt, der Titel »Athen zur Zeit des Pericles« aber wohl irrtümlich mit G 55 verbunden. Dagegen gibt Nr. 353 den für G 73 zutreffenden Titel »Athen zur Zeit Hadrians«). – Boetticher Nr. 8 (Ausstellungsdaten wohl mit G 55 verwechselt). – Hederer, S. 167, 168, 416 Nr. 18. – Weltkunst, 47, 1977, S. 2686 (H. Günther).

Z 476 zu G 73

Z 293 zu G 73

Z 475 zu G 73

Z 474 zu G 73

Z 473 zu G 73

Z 472 zu G 73

G 73

Z 477 zu G 73

Z 471 zu G 73

G 74 »Partie aus Bozen«

»Südtiroler Städtchen. Jäger im Gespräch mit einem Buben, weiters noch ein Mann und eine Frau mit Buben auf der Straße«. Ölgemälde auf Leinwand; 46,5 x 34 cm Bezeichnet mit Monogramm L. v. Klze und Jahreszahl (18)62.

1934 im Kunsthandel München. 1884 im Besitz von Hippolyt II Ludwig von Klenze.

Literatur: H. Marggraff, 1884, S. 24 Nr. 342. – Katalog Hugo Helbing, München, Auktion 27./28. März 1934, S. 4 Nr. 41.

G 75 Blick auf San Gimignano

Ölgemälde, 1862
1884 im Besitz von Hippolyt II Ludwig von Klenze.
Entwurfzeichnung (s. u.) datiert 19. April 1862.

Vorbereitende Skizze (ohne Staffage) Z 362. Kompositionsentwurf Z 478. Einzelentwürfe: Z 479 (zur Architektur), 226 und 422 (zur Figurenstaffage).
Literatur: Marggraff, 1884, S. 24 Nr. 339. – Hederer, S. 67 (Abb. 24), 386, 417.

Z 422 zu G 75

Z 362 zu G 75

Z 478 zu G 75

Z 464 zu G 76

Z 465 zu G 76

G 76

Z 447 zu G 76

G 76 Anacapri

Ölgemälde auf Leinwand; 76 x 110 cm
München, Privatbesitz. 1952 im Münchner Kunsthandel. 1884 im Besitz von Athenais Gräfin von Otting.
1884 wird das Gemälde als »unvollendet« bezeichnet.

Vorbereitende Skizze Z 465. Kompositionsentwurf (ohne Staffage) Z 464. Entwürfe zur Figurenstaffage Z 422 und 447.
Literatur: H. Marggraff, 1884, S. 25 Nr. 348. – Münchner Kunstversteigerungshaus A. Weinmüller, Katalog der Auktion XXXXV, 23./24. April 1952, Nr. 824. – Hederer, S. 168, 416 Nr. 16.

G 77 Das Baptisterium in Pistoia

Ölgemälde, 1864.
»Klenze's letztes Bild; es stand unvollendet auf der Staffelei«.
1884 im Besitz des Königlichen Hof-Oberbaudirektors Georg von Dollmann, München. – Später vermutlich im Besitz von dessen gleichnamigem Neffen und im zweiten Weltkrieg in Berlin zerstört (Mitteilungen von Frau Margarete Dollmann, 8443 Bogen).

Vorzeichnungen Z 328/30.
Literatur: H. Marggraff, 1884, S. 25 Nr. 351.

G 78 Villafranca

Ölgemälde, 1864, unvollendet
Vielleicht zu identifizieren mit dem 1864 von Christian Jank auf der Staffelei in Klenzes Arbeitszimmer gezeigten Gemälde.
1884 befand sich das Bild im Besitz von Klenzes Enkel Max von Klenze (1841–1925).
Das Fort von Villafranca bei Verona hat Klenze schon 1834 gezeichnet (Z 183). Im September 1860 hielt er sich noch einmal dort auf.

Vgl. Z 183, 466, 467.
Da das Gemälde verschollen ist, kann die 1884 ausgesprochene, für Klenzes Spätzeit wahrscheinlichere Identifizierung mit dem östlich von Nizza gelegenen Villafranca nicht geklärt werden.
Literatur: H. Marggraff, 1884, S. 25 Nr. 349 (»Villafranca bei Nizza«).

G 79 Landschaft aus den Apenninen

Als Werk Klenzes 1869 in München ausgestellt. Maßangaben fehlen.

Auf Grund des Titels ist eine topographische Bestimmung nicht möglich. Architektur dürfte in diesem Bild keine größere Rolle gespielt haben.
Literatur: Katalog zur I. Internationalen Kunstausstellung im Kgl. Glaspalaste zu München, 1869, S. 41 Nr. 979 (Mitteilung von Christine Thomas, München).

Z 328 zu G 77

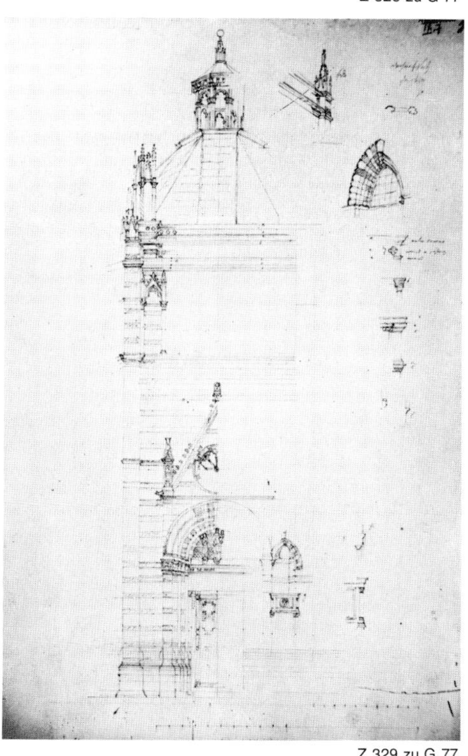

Z 329 zu G 77

Verzeichnis sonstiger quadrierter bildmäßiger Zeichnungen

Zusammenstellung sonstiger, mit Quadrierung versehener bildmäßiger Kompositionen, zu welchen keine Gemäldeausführungen überliefert oder bisher festgestellt sind.

a) Küstenlandschaft in Italien, 1819 (Z 73)
b) Die Tomba del Petrarca in Arqua, 1826 (Z 90)
c) Weg mit Bäumen bei Tivoli, 1830 (Z 115)
d) Berglandschaft bei Molo di Gaeta, 1830 (Z 159)
   vgl. auch SK 4, Bl. 12 r
e) Papigno bei Terni (Z 170)
f) Ortschaft im Gebirge (Ischl?), 1832 (Z 182)
g) Die Bergfestung Palamedes bei Nauplia (Z 187)
h) Kapelle bei Spalato, 1841 (Z 235)
i) Landschaft von Nago bei Torbole, 1834 (Z 284); Bleistift mit Farbnotizen; vermutlich zur Übertragung in eine Reinzeichnung.
k) Bergabhang mit Weg (Z 489)
l) Straße in Genua, 1854 (Z 398)

Katalog der Zeichnungen

Florian Hufnagl

Vorbemerkung

Das folgende Œuvre-Verzeichnis[1] versteht sich als Gesamtkatalog aller bisher bekannt gewordenen, nicht architekturgebundenen Klenzezeichnungen in öffentlichem und privatem Besitz. Gegenüber dem Ausstellungskatalog von 1977/78 wurden die im Besitz der Staatl. Graphischen Sammlung München und der Handschriftensammlung der Bayer. Staatsbibliothek befindlichen Zeichnungen vollständig aufgenommen und Blätter auswärtiger Sammlungen, soweit bekannt, miteinbezogen. Darüber hinaus konnten einige Blätter aus Privatbesitz, darunter ein Konvolut[2] von 81 Zeichnungen, neu erfaßt werden.

Hauptaufgabe dieses Kataloges ist es, die einzelnen Zeichnungsstufen darzulegen, die in manchen Fällen zur Ausführung eines Gemäldes geführt haben. Dabei wird versucht, innerhalb des Kataloges eine Chronologie zu erstellen. Aus Gründen der Anschaulichkeit ist jedoch das Hauptblatt einer zusammengehörigen Gruppe jeweils an den Anfang gesetzt – selbst wenn es zumeist als Komposition den Abschluß einer Anzahl von Vorstudien bildet. Blätter mit reinen Figurenstudien werden, wenn sie als Staffage in einer Komposition Verwendung gefunden haben, jeweils den Vorzeichnungen der frühest datierten Zeichnung zugeordnet. Da Klenze in einigen Fällen Figurenstudien anderer Künstler verwandt, durchgepaust und leicht variiert hat, um sie dann als Staffage in seinen Zeichnungen und Gemälden zu verwenden, kann nicht mit letzter Sicherheit gesagt werden, ob alle im Katalog aufgeführten Figurenstudien aus der Hand Klenzes stammen. Obwohl von den im Ausstellungskatalog aufgeführten Blättern zehn Arbeiten ausgeschieden (Kat.-Nr. Auss. Z 217, Z 415, Z 436, Z 437, Z 438, Z 439, Z 440, Z 441, Z 442 und Z 443) sowie einige zusammengehörige Blätter wieder zusammengefügt worden sind, ist die Zahl der Katalognummern von 443 auf 579 angewachsen.

Mein Dank für Unterstützung bei der Materialerfassung gilt der Bayer. Staatsbibliothek, Handschriftensammlung, der Staatl. Graphischen Sammlung München und dem Zentralinstitut für Kunstgeschichte. Dank auch den privaten Besitzern, die ihre Blätter zur Bearbeitung zur Verfügung gestellt haben.

Nicht zuletzt bedanke ich mich bei Frau cand. phil. Christine Thomas, München, die bei der Durchführung der Arbeit eine vielfach wertvolle Hilfe gewesen ist.

[1] Mit * bezeichnete Katalognummern beziehen sich auf Abbildungen im Gemäldekatalog bzw. im Katalog der Zeichnungen.

[2] Das Konvolut enthält insgesamt 86 Blätter, jedoch sind fünf davon architekturgebunden. Es wurde am 15. Februar 1950 im Kolowratsaal des Wiener Dorotheums vom heutigen Besitzer ersteigert. Siehe hierzu frühere Versteigerungskataloge:
Wiener Kunstversteigerungshaus S. Kende, Wien 1, Rotenturm Str. 14, 165. Auktion, 1.–5. März 1949, Nr. 645, sowie Wiener Kunstversteigerungshaus S. Kende, Wien, 167. Auktion, 22.–25. Juni 1949, Nr. 632.

Z 1

vor 1803

Z 1 Ansicht von Schloß Ruthe*

Feder über Bleistift, braun laviert;
28,0 x 43,3 cm
Wasserzeichen: ☓
Beschr. oben Mitte: »Rath«
Das in der Nähe von Klenzes Jugendheimat gelegene, 1751 für Fürstbischof Clemens August erbaute Jagdschloß ist 1890 durch Brand zerstört und 1891 abgebrochen worden
In: ›Die Kunstdenkmäler der Provinz Hannover‹, 1938
München, Staatl. Graph. Slg., Inv. Nr. 27.599-Mappe 140/11

Z 3

Z 3 Ansicht von Schloß Blankenburg/Harz*

Feder, braun laviert; 28,0 x 43,4 cm
Wasserzeichen: D & C BLAUW
In: ›Die Bau- und Kunstdenkmäler des Herzogtums Braunschweig‹, 1922: Schloß Blankenburg unter Kreis Blankenburg. – Jetzt DDR, Bezirk Magdeburg, Landkreis Wernigerode.
München, Bayer. Staatsbibl., Klenzeana IX, 11/13

Z 5

Z 5 Ansicht von Schloß Antoinettenruh*

Feder, braun laviert; 29,8 x 45,0 cm
Beschr. oben Mitte: »Antoinettruh«, unten Mitte: »Chateau d'Antoinettenruh Klenze«
Früher Herzogtum Braunschweig. Abgebrochen 1832.
München, Bayer. Staatsbibl., Klenzeana IX, 11/15

Z 2

Z 2 Schloß Fürstenberg/Weser mit Staffagefiguren*

Feder über Bleistift, braun laviert;
26,8 x 42,8 cm
Wasserzeichen: stehender männlicher Akt auf Kugel mit Tuch in ausgebreiteten Armen, darunter VDL ligiert
Beschr. oben Mitte: »Fürstenberg«
In: ›Die Bau- und Kunstdenkmäler des Herzogtums Braunschweig‹, 1907: Schloß Fürstenberg unter Kreis Holzminden. – Jetzt Porzellanfabrik (seit Mitte des 18. Jahrhunderts).
München, Staatl. Graph. Slg., Inv. Nr. 27.597-Mappe 140/11

Z 4

Z 4 Ansicht von Schloß Vechelde*

Feder über Bleistift, braun laviert;
25,9 x 41,2 cm
Beschr. oben und unten Mitte: »Vechelde«, unten rechts: »Klenze«
In: ›Die Bau- und Kunstdenkmäler des Herzogtums Braunschweig‹, 1900: Schloß Vechelde unter Kreis Braunschweig. – 1880 abgebrochen.
München, Staatl. Graph. Slg., Inv. Nr. 27.601-Mappe 140/11

Z 6

Z 6 Ansicht von Schloß Salzdahlum*

Feder, braun laviert; 26,0 x 41,2 cm
Wasserzeichen: unleserlich
Beschr. oben rechts: »Salzdahlum«, unten rechts: »Klenze«, unten Mitte: »Salzdahlum«
In: ›Die Bau- und Kunstdenkmäler des Herzogtums Braunschweig‹, 1904: Schloß Salzdahlum unter Kreis Wolfenbüttel. – 1813 abgebrochen. Heute: Gemeinde Salzdahlum
München, Bayer. Staatsbibl., Klenzeana IX, 11/11

Z 7

Z 7 Ansicht von Schloß Iburg*
Feder, braun laviert; 26,0 x 39,6 cm
Wasserzeichen: J. WHATMAN
Beschr. oben Mitte: »Ybourg«
Ehem. fürstbischöfliches Schloß. Heute: Bad Iburg, Kreis Osnabrück.
München, Bayer. Staatsbibl., Klenzeana IX, 11/9

Z 8

1803

Z 8 Ansicht einer Bauernhütte*
Bleistift, braun laviert; 24,4 x 36,7 cm
Beschr. links unten: »1803«
München, Staatl. Graph. Slg., Inv. Nr. 27.596-Mappe 140/11

Z 9

1805–1814

Z 9 Baumstudie*
Bleistift und Aquarell; 31,4 x 29,7 cm
Wasserzeichen: unleserlich
Beschr. links unten: »29. Sept. 1805«
München, Staatl. Graph. Slg., Inv. Nr. 27.594-Mappe 140/11

Z 10

Z 10 Ansicht von Schloß Lahneck*
Bleistift, grau laviert; 21,6 x 34,9 cm
Wasserzeichen: zweiarmiger Anker, dazwischen: JC de RH
Beschr. links unten: »1ter Hof des Schlosses Lahneck 1805«. Jetzt: Lahnstein, Rheinland-Pfalz
München, Staatl. Graph. Slg., Inv. Nr. 27.593-Mappe 140/11

Z 11

Z 11 Ansicht von Schloß Marburg a. d. Lahn*
Feder, braun laviert; 27,8 x 44,4 cm
Wasserzeichen: stehender männlicher Akt auf Kugel mit Tuch in ausgebreiteten Armen, darunter VDL ligiert
Beschr. oben Mitte: »Marbourg«
München, Bayer. Staatsbibl., Klenzeana IX, 11/14

Z 12

Z 12 Innenhof von Schloß Ziegenhain*
Feder, braun laviert; 35,0 x 27,3 cm
Wasserzeichen: VAN DER LEY
Beschr. oben Mitte: »Ziegenhain«
Regierungsbezirk Kassel. Heute: Gefängnis.
München, Bayer. Staatsbibl., Klenzeana IX, 11/12

Z 13

Z 13 Blick in die Vorhalle der Stadtkirche von Friedberg/Hessen*

Pinsel, aquarelliert; 38,5 x 28,5 cm
Beschr. »Stadtkirche von Friedberg in Hessen« (von fremder Hand)
Rückseite: Kirchendach und Turm hinter Baumwipfel (Bleistift)
Beschr. links und rechts: »Klenze«
Literatur: Ulrike Gauss, Die Zeichnungen und Aquarelle des 19. Jahrhunderts in der Graphischen Sammlung der Staatsgalerie Stuttgart, Stuttgart 1976, S. 104, Nr. 686
Stuttgart, Graphische Sammlung der Staatsgalerie, Inv.Nr. 4189

Z 14

Z 14 Ansicht von Schloß Sababurg im Reinhardswald*

Feder über Bleistift, braun laviert; 26,8 x 42,8 cm
Wasserzeichen: C & J. HONIG
Beschr. oben Mitte: »Sababourg«
Ehem. Kreis Hofgeismar. – Heute: Gemeinde Beberbeck im Landkreis Kassel.
München, Staatl. Graph. Slg., Inv. Nr. 27.598-Mappe 140/11

Z 15

Z 15 Männergruppe vor einem Schloß*

Feder über Bleistift; 27,9 x 42,7 cm
Wasserzeichen: Löwe auf Postament mit Krone und Schwert; darunter J. KOOL
Möglicherweise handelt es sich um Schloß Sababurg, vgl. Z 14
München, Staatl. Graph. Slg., Inv. Nr. 27.629-Mappe 140/11

Z 16

Z 16 Ansicht von Schloß Schönburg in Geismar*

Feder, braun laviert; 27,5 x 41,8 cm
Wasserzeichen: Löwe mit Schwert; darunter J. KOOL
Beschr. oben Mitte: »Geismar Nr. 2 Palais de Schoenbourg«, unten rechts: »Klenze«, Rückseite unten Mitte: »Vue du Palais de Geismar dit Schoenburg«
Schloß Schönburg, erbaut 1787–1789 von Simon Louis du Ry, gehörte früher zum Bezirk Monchéri. Hofgeismar, Ortsteil Gesundbrunnen, gehört heute zum Landkreis Kassel.
München, Bayer. Staatsbibl., Klenzeana IX, 11/6

Z 17

Z 17 Ansicht von Schloß Herrenbreitungen/Thüringen*

Feder über Bleistift, braun laviert; 29,5 x 41,3 cm
Wasserzeichen: unleserlich
Beschr. oben Mitte: »Herrenbreitungen«
In: ›Die Bau- und Kunstdenkmäler im Regierungsbezirk Kassel‹, 1913: Schloß Herrenbreitungen unter Kreis Herrschaft Schmalkalden. – Ehem. Benediktinerkloster. Jetzt: DDR, Bezirk Suhl, Ort Breitungen.
München, Staatl. Graph. Slg., Inv. Nr. 27.595-Mappe 140/11

Z 18

Z 18 Ansicht von Schloß Heydau bei Altmorschen*

Feder über Bleistift, braun laviert; 25,9 x 41,2 cm
Beschr. oben Mitte: »Heydau«
Kreis Melsungen. – Ehem. Zisterzienserkloster, seit 1616 Jagdschloß.
München, Staatl. Graph. Slg., Inv. Nr. 27.600-Mappe 140/11

Z 19

Z 19 Ansicht von Schloß Nenndorf*

Feder, braun laviert; 27,7 x 44,2 cm
Wasserzeichen: VAN DER LEY
Beschr. oben Mitte: »Nenndorf«
In: ›Die Bau- und Kunstdenkmäler im Regierungsbezirk Kassel‹, 1907: Schloß Nenndorf (= Bad Nenndorf) unter Kreis Grafschaft Schaumburg. – Heute: Niedersachsen, Kreis Grafschaft Schaumburg.
München, Bayer. Staatsbibl., Klenzeana IX, 11/10

Z 20 Ansicht eines deutschen Renaissanceschlößchens mit Doppelwappen über dem Portal

Feder über Bleistift; 27,9 x 43,6 cm
Wasserzeichen: D & C BLAUW
München, Bayer. Staatsbibl., Klenzeana IX, 12/22

Z 21

Z 21 Bingen an der Nahe mit Drususbrücke und Burg Klopp*

Bleistift, grau laviert; 21,6 x 34,8 cm
Wasserzeichen: zweiarmiger Anker, dazwischen JC de RH
Rückseite: Bleistiftskizze eines Turmhelmes
München, Staatl. Graph. Slg., Inv. Nr. 27.592-Mappe 140/11

Z 22

Z 22 Italienische Ideallandschaft mit Stadt und Figurenstaffage*

Bleistift, braun laviert; 51,3 x 72,2 cm, auf Karton aufgezogen
Beschr. auf Karton: »MDCCCV«
Literatur: Katalog der Berliner Akademie Ausstellung, 1804, Nr. 587, S. 95/96
München, Staatl. Graph. Slg., Inv. Nr. 27.328-Mappe Denkmäler/Reisestudien

Z 23 Meeresküste bei Genua*
Pinsel, Sepia über Bleistift; 29,2 x 48,3 cm
Beschr. links unten: »Près de Gènes 1806«
Heidelberg, Kurpfälzisches Museum der Stadt Heidelberg, Inv.Nr. Z 4613

Z 24 Ansicht von Genua
Bleistift; 12,6 x 20,2 cm
Beschr. »406/16« und »T 1« (nachträglich)
Rückseite: links oben: »Fare de Genes avec l'ancien et le nouveau molo« sowie verschiedene Rechnungen
Privatbesitz

Z 23

Z 25 Panorama vor Rom*
Feder über Bleistift; 15,3 x 57,3 cm
Beschr. links unten: »vor Porta portese 1806«, Rückseite links unten: »Vue prise de la pente du Janicule entre la Porte portese e celle de St. Pancrace.« Blindstempel mit Krone
München, Staatl. Graph. Slg., Inv. Nr. 27.623-Mappe 35/1

Z 25

Z 26 Panorama vor Rom*
Feder über Bleistift; 13,4 x 42,8 cm
Beschr. links unten: »1806«
Rückseite: Bleistiftskizze antiker Ruinen
Beschr. links unten: »Vue prise près le monum. de Cec. Metella vers le cirque de Caracalla d. 19. Sept. 1806«
München, Staatl. Graph. Slg., Inv. Nr. 27.624-Mappe 35/1

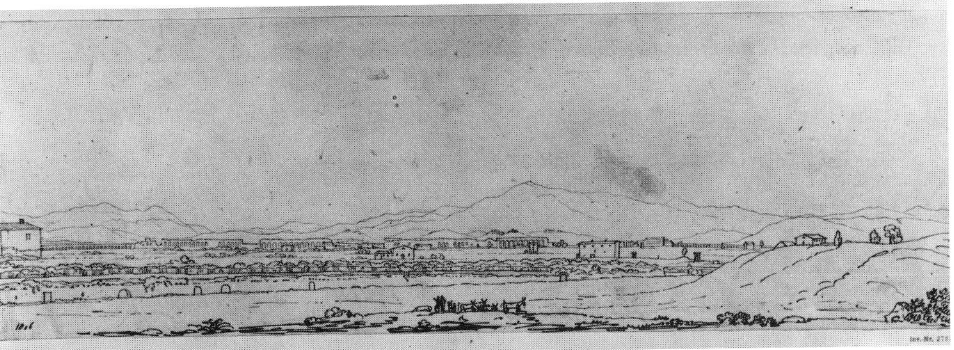

Z 26

Z 27

Z 27 Ansicht eines Landgutes am Pincio in Rom*

Feder über Bleistift; 26,7 x 42,4 cm
Wasserzeichen: D & C BLAUW
Beschr. rechts unten: »Vigna Barberini 1806«, Rückseite links unten: »Villa Ludovisi« (Fragment)
München, Bayer. Staatsbibl., Klenzeana IX, 13/59

Z 29

Z 29 Tempel der Minerva Medica und Cestius-Pyramide in Rom – Komposition*

Bleistift, braun laviert; 36,5 x 51,8 cm, (alt montiert)
Beschr. (auf Montierung) rechts unten: L. Klenze Architecte d'après nature
Das Blatt zeigt den Zustand des Minerva-Tempels vor Einsturz der Kuppel im Jahre 1828
Literatur: O. Hederer, Leo v. Klenze, München (1964), S. 168 Abb. 65 und S. 432
Privatbesitz München

Z 30 zu Z 29

Z 30 Ansicht der Cestius-Pyramide in Rom*

Feder, mit Sepia laviert; 27,0 x 43,2 cm
Beschr. links unten: »1806«
Vorlage für Z 29 mit antikem Zentralbau
Literatur: Ausstellungskatalog: Deutsche Romantiker in Italien, Städtische Galerie, München 1950, Nr. 188; Deutsche Romantik – Handzeichnungen, München 1973, Abb. 728
München, Staatl. Graph. Slg., Inv. Nr. 27.613-Mappe 140/1

Z 28

Z 28 Glockenturm von Santi Giovanni e Paolo in Rom*

Feder; 26,5 x 37,2 cm
Beschr. links unten: »1806 Sa. Giovanni e Paolo«, Rückseite: »L'église de St. Giovanni e Paolo avec son clocher reposant sur les ruines de la curie Hostilienne vue du cote des ruines de la maison de Scaurus«.
München, Staatl. Graph. Slg., Inv. Nr. 27.622-Mappe 140/1

Z 31

Z 32

Z 33

Z 31 Antikisierende Opferszene unter Laubbäumen*

Feder über Bleistift; 47,7 x 60,8 cm
Wasserzeichen: PM
Beschr. rechts unten: »Rome 1806«
München, Bayer. Staatsbibl., Klenzeana IX, 11/32

Z 32 Brunnen unter Bäumen in Grottaferrata*

Feder, braun laviert; 37,7 x 32,3 cm
Beschr. links unten: »Grotta . . . « (unleserlich)
München, Staatl. Graph. Slg., Inv. Nr. 27.614-Mappe 140/1

Z 33 Hügelige Küstenlandschaft*

Bleistift, braun laviert; 15,3 x 40,3 cm
Beschr. rechts unten: »1806«
Rückseite: Bleistiftzeichnung Stadtansicht von Rom
Beschr. links unten: »Ansicht über die Pontinien mit Monte circello von der Höhe des Monte Cavo gesehen«
vgl. G 14
Literatur: O. Hederer, Leo v. Klenze, München (1964), S. 21 Abb. 2, und S. 431
München, Bayer. Staatsbibl., Klenzeana IX, 11/19

Z 34

Z 34 Ansicht von Castel Gandolfo*

Bleistift, braun laviert; 39,1 x 51,0 cm
Wasserzeichen: D & C BLAUW
Beschr. rechts unten: »Vue de Castel Gandolfo 1806«
Literatur: Deutsche Romanik – Handzeichnungen, München 1973, Abb. 727
München, Staatl. Graph. Slg., Inv. Nr. 27.625-Mappe 35/1

Z 35 Zwei Jäger mit Hund auf dem Weg nach Castel Gandolfo*

Feder, braun laviert; 25,5 x 39,5 cm
Beschr. rechts unten: »1806«
Literatur: Ausstellungskatalog: Deutsche Romantiker in Italien, Städtische Galerie, München 1950, Nr. 189, dort irrtümlich als »Blick auf den Vatikan« geführt
München, Staatl. Graph. Slg., Inv. Nr. 27.616-Mappe 140/1

Z 35

Z 36 Eiche bei Albano

Bleistift und Aquarell; 26,8 x 37,2 cm
Wasserzeichen: Kartusche (fragmentarisch)
Beschr. links unten: »Eiche bey Albano d. 1. [?] November 1806«
Rückseite: Bleistiftzeichnung eines italienischen Kastells mit Brücke.
München, Bayer. Staatsbibl., Klenzeana IX, 11/7

Z 37

Z 39

Z 40

Z 37 Genzano am Nemisee
Ausblick von der Terrasse des Kapuzinerklosters*

Feder mit Sepia laviert; 41,0 x 26,4 cm
Beschr. rechts unten: »Gensano mit See L. v. Klenze«
Ein nahezu identisches Blatt in der Hamburger Kunsthalle (Inv.Nr. 43857), von Johann Joachim Faber, ist die Vorlage zu einem 1818 ausgeführten Gemälde in der Hamburger Kunsthalle. (Hella Robels, Sehnsucht nach Italien. Bilder deutscher Romantiker, München 1974; Katalog der Meister des 19. Jhs., Hamburger Kunsthalle, Hamburg 1969)
Literatur: Ausstellungskatalog: Klassizismus und Romantik, Nürnberg 1966, Nr. 80 und Abb. 80
Schweinfurt, Sammlung Schäfer, Inv.Nr. 888 A

Z 38 Ansicht des Ponte Molle bei Rom*

Bleistift, braun laviert; 28,8 x 47,3 cm
Wasserzeichen: D & C BLAUW
Beschr. rechts unten: »Ponte Molle d. 10. Novbr. 1806«
Rückseite: Bleistiftskizze einer Tiberlandschaft
Beschr. rechts unten: »bey Rom«
München, Staatl. Graph. Slg., Inv. Nr. 27.627-Mappe 35/1

Z 39 Tanzgruppe vor dem Concordia-Tempel am Kapitol in Rom*

Feder über Bleistift, braun laviert; 28,9 x 48,1 cm (quadriert)
Wasserzeichen: Wappenschild mit X; dazwischen: D & C.B
Vorzeichnung hierzu Z 40
Rückseite: Bleistiftskizzen mit Tanzfiguren
Beschr. links unten: »Tempio di Concordia a Roma d. 1.ten Decembr. 06«
Literatur: Hederer, S. 38 Abb. 8 und S. 431
München, Staatl. Graph. Slg., Inv. Nr. 27.626-Mappe 35/1

Z 40 Italienische Spiel- und Tanzgruppe*

Feder über Bleistift; 11,0 x 19,6 cm (teilweise quadriert)
Vorzeichnung für die Figurenstaffage von Z 39
München, Bayer. Staatsbibl., Klenzeana IX, 14/19

Z 38

IX Die Propyläen in München, 1848. G 56

X Die Piazza Contarena in Udine, 1850. G 57

Z 41

Z 41 Tarpejischer Felsen am Kapitol in Rom*

Feder über Bleistift, 37,8 x 27,2 cm
Wasserzeichen: D & C BLAUW
Beschr. rechts unten: »1806«, Rückseite links unten: »la rupa tarpejana Rom. 1806«
München, Bayer. Staatsbibl., Klenzeana IX, 11/36

Z 42 a

Z 42a Ansicht des Saturntempels auf dem Campo Vacchino (Forum Romanum)*

Bleistift; 20,0 x 26,7 cm
München, Staatl. Graph. Slg., Inv. Nr. 27.681-Mappe 140/1

Z 44

Z 44 Ruinenansicht*

Feder, braun laviert; 22,4 x 31,3 cm
Beschr. rechts unten: »1806«
München, Staatl. Graph. Slg., Inv. Nr. 27.620-Mappe 140/1

Z 42

Z 42 Ansicht des Campo Vacchino (Forum Romanum)*

Feder; 22,7 x 31,2 cm
Beschr. Rückseite: »Vedutta presa sul campo Vacchino«
München, Staatl. Graph. Slg., Inv. Nr. 27.618-Mappe 140/1

Z 43

Z 43 Ansicht des Antoninus-Tempels in Rom, heute S. Lorenzo in Miranda auf dem Forum in Rom*

Feder über Bleistift; 23,1 x 31,2 cm
Beschr. links unten: »1806«
München, Staatl. Graph. Slg., Inv.Nr. 27.621-Mappe 140/1

Z 45

Z 45 Ansicht eines kleinen Klosters mit Kirche in hügeliger Landschaft*

Bleistift, braun laviert, 22,7 x 31,3 cm
Beschr. unten Mitte: »1806«
München, Staatl. Graph. Slg., Inv. Nr. 27.615-Mappe 140/1

Z 46

Z 49

Z 51

Z 46 Baumstudie*

Bleistift, braun laviert; 31,3 x 23,0 cm
München, Staatl. Graph. Slg., Inv. Nr. 27.619-Mappe 140/1

Z 47 Laubbaum mit abgebrochenem Ast

Bleistift; 21,5 x 16,3 cm
Wasserzeichenrest
Beschr. »406/16« und »T 74« (nachträglich)
Privatbesitz

Z 48 Laubbaum

Bleistift; 31,2 x 23,3 cm
Beschr. »406/16« und »T 84« (nachträglich)
Privatbesitz

Z 49 Blick über das Tibertal bei Aqua Acetosa*

Feder über Bleistift; 26,2 x 47,3 cm
Wasserzeichen: Wappenschild mit X, dazwischen: D & C.B
Beschr. links unten: »bei Acquacetosa 1806«, Rückseite links unten: »das Tiberthal bey d. fontaine v. acqua acetosa gesehen. Rom d. 21.ten Xbre 1806«
München, Staatl. Graph. Slg., Inv. Nr. 27.617-Mappe 35/1

Z 50 Ansicht eines italienischen Kastells an einem Fluß mit Staffagefigur*

Feder, braun laviert; 44,0 x 57,3 cm
Rückseite: Bleistiftskizze einer Laubbaumgruppe
München, Bayer. Staatsbibl., Klenzeana IX, 11/24

Z 51 Italienisches Haus mit Laube*

Feder, braun laviert; 30,5 x 43,4 cm
Wasserzeichen: VAN DER LEY
Beschr. rechts unten: »Leo v. Klenze«
München, Bayer. Staatsbibl., Klenzeana IX, 11/5

Z 52 Campagnalandschaft mit Aquaedukt

Tuschfeder und Aquarell; 11,8 x 25,3 cm.
Vgl. Z 53
München, Stadtmuseum, Maillingerslg., Bd. 11, Nr. 1618a

Z 53 Campagnalandschaft mit Aquaedukt

Tuschfeder und Aquarell; 11,3 x 22,6 cm.
Vgl. Z 52
München, Stadtmuseum, Maillingerslg., Bd. 11, Nr. 1618b

Z 50

Z 54

Z 54 Die Benediktiner-Abtei auf dem Monte Cassino*

Sepia laviert; 28,3 x 42,7 cm
Beschr. links unten: »L. v. Klenze 1806«, rechts unten: »L. v. Klenze 1806« (auf alter Montierung), unten Mitte: »Il primo convento della fondazione di Benedetto a Monte Casino«, Rückseite: »Graf Ötting gehörig«
Literatur: H. Marggraff, 1884, S. 23, Nr. 319. – Ausstellungskatalog, Münchener Malerei unter Ludwig I., Galerie Heinemann, München 1921, S. 36, Nr. 232. Ausstellungskatalog: Klassizismus und Romantik, Nürnberg 1966, Nr. 81 und Abb. 81
Schweinfurt, Sammlung Schäfer Inv.Nr. 187 A

Z 55 Weg bei Monte Cassino

Aquarell, 22,5 x 31,0 cm
Literatur: Ausstellungskatalog, Leo von Klenze – Sammlung Walter Elbel, Städtisches Museum Braunschweig, 1964
Privatbesitz Schladen

Z 56 Ansicht des Lago d'Averno bei Cumae in Campanien*

Feder über Bleistift; 37,0 x 50,7 cm
Wasserzeichen: C & D. BLAUW
Beschr. links unten: »Lago d'Averno 1807«, rechts unten: Legende zu den einzelnen Ortschaften
Rückseite: Bleistiftskizze einer Seelandschaft
München, Staatl. Graph. Slg., Inv. Nr. 27.633-Mappe 35/1

Z 56

Z 57

Z 57 Ruinenansicht von Pozzuoli*

Feder über Bleistift; 37,5 x 28,9 cm
Wasserzeichen: offene Krone mit Horn; darunter: GV
Beschr. links unten: »Puzzuoli 1807«
Rückseite: verschiedene Bleistiftskizzen mit Namensaufzählung
Literatur: Deutsche Romantik – Handzeichnungen, München 1973, Abb. 730
München, Staatl. Graph. Slg., Inv. Nr. 27.631-Mappe 140/1

Z 58 Der Gipfel des Vesuv

Feder über Bleistift; 36,5 x 52,5 cm
Beschr. links unten: »1807«,
Rückseite unterer Bildrand: »Vedutta della Montagna d'Somma e del Vesuvio presa dietro l'Eremito sulla Strada per andar sopra«
München, Bayer. Staatsbibl., Klenzeana IX, 11/37

Z 59 Ansicht von Salerno

Feder mit Bleistift angelegt; 37,4 x 57,7 cm
Wasserzeichen: D & C BLAUW
Beschr. links unten: »Salerno 1807«
Rückseite: »Vedutta del Molo di Salerno verso Ponente«
Feder über Bleistift
München, Bayer. Staatsbibl., Klenzeana IX, 13/74

Z 60

Z 60 Landschaft zwischen Eboli und Salerno*

Feder über Bleistift; 29,0 x 46,8 cm
Wasserzeichen: Wappenschild mit schrägem Band und bekrönender Lilie, darunter: H & I (kursiv)
Beschr. rechts unten: »Eboli e Salerno 1807«
Rückseite: Bleistiftskizze eines Dorfes in einer Gebirgslandschaft
München, Staatl. Graph. Slg., Inv. Nr. 27.636-Mappe 35/1

Z 84 verso

Z 85

Z 90

1826

Z 84 Ansicht von Pirano in Istrien*

Bleistift; 26,2 x 41,5 cm; Doppelblatt, wohl aus einem Skizzenbuch;
Beschr. links unten: »Pirano 28. mai«
Rückseite: Ansicht von Capo d'Istria, beschr. rechts unten: »Capo d'Istria d. 28. May«
Vorzeichnung zu G 24
München, Bayer. Staatsbibl., Klenzeana IX, 9/7

Z 85 Baumstudie mit Landschaft im Hintergrund*

Bleistift; 25,2 x 40,4 cm
Beschr. links unten: »Monselice 5. Juny«
Rückseite: Baumstudien (Bleistift) vgl. Z 89
München, Staatl. Graph. Slg., Inv. Nr. 27.702-Mappe 140/1

Z 86 Ca' Marcello in Monselice*

Bleistift; 25,7 x 41,4 cm
Beschr. links unten: »Monselice«, rechts unten: »Monselice gemalt für Schinckel«
Vorzeichnung zu G 10, vgl. Z 85, Z 87 und Z 88
Literatur: Hederer, Seite 416, Nr. 3
München, Staatl. Graph. Slg., Inv. Nr. 27.793-Mappe 140/1

Z 87 Pilger mit Knabe*

Bleistift; 22,1 x 18,0 cm
Vorzeichnung der Figurenstaffage von G 10; vgl. Z 88
München, Bayer. Staatsbibl., Klenzeana IX, 14/37

Z 88 Pilger mit Knabe*

Feder über Bleistift; 18,2 x 25,6 cm; (quadriert)
Rückseite: Federzeichnung: Pilger mit Knaben und Soldat
Vorzeichnung der Figurenstaffage von G 10; vgl. Z 85, Z 86 und Z 87
München, Bayer. Staatsbibl., Klenzeana IX, 14/36

Z 89 Baumstudie*

Bleistift; 37,3 x 25,4 cm (quadriert)
Beschr. links unten: »Monselice«
Vorlage für G 10; vgl. Z 85
München, Staatl. Graph. Slg., Inv. Nr. 27.644-Mappe 140/1

Z 90 Grabmal des Francesco Petrarca in Arqua Petrarca bei Padua*

Feder über Bleistift; 28,8 x 36,1 cm; (quadriert)
Beschr. links unten: »12. July 1826 Tomba da Petrarca a Arqua«
München, Bayer. Staatsbibl., Klenzeana IX, 7/6

Z 91 Lorbeerbaum

Bleistift; 41,4 x 25,8 cm
Beschr. links unten: »Lorbeer zu Arquà«
München, Bayer. Staatsbibl., Klenzeana IX, 13/44

Z 92 Ansicht von Rua und Venda*

Bleistift; 25,6 x 41,4 cm
Beschr. mit verschiedenen Farbangaben, sowie den Ortsbezeichnungen von Rua und Venda.
Eine von drei Landschaften bei Rua, vgl. Z 93 und Z 94, siehe G 12
München, Bayer. Staatsbibl., Klenzeana IX, 13/54

Z 93 Gebirgszug bei Rua*

Bleistift; 25,8 x 41,4 cm
Beschr. links unten: »Colli Euganei«, rechts unten: »Rua gemalt für Eichthal«.
Siehe G 12, Z 92 und Z 94
München, Bayer. Staatsbibl., Klenzeana IX, 13/56

Z 94 Blick von Rua auf Gebirgslandschaft*

Bleistift; 25,8 x 41,5 cm
Beschr. links unten: »Rua«, rechts unten: »Rua«
Vgl. G 12, Z 92
München, Bayer. Staatsbibl., Klenzeana IX, 13/55

1827

Z 95 Felsengebirge am Gardasee

Bleistift; 12,7 x 19,6 cm
Beschr.: »406/16« und »T 72« (nachträglich)
Rückseite: Pflanzenstudie und Konstruktionszeichnung einer Brücke
Beschr.: »Riva 14 may 1827« und »Gravedona 14 mai«
Privatbesitz

Z 96 Bäume im Garten der Villa Lomellini

Bleistift; 34,7 x 53,9 cm (quadriert)
Wasserzeichen: J. WHATMAN 1824
Beschr. links unten: »Villa Lomelina XXII May 1827«
München, Bayer. Staatsbibl., Klenzeana IX, 13/69

XI Der »Concordia-Tempel« von Agrigento. 1857. G 64

Z 97 Ansicht von Borghetto sull'Adige zwischen Trient und Verona*

Bleistift; 34,7 x 53,4 cm
Wasserzeichen: J. WHATMAN 1824
Beschr. rechts oben: »Borghetto 25. may 1827«
München, Bayer. Staatsbibl., Klenzeana IX, 13/65

Z 98 Castel Sa. Maria am Golf von La Spezia*

Bleistift; 34,7 x 53,7 cm
Wasserzeichen: J. WHATMAN 1824
Beschr. rechts oben: »Castello St. Maria am Golf v. Spezia 26. mai 1827«, rechts unten: »Spezia«
München, Bayer. Staatsbibl., Klenzeana IX, 13/67

Z 99 Ansicht von Castel Sa. Maria und S. Andrea

Bleistift; 34,7 x 53,5 cm
Wasserzeichen: J. WHATMAN 1824
Beschr. rechts unten: »Castel Sta Maria und St. Andrea 26. mai«
München, Bayer. Staatsbibl., Klenzeana IX, 13/66

Z 100 Golf von La Spezia

Bleistift; 34,7 x 53,7 cm
Wasserzeichen: J. WHATMAN 1824
Beschr. rechts unten: »Golf v. Spezia«
München, Bayer. Staatsbibl., Klenzeana IX, 13/68

Z 101 Ansicht des Leuchtturms von La Spezia

Bleistift: 13,1 x 20,1 cm, Doppelblatt, wohl aus einem Skizzenbuch (drei Seiten)
Pag. 1 Auf- und Grundriß eines Gebäudes, sowie Schnitt
Beschr. links unten: »Albergo delle Poste a la Spezzia«
Pag. 2/3 Ansicht des Leuchtturmes
München, Bayer. Staatsbibl., Klenzeana IX, 13/52

Z 97

Z 98

Z 102 S. Pietro in Portovenere*
Bleistift; 34,7 x 53,7 cm
Wasserzeichen: J. WHATMAN 1824
Beschr. rechts unten: »Sn Pietro in Portovenere mit der Insel Palmaria«, links unten: »Gemalt nach Berlin«
Siehe G 17
München, Bayer. Staatsbibl., Klenzeana IX, 13/64

Z 103 Ansicht von Carrara*
Bleistift; 34,6 x 51,6 cm
Wasserzeichen: J. WHATMAN
Beschr. rechts unten: »Carrara«, links oben: »Monte misedia«
Das Gebäude im Vordergrund links kehrt auf Z 104 recto wieder; vgl. G 16
München, Staatl. Graph. Slg., Inv. Nr. 27.711-Mappe 35/1

Z 104 Gasthof bei Carrara*
Bleistift; 19,0 x 26,5 cm
Wasserzeichen: G
Beschr.: »T 7« (nachträglich)
Vorlage zu Z 103; siehe G 16
Rückseite: Italienische Landschaft mit Häusern
Beschr. links oben: »Moderner Saal, Alt. Capelle Kragstein«
Das Blatt ist dem Umriß der Szene auf der Vorderseite entsprechend ausgeschnitten. Kleine Nadellöcher an den Ecken lassen vermuten, daß das Blatt zu einer Bildmontage verwendet wurde
Privatbesitz

Z 105 Ansicht von Massa di Carrara*
Bleistift; 34,6 x 51,8 cm
Wasserzeichen: J. WHATMAN 1821
Beschr. links unten: »gemalt«
Vorzeichnung für G 35; Vorlage hierzu Sk 3, Blatt 43 recto
München, Staatl. Graph. Slg., Inv. Nr. 27.713-Mappe 35/1

Z 106

Z 106 Ansicht einer Ortschaft im Gebirge*
Bleistift; 34,6 x 52,1 cm
Wasserzeichen: J. WHATMAN 1821
München, Staatl. Graph. Slg., Inv. Nr. 27.712-Mappe 35/1

1828

Z 107 Ansicht von Gastein*
Bleistift, weiß gehöht; braunes Tonpapier; 28,7 x 42,7 cm (quadriert); farbfleckig
Beschr. links oben: »Bei Gastein für Rothschild gemalt«
Siehe G 20
Dem Briefwechsel mit Ludwig I. zufolge weilte Klenze im Juli 1828 in Gastein
Rückseite: Skizze eines Baumes (Bleistift)
München, Staatl. Graph. Slg., Inv. Nr. 27.753-Mappe 140/1

1829

Z 108 Italienische Landschaft mit Burgfelsen an einer Meeresbucht*
Feder über Bleistift; 28,5 x 42,7 cm
Beschr. links oben: »für Baron Sternburg gemalt«, links unten: »Compos. 5. Aug. 29«
Vorzeichnung zu G 18. Die figürliche Staffage, ein Ziegenhirt mit Herde, wird in der Ausführung abgeändert.
Literatur: Hederer, S. 416, Nr. 6
München, Staatl. Graph. Slg., Inv. Nr. 27.646-Mappe 140/1

1830

Z 109 Baumgruppe am Weg in Gebirgslandschaft
Bleistift; 23,2 x 18,4 cm
München, Bayer. Staatsbibl., Klenzeana IX, 13/16

Z 110 Kaktuspflanze
Bleistift; 18,4 x 23,0 cm
Beschr. rechts oben: »d. 1. april«
Rückseite: Felsenküste mit Kastell
München, Bayer. Staatsbibl., Klenzeana IX, 13/17

Z 111 Kirche SS. Quattro Coronati in Rom*
Bleistift; 27,0 x 42,3 cm
Beschr. links unten: »Santi quatro 10. april«
München, Staatl. Graph. Slg., Inv. Nr. 27.661-Mappe 140/1

Z 111

Z 112

Z 112 Die Farnesischen Gärten in Rom*

Bleistift; 26,8 x 42,3 cm
Beschr. rechts unten: »Horti Farnesi 15 aprile«, links unten: verschiedene Farbangaben.
Literatur: Ausstellungskatalog: Deutsche Romantiker in Italien, Städt. Galerie München, 1950, Nr. 181; Hederer, S. 47, Nr. 13, dort auf 1839 datiert, und S. 431
München, Staatl. Graph. Slg., Inv. Nr. 27.660-Mappe 140/1

Z 113 Ölbaum*

Bleistift; 23,1 x 18,4 cm
Beschr. rechts unten: »horti Farnesi« (Rom)
Literatur: Ausstellungskatalog: Deutsche Romantiker in Italien, Städt. Galerie München, 1950, Nr. 187
München, Staatl. Graph. Slg., Inv. Nr. 27.699-Mappe 140/1

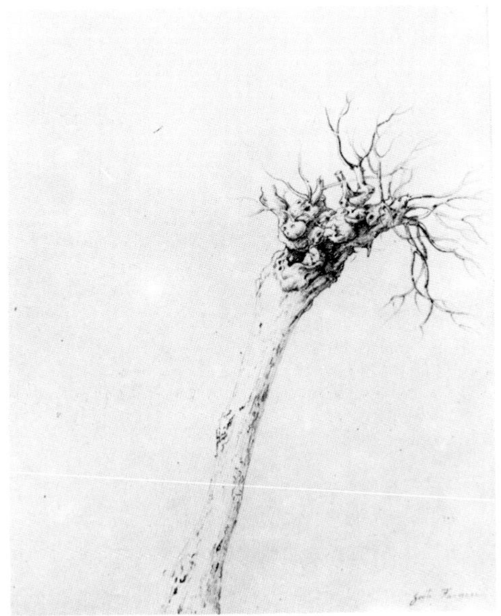

Z 113

Z 114

Z 114 Ansicht römischer Thermenanlagen mit Kruzifix*

Bleistift; 42,2 x 26,9 cm
Wasserzeichen: J. WHATMAN TURKEY MILL 1828
Beschr. rechts unten: »Kaiserpaläste 15. april«, links unten: im Rundbogen: ›L‹
München, Bayer. Staatsbibl., Klenzeana IX, 2/14

Z 115

Z 115 Weg mit Bäumen*

Bleistift; 27,0 x 42,0 cm (quadriert)
Wasserzeichen: J. WHATMAN TURKEY MILL 1828
Beschr. rechts unten: »Tivoli 16. aprile 1830«
München, Staatl. Graph. Slg., Inv. Nr. 27.659-Mappe 140/1

Z 116 Häuser in Tivoli*

Bleistift; 26,5 x 42,2 cm
Wasserzeichen: J. WHATMAN TURKEY MILL 1828
Beschr. rechts unten: »16. aprile«.
Gleiches Motiv aus leicht verändertem Blickwinkel in Z 117
Literatur: Deutsche Romantik – Handzeichnungen, München 1973, Abb. 738
München, Staatl. Graph. Slg., Inv. Nr. 27.658-Mappe 140/1

Z 116

Z 117

Z 118

Z 117 Ansicht von Tivoli*
Bleistift; 26,8 x 42,2 cm
Wasserzeichen: J. WHATMAN TURKEY MILL 1828
Beschr. rechts unten: »Tivoli 16 aprile«.
Vgl. Z 118 und Z 116
München, Bayer. Staatsbibl., Klenzeana IX, 2/6

Z 118 Ansicht von Tivoli*
Bleistift; 26,6 x 42,2 cm
Beschr. rechts unten: »Tivoli 17 aprile«
Ansicht von Tivoli aus leicht verändertem Blickwinkel auch in Z 117. Die Kapelle im Vordergrund erscheint bei einer ›Ansicht von Anacapri‹ (Z 464), die auf Grund des Wasserzeichens nach 1857 zu datieren ist. Bei der ›Ansicht von Papigno bei Terni‹ (Z 170) taucht dasselbe Motiv ebenfalls auf.
Literatur: Ausstellungskatalog: Deutsche Romantiker in Italien, Städt. Galerie München, 1950, Nr. 180
München, Staatl. Graph. Slg., Inv. Nr. 27.657-Mappe 140/1

Z 119 Küstenlandschaft mit Bank im Vordergrund
Bleistift; 33,5 x 47,3 cm
Beschr. links unten: »den 4. May 1830«, sowie verschiedene Farbangaben
München, Bayer. Staatsbibl., Klenzeana IX, 2/4

Z 120 Fischerboote im Hafen von Neapel*
Bleistift; 17,6 x 22,2 cm
Beschr. links unten: »Neapel 5. mai 30«, sowie verschiedene Farbangaben.
Zwei der Boote erscheinen als Detail im Vordergrund von Z 181.
München, Staatl. Graph. Slg., Inv. Nr. 27.656-Mappe 140/1

Z 121 Zwei Fischerboote im Hafen von Neapel*
Bleistift; 18,4 x 22,8 cm
Beschr. links unten: »Neapel 5. mai«, sowie verschiedene Farbangaben.
München, Staatl. Graph. Slg., Inv. Nr. 27.692-Mappe 140/1

Z 122 Fischerboote*
Bleistift; 18,4 x 23,3 cm
Rückseite: Wolkenstudie (Bleistift)
Detailstudie für Z 181
München, Bayer. Staatsbibl., Klenzeana IX, 14/42

Z 123 Figuren und Fischerboote*
Bleistift; 18,5 x 23,2 cm
Vorzeichnung zur Staffage für G 67, auch verwendet in Z 181
München, Bayer. Staatsbibl., Klenzeana IX, 14/29

Z 124 Fischerboote*
Bleistift; 18,4 x 23,2 cm
Wasserzeichen: J. WHATMAN
Beschr.: einzelne Farbangaben
Vorstudie: Z 125, mit kleiner Staffage
München, Bayer. Staatsbibl., Klenzeana IX, 14/41

Z 125 Fischerboote*
Bleistift; 30,2 x 38,4 cm
Rückseite: Wandaufriß und Grundrißdetail (Feder und Bleistift)
Vorstudie zu Z 124
München, Bayer. Staatsbibl., Klenzeana IX, 14/49

Z 126 Verschiedene Fischerboote*
Bleistift; 18,5 x 23,2 cm
Fischerboot auf der linken Blatthälfte, spiegelverkehrte Vorlage für G 25
München, Bayer. Staatsbibl., Klenzeana IX, 14/43

Z 127 Fischerboote*
Bleistift; 29,0 x 43,3 cm
Drei der Boote erscheinen in Z 180.
München, Staatl. Graph. Slg., Inv. Nr. 27.676-Mappe 140/1

Z 121

Z 124

Z 125

Z 127

Z 129

Z 128 Häuser in italienischer Küstenlandschaft*

Bleistift; 20,3 x 25,3 cm (quadriert)
Beschr. links oben: »für Gräfin Pappenheim gemalt«, Rückseite: »Himbsel«
Skizze zu G 31
Literatur: Hederer, S. 416 Nr. 1; Ausstellungskataloge: Deutsche Romantiker in Italien, Städt. Galerie München, 1950, N. 184; Ausstellungskatalog: Klassizismus und Romantik in Deutschland, Gemälde und Zeichnungen aus der Sammlung Schäfer, Schweinfurt, Germanisches Nationalmuseum Nürnberg, 1966
München, Staatl. Graph. Slg., Inv. Nr. 27.678-Mappe 140/1

Z 129 Ansicht von Salerno*

Bleistift; 26,8 x 42,2 cm
Beschr. links unten: »Salerno 7. mai 30«, rechts unten: »Salerno 1830 0.31«
Reinzeichnung nach Z 130
München, Bayer. Staatsbibl., Klenzeana IX, 2/24

Z 130

Z 130 Ansicht von Salerno*

Bleistift; 22,5 x 28,2 cm
Vorzeichnung für Z 129
München, Bayer. Staatsbibl., Klenzeana IX, 2/17

Z 131 Ansicht des Hera-Tempels (sog. Basilica) in Paestum

Bleistift; 34,0 x 49,7 cm
Rückseite: Grundriß eines Tempels (Bleistift)
München, Bayer. Staatsbibl., Klenzeana IX, 2/25

Z 132 Blick auf Amalfi*

Bleistift; 31,1 x 46,6 cm (quadriert)
Beschr. links oben: verschiedene Farbangaben, rechts oben: Farbangaben, links unten: »Amalfi 10. mai gemalt nach Hannover«
Vorzeichnung zu G 29.
Die Landschaft im Hintergrund zeigt eine Ansicht von Amalfi; vgl. Z 139a und Z 139.
Literatur: Hederer, S. 416, Nr. 4
München, Staatl. Graph. Slg., Inv. Nr. 27.654-Mappe 140/1

Z 133 Klosterhof mit Ausblick auf das Kapuzinerkloster bei Amalfi*

Feder über Bleistift; 49,7 x 42,6 cm; gerahmter Bildausschnitt
Wasserzeichen: C & J. HONIG
rückseite: Grundriß des östlichen Flügels des Festsaalbaus der Münchner Residenz.
Für die Hintergrundlandschaft vgl. Blätter Z 136, Z 142 und Z 134.
Vorlage zur Figurenstaffage Z 135, siehe G 8
Literatur: Hederer, S. 406
München, Bayer. Verwaltung der Staatl. Schlösser, Gärten und Seen, Museumsabteilung, Plansammlung. München, Residenz

Z 134 Kapuzinerkloster bei Amalfi*

Bleistift und Aquarell; 32,7 x 46,8 cm
Beschr. links unten: »Amalfi 10. mai«, links oben: verschiedene Farbangaben
Vgl. Z 142 und Z 136. Dasselbe Motiv in Z 133 als Landschaftsausblick im Hintergrund
Literatur: Marggraff, 1884, S. 24, Nr. 330
München, Staatl. Graph. Slg., Inv. Nr. 27.655-Mappe 35/1

Z 135 Frauen in italienischer Tracht und Nonnen*

Bleistift; 16,4 x 23,0 cm
Wasserzeichen: J. WHATMAN TURKEY MILL
Vorzeichnung zur Figurenstaffage von Z 133, wohl von Theodor Weller
München, Bayer. Staatsbibl., Klenzeana IX, 14/39

Z 136

Z 136 Kapuzinerkloster bei Amalfi*

Bleistift; 33,3 x 47,3 cm
Wasserzeichen: J. WHATMAN 1824
Beschr. links unten: verschiedene Farbangaben
Vgl. hierzu die Blätter Z 142 und Z 134.
Verwendet als Landschaftsausblick in Z 133
München, Bayer. Staatsbibl., Klenzeana IX, 2/23

Z 137 Kapuzinerkloster bei Amalfi (?)

Bleistift; 32,9 x 47,4 cm
München, Bayer. Staatsbibl., Klenzeana IX, 2/7

Z 138 Ansicht von Atrani*

Bleistift; 32,7 x 47,5 cm
Beschr. links unten: »Atrani 12. mai gemalt«, rechts oben: verschiedene Farbangaben und Blindstempel mit Krone
Vorzeichnung für G 34.
Eine weitere Ansicht der Stadt mit Blick über die Bucht in Z 143
Literatur: Marggraff, 1884, S. 24, Nr. 329
München, Staatl. Graph. Slg., Inv. Nr. 27.653-Mappe 140/1

Z 139

Z 139 Blick auf die Bucht von Amalfi*

Feder und Bleistift; 33,2 x 47,3 cm
Beschr. links unten: »Amalfi 13. mai«, rechts unten: »Amalfi 1830« und zahlreiche Farbangaben
Die gleiche Ansicht von Amalfi in Z 139a und als Hintergrundlandschaft in Z 132
München, Staatl. Graph. Slg., Inv. Nr. 27.649-Mappe 140/1

Z 139a Ansicht von Amalfi*

Bleistift; 33,3 x 47,3 cm
Beschr.: mit verschiedenen Farbangaben
Gleiche Ansicht als Landschaftsausblick in Z 132.
Ein weiteres Blatt, Z 139, zeigt die Bucht von Amalfi mit der Ortsansicht. Die Staffagefiguren im Vordergrund erscheinen an gleicher Stelle in Z 181.
München, Bayer. Staatsbibl., Klenzeana IX, 2/13

Z 139 a

Z 181 zu Z 139 a

Z 140

Z 140 Straße in Amalfi*

Bleistift; 45,4 x 33,2 cm
Wasserzeichen: J. WHATMAN
Beschr. links unten: »Amalfi 13. mai«
Literatur: Deutsche Romantik – Handzeichnungen, München 1973, Abb. 735
München, Staatl. Graph. Slg., Inv. Nr. 27.652-Mappe 140/1

Z 141

Z 141 Kreuzgang im Dom von Amalfi*

Feder über Bleistift; 40,3 x 32,5 cm
Beschr. links unten: »Chiostro vicino al Duomo di Amalfi«, rechts unten: »Manimilli Morelli«
Literatur: Deutsche Romantik – Handzeichnungen; Bd. 1, Nr. 734
München, Staatl. Graph. Slg., Inv. Nr. 27.704-Mappe 35/1

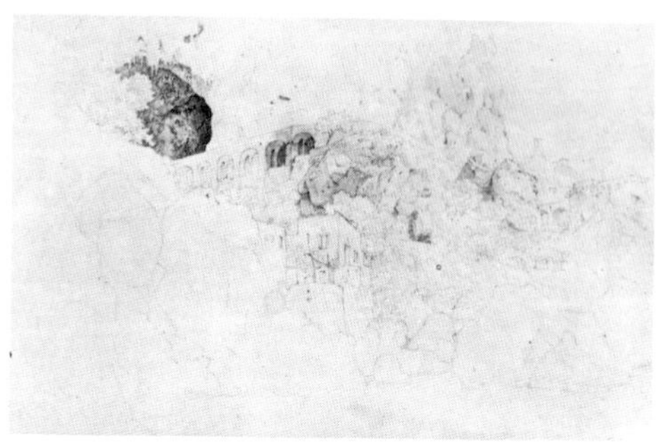

Z 142

**Z 142 Amalfi
Weg nach Conga***

Bleistift; 32,2 x 47,0 cm
Beschr. links unten: »Weg nach Conga 13. mai«
Ähnlich Z 134, Z 136 und Z 133
Literatur: Hederer, S. 406
München, Staatl. Graph. Slg., Inv. Nr. 27.650-Mappe 140/1

Z 143 Ansicht von Atrani und Maiori*

Bleistift; 32,6 x 47,4 cm
Wasserzeichen: J. WHATMAN 1824
Beschr. links unten: »Atrani und Majuri 13. mai«
Vgl. Z 138 und G 34
München, Staatl. Graph. Slg., Inv. Nr. 27.651-Mappe 140/1

Z 144 Felsenriffe am Meer*

Bleistift; 32,0 x 46,7 cm
Beschr. links unten: »14. mai«
Vorlage hierzu Z 145
München, Staatl. Graph. Slg., Inv. Nr. 27.648-Mappe 140/1

Z 145 Italienisches Haus mit Laube

Bleistift; 33,3 x 47,4 cm
Vorlage für Z 144
München, Bayer. Staatsbibl., Klenzeana IX, 2/3

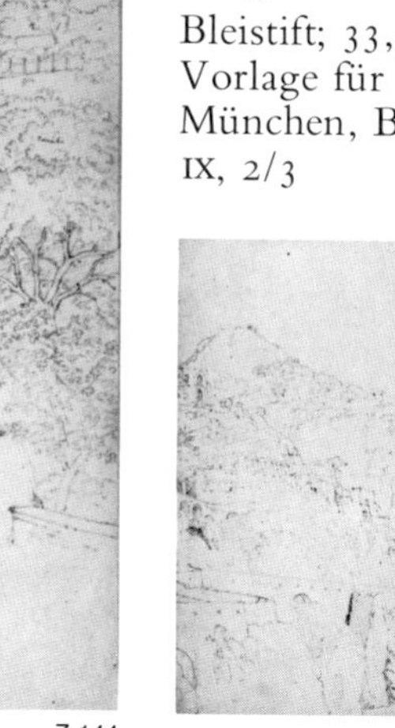

Z 144

Z 143

Z 146

Z 146 Villa an einer Meeresbucht*

Bleistift; 31,8 x 47,4 cm
Wasserzeichen: J. WHATMAN 1824
Beschr.: verschiedene Farbangaben
München, Staatl. Graph. Slg., Inv. Nr. 27.674-Mappe 140/1

Z 147

Z 147 Mühlental bei Amalfi*

Bleistift; 32,2 x 47,5 cm
Wasserzeichen: J. WHATMAN 1824
München, Staatl. Graph. Slg., Inv. Nr. 27.673-Mappe 140/1

Z 148

Z 148 Italienisches Haus an einem Wasserfall mit Bergen im Hintergrund*

Bleistift; 33,3 x 47,3 cm
Wasserzeichen: J. WHATMAN 1824
Beschr. links unten: verschiedene Farbangaben
München, Bayer. Staatsbibl., Klenzeana IX, 2/9

Z 149 Ansicht aus dem Mühlental bei Amalfi (?)

Feder über Bleistift; 28,2 x 22,5 cm
Beschr.: »406/16« und »T 6« (nachträglich)
Privatbesitz

Z 150

Z 150 Berggegend bei Amalfi mit Kloster*

Bleistift; 34,6 x 52,0 cm
Wasserzeichen: J. WHATMAN
vgl. Sk 3, Blatt 39 verso
München, Staatl. Graph. Slg., Inv. Nr. 27.709-Mappe 35/1

Z 151 entfällt

Z 152 Italienische Stadt am Meer (Pozzuoli?)*

Bleistift; 26,8 x 42,2 cm
Beschr.: verschiedene Farbangaben
Vorlage zu Z 180 und Z 181
Rückseite: italienische Burganlage und Häuser mit tonnengewölbten Dächern
Beschr.: links oben: »Staffage. Fischzug, wobei ein junger Capuziner mit vorn hochaufgeschürzter Kutte im Wasser stehend . . .« (unleserlich)
München, Bayer. Staatsbibl., Klenzeana IX, 2/10

Z 153 Agaven*

Bleistift; 18,1 x 22,7 cm
Beschr. unten Mitte: »bei Puzzuoli 1830«
Literatur: Ausstellungskatalog: Deutsche Romantiker in Italien, Städt. Galerie München, 1950, Nr. 186
München, Staatl. Graph. Slg., Inv. Nr. 27.698-Mappe 140/1

Z 154 Ansicht des Kastells von Bajae*

Bleistift; 26,7 x 42,2 cm
Wasserzeichen: J. WHATMAN TURKEY MILL 1829
Beschr. rechts unten: »Baja den 21. mai«; verschiedene Farbangaben
Literatur: Marggraff, 1884, S. 24, Nr. 332
München, Bayer. Staatsbibl., Klenzeana IX, 2/5

Z 155 Ansicht von Anacapri*

Bleistift; 20,8 x 33,4 cm
Wasserzeichen: geschlossene Krone mit Kreuz, darunter SP
Beschr. links oben: »Capri für Professor Rauch gemalt«. Siehe G 30.
Rückseite: Kopfstudien, verschiedene Zahlenangaben (Bleistift).
Siehe Z 156
Literatur: Hederer, S. 415; Ausstellungskatalog: Deutsche Romantiker in Italien, Städt. Galerie München, 1950, Nr. 183
München, Staatl. Graph. Slg., Inv. Nr. 27.677-Mappe 140/1

Z 156 Ansicht von Anacapri*

Bleistift; 27,2 x 42,2 cm
Wasserzeichen: J. WHATMAN TURKEY MILL 1829
Beschr. links unten: »26. Mai 30«, Maßeinheiten am unteren Blattrand
Reinzeichnung nach Z 155 für G 30
München, Bayer. Staatsbibl., Klenzeana IX, 2/11

Z 157 Ansicht von Capri*

Bleistift; 26,7 x 42,2 cm
Beschr. links unten: »Capri 27. mai«
München, Staatl. Graph. Slg., Inv. Nr. 27.664-Mappe 140/1

Z 158 Ansicht von Capri*

Bleistift; 25,6 x 41,6 cm
Wasserzeichen: J. WHATMAN TURKEY MILL 1829
Beschr. links unten: »Capri gemalt für die Königin Caroline«
Siehe G 22. Vgl. auch G 62
Literatur: Hederer, S. 416, Nr. 5
München, Staatl. Graph. Slg., Inv. Nr. 27.665-Mappe 140/1

Z 153

Z 157

Z 159 Berglandschaft*

Bleistift; 33,4 x 47,3 cm (quadriert)
Beschr. links unten: »Bei Molo di Gaeta componirt 31. Mai 30«
Molo di Gaeta ist 1830 auch von Peter Hess gezeichnet worden (Oberbayerisches Archiv, 102, München 1977, S. 404, Nr. 59)
München, Bayer. Staatsbibl., Klenzeana IX, 2/16

Z 160 Ansicht einer Zyklopenmauer bei der Mole von Gaeta

Bleistift; 33,4 x 47,3 cm
Wasserzeichen: J. WHATMAN 1824
Beschr. links oben: »Cycl. Mauern bei Molo d'Gaeta«, außerdem verschiedene Konstruktions- und Materialangaben
München, Bayer. Staatsbibl., Klenzeana IX, 2/28

Z 161 Mauern in Fondi

Bleistift; 25,2 x 41,5 cm
Beschr. links unten: »Mauern in Fondi, 1. Juny 1830« und eine Beschreibung der Zyklopenmauer
München, Staatl. Graph. Slg., Inv. Nr. 27.666-Mappe 140/1

Z 162 Ansicht von Terracina*

Bleistift; 32,0 x 46,3 cm
Wasserzeichen: J. WHATMAN TURKEY MILL 1824
Beschr. links unten: »Terracina 2. Juny«
München, Staatl. Graph. Slg., Inv. Nr. 27.667-Mappe 140/1

Z 159

Z 162

Z 163

Z 163 Ansicht von Terracina*

Bleistift; 33,3 x 47,3 cm
Wasserzeichen: J. WHATMAN 1824
Beschr. links unten: »Terracina 2. Juny«; verschiedene Farbangaben
München, Bayer. Staatsbibl., Klenzeana IX, 2/15

Z 164

Z 167

Z 164 Ansicht von Terracina*

Bleistift; 31,6 x 46,8 cm
beschr. links unten: »Terracina 3. Juny«
München, Staatl. Graph. Slg., Inv. Nr. 27.668-Mappe 140/1

Z 165 Kakteen und Akanthus

Bleistift; 22,0 x 15,9 cm
Beschr. links unten: »Villa di Malta 12 juin 30« (Rom)
Literatur: Deutsche Romantik – Handzeichnungen, München 1973, Abb. 736; Ausstellungskatalog: Deutsche Romantiker in Italien, Städt. Galerie München 1950, Nr. 185
München, Staatl. Graph. Slg., Inv. Nr. 27.697-Mappe 140/1

Z 166 Cività Castellana*

Bleistift; 26,7 x 42,0 cm
Wasserzeichen: J. WHATMAN TURKEY MILL 1829
Beschr. rechts unten: »Civita Castellana 13. Juny«, links unten: verschiedene Farbangaben
München, Staatl. Graph. Slg., Inv. Nr. 27.670-Mappe 140/1

Z 167 Straße bei Narni*

Bleistift; 26,7 x 42,2 cm
Beschr. rechts unten: »Narni, 14. Juny 1830«
München, Bayer. Staatsbibl., Klenzeana IX, 2/8

Z 166

Z 168

Z 168 Ansicht der Augustus-Brücke bei Narni*

Bleistift; 26,7 x 42,2 cm
München, Bayer. Staatsbibl., Klenzeana IX, 2/12

Z 169 Ansicht von Papigno bei Terni*

Bleistift; 26,4 x 36,6 cm
Beschr. links unten: »papinio bei Terni 15. Juny«
Vorlage zu Z 170

Z 169 zu Z 170

Z 170

Literatur: Ausstellungskatalog: Deutsche Romantiker in Italien, Städt. Galerie München, 1950, Nr. 182 (dort andere Lesart der Beschriftung: statt 15. Juny – 18. Juny); Deutsche Romantik – Handzeichnungen, München 1973, Abb. 739
München, Staatl. Graph. Slg., Inv. Nr. 27.671-Mappe 140/1

Z 170 Ansicht von Papigno bei Terni*

Feder über Bleistift; 41,4 x 55,0 cm (quadriert)
Vorzeichnung zu einem Gemälde (?), nach der Vorlage Z 169.
Die Kapelle im Vordergrund ist aus einer Zeichnung »Ansicht von Tivoli«, Z 118. Sie erscheint nochmals auf einer Gemäldevorzeichnung »Ansicht von Anacapri« Z 464.
München, Staatl. Graph. Slg., Inv. Nr. 27.764a-Mappe 35/1

Z 170a Ansicht von S. Francesco in Fiesole*

Bleistift, 22,1 x 25,1 cm
Beschr. links oben: »Fiesole für Frau von Krüdener gemalt«
Rückseite:
Namens- und Gemäldeverzeichnis

Schinckel	Monselice 2
Eichthal	Rua 2
Bolgiano	Massa 1
C. Rechberg	La Rocca 2
Goethe	Gigantentempel 1
A. Rechberg	Monticivicello 5
Clemens	Porto Venere 1
Speck	Composition 5
Planat	Palermo 5
Thorwaldsen	Pirano 2
Königin	Capri 3
	Gastein 1
	Amalfi 2
	Fiesole 2
	Neapel 5

wohl 1830 zu datieren
Entwurf zu G 47, vgl. Sk 4 Blatt 20 recto
München, Bayer. Staatsbibl., Klenzeana IX, 13/47

Z 171 Zwei Frauen in südländischer Tracht*

Bleistift auf Transparentpapier;
28,3 x 23,4 cm (teilweise quadriert)
Beschr.: »406/16« und »T 9« (nachträglich)
Figur rechts leicht veränderte Vorlage zu G 44 (Frau mit Korb im Vordergrund), Variation der Kopf- und Armhaltung Z 172
Privatbesitz

Z 172 Figurenstudien einer Frau mit Kind in süditalienischer Tracht

Bleistift; Transparentpapier;
15,1 x 21,0 cm
Arm- und Kopfdetail zusammen mit Z 171
Vorlage zur Staffage von G 44
München, Bayer. Staatsbibl., Klenzeana IX, 14/68

Z 173 Zwei Frauen in südländischer Tracht

Bleistift auf Transparentpapier;
23,1 x 13,7 cm (teilweise quadriert)
Beschr. links unten: Farbangaben sowie »406/16« und »T 8« (nachträglich)
Figur links Vorlage zu Z 174
Privatbesitz

Z 174 Frau in süditalienischer Tracht mit Mönch

Feder über Bleistift; 13,7 x 21,6 cm (quadriert)
Vorlage zur Frauenfigur Z 173; Vorlage zu Mönch Z 175
Privatbesitz

Z 175 Verschiedene Figurenstudien

Bleistift; Transparentpapier;
19,1 x 23,6 cm
Rückseite: Durchzeichnung eines Mönches der Vorderseite (quadriert)
Vorlage für Z 174
München, Bayer. Staatsbibl., Klenzeana IX, 14/66

Z 176 Frauen in südländischer Tracht

Bleistift; Transparentpapier;
15,3 x 21,0 cm
München, Bayer. Staatsbibl., Klenzeana IX, 14/62

Z 177 Gruppe von Frauenfiguren in süditalienischer Tracht

Bleistift; Transparentpapier;
20,5 x 22,9 cm
Beschr.: unterer Blattrand: Farbangaben
München, Bayer. Staatsbibl., Klenzeana IX, 14/67

Z 178 Zwei Figurengruppen in süditalienischer Tracht

Bleistift auf Transparentpapier;
15,1 x 17,7 cm
Beschr.: »406/16« und »T 10« (nachträglich)
Privatbesitz

Z 179 Verschiedene Figurengruppen in süditalienischer Tracht

Bleistift auf Transparentpapier;
15,1 x 19,7 cm
Beschr.: »406/16« und »T 22« (nachträglich)
linke Seite ausgerissen
Privatbesitz

1831

Z 180 Bergige Küstenlandschaft mit Stadt und Fischerbooten*

Feder über Bleistift; 27,0 x 43,0 cm
Beschr. links unten: »2 mal gemalt 25. July 31«
Vorlage zu Z 181
München, Bayer. Staatsbibl., Klenzeana IX, 2/30

Z 181 Bergige Küstenlandschaft mit Ortsansicht und Fischerbooten*

Sepiafeder über Bleistift; 43,9 x 66,8 cm; Tektur linke Blatthälfte
Wasserzeichen: C & J. HONIG
Beschr. rechts unten: »23. Sept. 1831«
Vorzeichnung zur Komposition Z 180; Detailvorlagen Z 120, Z 122, Z 123, Z 152 und Z 154. Das Boot im Vordergrund rechts kehrt in G 67, die Staffagefiguren (Vordergrund rechts) in Z 139a wieder. Siehe G 23.
Rückseite: Grund- und Aufriß eines Monopteros (Feder über Bleistift). Beschr. rechter Blattrand: »L. v. Klen . . . 1827«, sowie »im Sinne haben, erwägen« (griech.)
München, Bayer. Staatsbibl., Klenzeana IX, 11/22

Z 183

1832

Z 182 Ortschaft im Gebirge

Feder über Bleistift; 25,1 x 41,3 cm (quadriert)
Beschr. links unten: »12. aug. 32«
München, Staatl. Graph. Slg., Inv. Nr. 27.720-Mappe 140/1

1834

Z 183 Ansicht des Forts von Villafranca*

Feder über Bleistift; 28,3 x 41,0 cm
Beschr. rechts unten: »15 mai 34 Fort von Villafranca«, verschiedene Farbangaben
Siehe G 78
München, Staatl. Graph. Slg., Inv. Nr. 27.721-Mappe 140/1

Z 184 Ansicht von Akrokorinth*

Bleistift; 20,0 x 25,4 cm; Doppelblatt (vier Seiten) aus einem Skizzenbuch: Pag. 1: Baumstudie; Beschr. links unten: »Ebenhausen, eine Buche« · Pag. 2: Grundrißdetails; Beschr.: verschiedene Zahlenangaben · Pag. 3: Ansicht von Akrokorinth; Beschr. rechts unten: »Acrocorinth 30. July« · Pag. 4: Felsige Landschaft; Beschr.: verschiedene Zahlennotizen
München, Bayer. Staatsbibl., Klenzeana IX, 13/22

Z 184 Pag. 3

Z 185 Pag. 4/5

Z 185 Pag. 6/7

Z 185 Ansichten aus Griechenland*

Bleistift; 20,8 x 25,3 cm; Skizzenbuchfragment (acht Seiten)
Pag. 1: Skizze einer Landschaft (?), beschnitten
Pag. 2/3: Ansicht von S. Spiridone in Akratori auf Zante; Beschr.: »St. Spiridiore a Akratori Zante 10 n oct. 34«
Pag. 4/5: Griechische Häuser mit Laube; Beschr.: rechtes Blatt links unten: »Facd. 1/2 Zoll . . . . (unleserlich)« sowie rechts oben: »ΕΡΙΟΧΗ ΑΚΡΟΤΕΡΙΟΝ«
Pag. 6/7: Ansicht einer Ortschaft mit Burganlage auf einem Hügel und Skizze eines Laubbaumes
Pag. 8: Leerseite
München, Bayer. Staatsbibl., Klenzeana IX, 3a, 1

Z 186

Z 186 Ansicht von Nauplia*

Bleistift; 35,2 x 50,8 cm
Beschr. links unten: »Nauplia«
Literatur: Marggraff, 1884, S. 24, Nr. 327
München, Staatl. Graph. Slg., Inv. Nr. 27.742-Mappe 35/1

Z 187 Ansicht der Bergfestung Palamedes*

Bleistift; 34,6 x 53,2 cm (quadriert)
Beschr. links unten: »Palamedes bei Nauplia v. . . (unleserlich) . . . gesehen«
München, Staatl. Graph. Slg., Inv. Nr. 27.745-Mappe 35/1

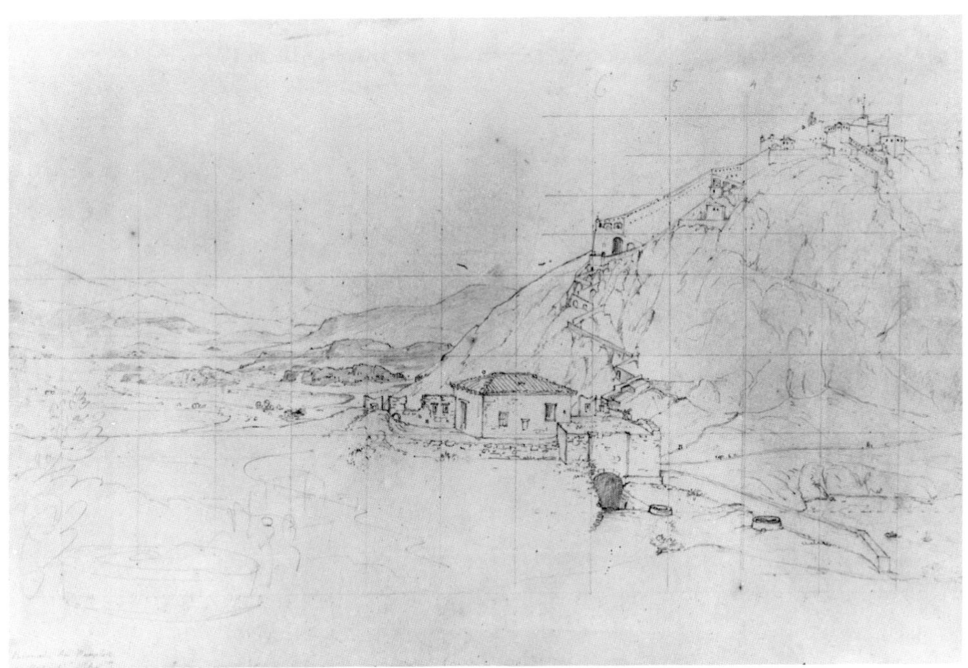

Z 187

Z 188 Das Löwentor von Mykene*

Bleistift; 32,9 x 45,5 cm (quadriert)
Wasserzeichen: J. WHATMAN 1824
Beschr. rechts unten: »für Fürst Löwenstein gemalt Mykene (griech.) 28. Sept. 34«. Siehe G 37
München, Bayer. Staatsbibl., Klenzeana IX, 12/6

Z 189 Ansicht von Athen mit Akropolis*

Bleistift; 25,6 x 42,3 cm
Beschr. links unten: »Acropolis«
Vorzeichnung für Z 190
München, Staatl. Graph. Slg., Inv. Nr. 27.724-Mappe 140/1

Z 190 Blick vom Philopapposhügel auf die Akropolis*

Aquarell und Bleistift; 48,1 x 65,5 cm (gerahmt)
Beschr. rechts unten: »Leo v. Klenze fec.«
Spiegelverkehrte Vorzeichnung Z 189
Die Vorlage dieses Blattes bildet ein Stich von Joseph Cartwright. Hinweis von Herrn Dr. Hubertus Günther, München.
München, Bayer. Staatsbibl., Klenzeana XX, 1

Z 189

Z 191

Z 191 Ansicht der Akropolis*

Bleistift; 31,2 x 44,4 cm
Rückseite: Ansicht einer Wehranlage auf einem Bergrücken (Bleistift)
Literatur: Hederer, S. 53, Abb. 19 und S. 431
München, Staatl. Graph. Slg., Inv. Nr. 27.725-Mappe 140/1

Z 190

XII Der Domplatz von Amalfi, 1859. G 67

Z 192 Hof eines Hauses in Chalcis mit Moschee*

Bleistift und Aquarell; 33,2 x 44,0 cm
Vorzeichnung hierzu Z 193
Literatur: Marggraff, 1884, S. 24, Nr. 335
München, Stadtmuseum, Maillingerslg., Bd. 11, Nr. 1624

Z 193 Hof eines Hauses in Chalcis mit Moschee*

Bleistift und mit Bleistift angelegt; 32,1 x 44,0 cm
Beschr. unten Mitte: »Chalkis 1835«
Vorzeichnung für Z 192
München, Stadtmuseum, Maillingerslg., Bd. 11, Nr. 1623

Z 194 Ansicht von Zante

Bleistift; 25,4 x 42,2 cm
Wasserzeichen: J. WHATMAN TURKEY MILL 1829
Beschr. links unten: »Zante«
München, Staatl. Graph. Slg., Inv. Nr. 27.723-Mappe 140/1

Z 195 Hügelige Felsenlandschaft in Griechenland

Bleistift; 26,4 x 84,4 cm (aus zwei Blättern zusammengesetzt)
Wasserzeichen: J. WHATMAN TURKEY MILL 1829
Beschr.: rechte Blatthälfte links unten: verschiedene Ortsangaben
München, Bayer. Staatsbibl., Klenzeana IX, 3/2

Z 196 Cypressen auf Zante

Bleistift; 24,8 x 18,7 cm
Wasserzeichen: [J. WHA]TMAN
Beschr. rechts unten: »Cypreßen auf Zante«
Rückseite: Äste eines Baumes (Fragment)
München, Bayer. Staatsbibl., Klenzeana IX, 13/16

Z 197 Ansicht auf der Insel Zante*

Bleistift; 26,5 x 42,2 cm (quadriert)
Beschr. links unten: »Zante 11. oct. 34«, rechts oben: verschiedene Farbangaben
Das Blatt bildet die Vorstudie zu Z 208, 1836 datiert, und die Vorzeichnung zu G 69
München, Bayer. Staatsbibl., Klenzeana IX, 3a/2

Z 192

Z 193

Z 198 Ruinen des Tempels von Cardachi auf Korfu*

Bleistift; 30,6 x 44,5 cm
Wasserzeichen: J. WHATMAN 1824
Beschr. rechts unten: »Corfu 15. oct. 34«
Vorlage für Z 199
München, Staatl. Graph. Slg., Inv. Nr. 27.722-Mappe 140/1

Z 198

Z 199

Z 200

Z 199 Tempel in Cardachi auf Korfu*

Feder über Bleistift; 53,8 x 76,4 cm
Wasserzeichen: J. WHATMAN
Beschr. links unten: »Corfu. Tempel von Cadachio nicht gemalt«
Reinzeichnung für ein nicht ausgeführtes Gemälde nach Z 198
Literatur: Hans Hermann Russack, Deutsche bauen in Athen, Berlin 1942, S. 67
München, Bayer. Staatsbibl., Klenzeana IX, 11/33

Z 200 Straße auf Korfu*

Bleistift; 25,3 x 42,3 cm
Beschr. rechts unten: »auf Corfu 15. oct. 34«
München, Staatl. Graph. Slg., Inv. Nr. 27.726-Mappe 140/1

Z 201 Mann aus Korfu in Landestracht

Feder und Aquarell; 23,8 x 16,5 cm
Wasserzeichen: JM 1802
Beschr. unten Mitte: »Corfiote«
München, Bayer. Staatsbibl., Klenzeana IX, 11/3

Z 202 Griechische Küstenlandschaft mit Staffagefiguren

Bleistift, Tuschfeder, grau laviert; 19,5 x 26,1 cm
Vgl. Z 203
München, Stadtmuseum, Maillingerslg., Bd. 11, Nr. 1621

Z 203 Felsenstudie an der griechischen Küste

Bleistift; 18,6 x 22,3 cm
Vorzeichnung für Z 202
München, Stadtmuseum, Maillingerslg., Bd. 11, Nr. 1620

Z 204 Ansicht des Leucadischen Felsens

Bleistift; 8,8 x 16,4 cm
Beschr. links unten: »Leucadischer Felsen«
Rückseite: Wegstrecken und Zeitangaben innerhalb Griechenlands
München, Bayer. Staatsbibl., Klenzeana IX, 9/5

Z 205

Z 205 Personengruppen in südosteuropäischen Trachten*

Bleistift; Transparentpapier;
26,2 x 34,4 cm
Vgl. Z 206
München, Bayer. Staatsbibl., Klenzeana IX, 14/58

Z 206 Gruppe sitzender Männer in griechischer (?) Tracht mit Tabakspfeifen

Bleistift auf Transparentpapier;
16,7 x 23,4 cm
Beschr.: »T 23« (nachträglich)
Vgl. Z 205; untere Blatthälfte ausgerissen
Privatbesitz

1835

Z 207 Ansicht von Gut Engelthal*

Bleistift; 51,1 x 69,5 cm
Wasserzeichen: J. WHATMAN TURKEY MILL
Beschr. rechts unten: »Ansicht meines Gutes Engelthal«
In: ›Die Bau- und Kunstdenkmäler im Großherzogtum Hessen‹, 1890: Engelthal, Kreis Büdingen, Provinz Oberhessen. – Ehem. Zisterzienserinnenkloster. Jetzt: Gemeinde Altenstadt, Kreis Büdingen.
Dem Briefwechsel mit Ludwig I. zufolge weilte Klenze im Juli/August 1835 auf Gut Engelthal
München, Bayer. Staatsbibl., Klenzeana IX, 13/73

1836

Z 208 Ansicht auf der Insel Zante*

Feder über Bleistift; 53,5 x 75,9 cm (quadriert)
Beschr. links unten: »26. Xbre 1836 Mistra nicht gemalt« (von fremder Hand). Klenze war 1834 in Griechenland und hat diesen Ort nicht besucht.
Rückseite: Berechnungen
Vorzeichnung für G 69, Vorstudie Z 197
Literatur: Hans Hermann Russack, Deutsche bauen in Athen, Berlin 1942, S. 69
München, Bayer. Staatsbibl., Klenzeana IX, 3 a/4

Z 209 Sitzender Soldat mit Schild und Helm*

Bleistift; 7,0 x 10,5 cm (quadriert)
Vorzeichnung zur Figurenstaffage für G 69; möglicherweise nach einer fremden Vorlage
München, Bayer. Staatsbibl., Klenzeana IX, 14/1

Z 210 Frau am Brunnen, in zwei Darstellungen*

Bleistift; 15,9 x 10,8 cm
Rückseite: Sitzende männliche Figur
Vorzeichnung zur Figurenstaffage für G 69; möglicherweise nach fremder Vorlage
München, Bayer. Staatsbibl., Klenzeana IX, 14/7

Z 211 Sitzende Soldaten mit Schild und Lanze und Hirtenknabe*

Feder über Bleistift; 15,6 x 10,4 cm
Beschr.: »406/16« und »T 18« (nachträglich)
Vorlage zur Staffage von G 69 (Vordergrund rechts)
Privatbesitz

Z 212 Verschiedene Personengruppen*

Bleistift; 14,0 x 12,4 cm
Beschr.: »406/16« und »T 24« (nachträglich)
Vorlage zur Staffage von G 69 (Vordergrund rechts und Mittelgrund); rechte Blatthälfte unregelmäßig beschnitten
Privatbesitz

Z 207

Z 213

Z 214

1837

Z 213 Ansicht von Isola Bella*

Bleistift; 28,2 x 43,5 cm
Wasserzeichen: J. WHATMAN TURKEY MILL 1832
Beschr. links unten: »Isola bella 13ter Sept. 1837«
München, Bayer. Staatsbibl., Klenzeana IX, 4/1

Z 214 Ansicht von Isola Bella*

Bleistift; 39,2 x 51,1 cm
Wasserzeichen: J. WHATMAN TURKEY MILL 1836
Beschr. links unten: »Isola bella«
München, Bayer. Staatsbibl., Klenzeana IX, 4/2

1838

Z 215 Blick in einen Klosterhof und Landschaftsstudie

Bleistift; 16,7 x 21,3 cm, wohl aus einem Skizzenbuch
Beschr. oben: Vermerk einer Fußbodeninschrift von San Miniato al Monte, Florenz
Rückseite: Bleistiftskizze einer Landschaft
Beschr. links oben: »Chiavenna 5. Juny 38«, und Farbangaben
München, Bayer. Staatsbibl., Klenzeana IX, 7/11

Z 216 Straße in einem Gebirgsort*

Bleistift; 16,8 x 21,0 cm
Rückseite: Skizze eines Fußbodens (Bleistift)
Beschr.: »San Miniato Fußboden«
München, Staatl. Graph. Slg., Inv. Nr. 27.755-Mappe 140/1

Z 216

Z 217 Walnußbaum

Bleistift; 21,2 x 16,8 cm
Beschr. links oben: »Baden 14 Juny 38 – Juglans regia« (wohl Baden bei Zürich)
München, Bayer. Staatsbibl., Klenzeana IX, 13/12

Z 218 Laubbaum

Bleistift; 21,3 x 16,8 cm
Beschr.: »406/16« und »T 79« (nachträglich)
Privatbesitz

Z 219 Baum am See mit vier Segelschiffen und Gebirge im Hintergrund

Bleistift; 21,3 x 16,7 cm;
aus einem Skizzenbuch
Rückseite: Bleistiftskizze einer Baumgruppe mit Haus
München, Bayer. Staatsbibl., Klenzeana IX, 13/15

Z 220 Garten des Palazzo Borromeo auf Isola Bella*

Feder über Bleistift; 29,8 x 52,3 cm
Beschr. links unten: »Isola bella – nicht gemalt«, oben Mitte: unleserlich
Vorlage: Z 221
München, Staatl. Graph. Slg., Inv. Nr. 27.760-Mappe 35/1

Z 221 Garten des Palazzo Borromeo auf Isola Bella*

Bleistift; 16,7 x 42,4 cm
Beschr. links oben: »16. Juny 38«
Vorlage für Z 220
Rückseite: Bleistiftskizze eines Laubbaumes
München, Bayer. Staatsbibl., Klenzeana IX, 13/75

Z 222 Villa Cacciapiutti am Lago Maggiore*

Bleistift; 24,6 x 38,8 cm
Wasserzeichen: [J. WHAT]MAN [TURKE]Y MILL [18]36
Beschr. links unten: »Villa Cacciapiutti am lago maggiore 1838«
Literatur: Deutsche Romantik – Handzeichnungen, München 1973, Abb. 740; dort irrtümlich als »Farnesische Gärten in Rom« bezeichnet; Hederer, S. 396
München, Staatl. Graph. Slg., Inv. Nr. 27.747-Mappe 140/1

Z 220

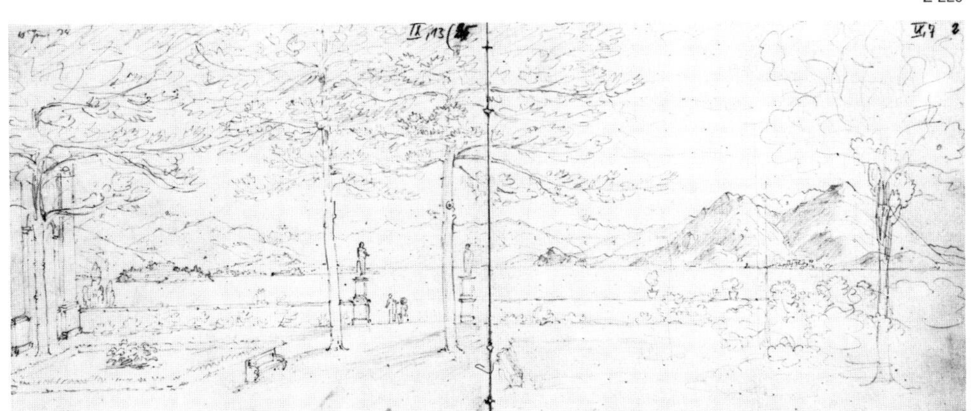

Z 221

Z 222

Z 223

Z 223 Garten der Villa Cacciapiutti am Lago Maggiore*

Bleistift; 37,3 x 51,0 cm
Wasserzeichen: J. WHATMAN TURKEY MILL 1836
Beschr. links unten: »Villa Cacciapiutti oder Prina bei Intra«, unten Mitte: »Villa Klenze«
München, Bayer. Staatsbibl., Klenzeana IX, 9/6

Z 224 Walnußbaum

Bleistift; 21,3 x 16,7 cm
Beschr. links unten: »Baaden 18 Juny Juglans«
München, Bayer. Staatsbibl., Klenzeana IX, 13/25

Z 225 Apfelbaum

Bleistift; 21,1 x 16,7 cm
Beschr. links unten: »Baaden 18 Juny Apfelb«
Rückseite: Detailskizzen zum Dachstuhl in S. Miniato al Monte/Florenz
Beschr. rechts oben: »Sn Miniato«
Vorlage für Z 315 und G 60 bzw. Z 314
München, Bayer. Staatsbibl., Klenzeana IX, 13/14

vor 1839

Z 226 Verschiedene Figurengruppen

Bleistift auf Transparentpapier; 12,6 x 40,7 cm (teilweise quadriert)
Beschr.: »406/16« und »T 30« (nachträglich)
Stehendes Paar (linke Blatthälfte unten) Vorlage zur Staffage von G 71 (Hintergrund); seitenverkehrte Vorlage zu sitzendem Mann mit Hut (linke Blatthälfte oben) Z 227, Vorlage zur Staffage von G 64 (Mittelgrund links) und von G 42 (Vordergrund Mitte); Stehender Mann mit Stab in Rückenansicht (siebente Figur von links) Vorlage zur Staffage von G 64 (Mittelgrund Mitte); Zwei diskutierende Männer (linke Blatthälfte unten) Vorlage zu Z 478 bzw. G 75 (Vordergrund Mitte)
Privatbesitz

Z 227 Drei Figuren in zeitgenössischer Kleidung

Bleistift auf Transparentpapier; 12,3 x 8,5 cm
Beschr.: »406/16« und »T 32« (nachträglich)
Sitzender Mann mit Hut seitenverkehrte Vorlage für Z 226, vgl. G 42 und G 64
Privatbesitz

1841

Z 228 Ansicht der Ruine Arco*

Bleistift; 37,5 x 51,3 cm; (quadriert)
Beschr. links unten: »Ruine Arco gemalt 1841«, rechts oben: Farbangaben
Siehe G 49
München, Bayer. Staatsbibl., Klenzeana IX, 13/58

Z 229 Gartenterrasse am Gardasee mit Blick auf Riva

Bleistift; 23,6 x 31,8 cm
München, Staatl. Graph. Slg., Inv. Nr. 27.757-Mappe 140/1

Z 230 Blick in das Sarcatal bei Arco am Gardasee*

Bleistift; 35,0 x 53,8 cm
München, Staatl. Graph. Slg., Inv. Nr. 27.769-Mappe 35/1

Z 230

Z 231

Z 232 Pag. 3

Z 232 Pag. 5

Z 231 Ansicht des Castello di S. Zeno di Montagna am Gardasee*

Bleistift; 23,4 x 29,8 cm
Beschr. rechts unten: »Gardasee Castel Zeno 2' Sept.«
München, Bayer. Staatsbibl., Klenzeana IX, 7/51

Z 232 Ansichten aus Südtirol und Jugoslawien*

Bleistift; 23,4 x 29,9 cm; Skizzenbuchfragment (12 Seiten)
Pag. 1: Aufriß einer Kirchenfassade, Grundriß und verschiedene architektonische Details; Beschr. links oben: verschiedene Ortsangaben, rechts unten: »13. Mai«
Pag. 2/3: Ansicht eines Südtiroler (?) Schloßhofes mit Treppenaufgang sowie Brunnen und Gewölbestudien; Beschr.: Material- und Farbangaben; rechts unten: »Juny 41« (wohl Schloß Tyrol)
Pag. 4/5: Außenansicht eines Südtiroler (?) Schlosses sowie Feldkreuz und Weinranken; Beschr.: mit Farbangaben (wohl Schloß Tyrol)
Pag. 6/7: Ansicht von Sibenik/Jugoslawien; Beschr. rechts oben: »Sebenico 7. Sept.«
Pag. 8/9: Ansicht eines Südtiroler (?) Schlosses mit Gebirgslandschaft; Beschr. rechts unten: »gekauft 3. Juny« (rechte Blatthälfte zerschnitten)
Pag. 10/11: Landschaft bei Meran; Beschr. oben Mitte: »Brunnenberg (?), Zirler Spitzen, Dürnstein«, rechts unten: »Meran«
Pag. 12: Leerseite
Wasserzeichen: J. WHATMAN TURKEY MILL 1838
München, Bayer. Staatsbibl., Klenzeana IX, 12/12

Z 233 Ansicht von Sibenik*

Bleistift; 23,4 x 29,6 cm
Beschr. rechts oben: »Sebenico 8. Sept.«
Rückseite: Skizze eines gotischen Fensters mit Profilzeichnungen (Bleistift)
Literatur: Hederer, S. 411
München, Staatl. Graph. Slg., Inv. Nr. 27.749-Mappe 140/1

Z 233

Z 234

Z 234 Flußlandschaft mit Gebirgskette bei Solin (Jugoslawien)*

Bleistift; 36,6 x 51,3 cm
Wasserzeichen: J. WHATMAN, TURKEY MILL 1833
Beschr. rechts unten: »Salona 9. Sept. 41«, links oben: Zeit- und Farbangaben
München, Staatl. Graph. Slg., Inv. Nr. 27.763-Mappe 35/1

Z 237

Z 235

Z 235 Kapelle bei Split*

Bleistift; 29,6 x 23,4 cm (quadriert)
Wasserzeichen: [J. WHA]TMAN [TURKE]Y MILL [18]38
Beschr. links unten: »Spalato d. 12. Sept. 1841«
Vgl. Z 236
München, Bayer. Staatsbibl., Klenzeana IX, 13/51

Z 236 Marktplatz von Split*

Bleistift; 52,8 x 50,7 cm
Beschr. links unten: »gemalt 1842/43«, rechts unten: »Spalato«
Vgl. G 51
Literatur: Hederer, S. 169, Abb. 66; S. 432
München, Bayer. Staatsbibl., Klenzeana IX, 12/36

Z 237 Ansicht einer Kirche*

Bleistift; 23,5 x 29,7 cm
Wasserzeichen: [J. WHA]TMAN [TURKE]Y MILL
Beschr. rechts oben: »Kloster Visovatz 12. Sept.«, links oben: verschiedene Farbangaben
Literatur: Hederer, S. 411
München, Staatl. Graph. Slg., Inv. Nr. 27.748-Mappe 140/1

XIII Ansicht von Capri, 1860. G 68

Z 238 Ansicht einer mittelalterlichen Burganlage

Bleistift; 23,4 x 29,2 cm
Wasserzeichen: [J. WHA]TMAN [TURKE]Y MILL [18]38
Beschr. rechts oben: »Trani (?) 13. Sept.« (wohl Traú, heute Trogir zwischen Split und Sibenik)
Rückseite: Bleistiftzeichnung eines Renaissance-Wandaufrisses
Beschr. links oben: »Sebenico«
München, Bayer. Staatsbibl., Klenzeana IX, 12/11

Z 239 Sitzende Frau aus Istrien

Bleistift; 19,5 x 12,7 cm
Beschr. rechts unten: »Mandriera aus Istrien«
Rückseite: Bauornamentik
München, Bayer. Staatsbibl., Klenzeana IX, 14/11

Z 240 entfällt

Z 241 Slavin aus Servola*

Bleistift; 19,5 x 12,7 cm;
wohl aus Skizzenbuch
Beschr. rechts unten: »Slavin aus Servola«
München, Bayer. Staatsbibl., Klenzeana IX, 14/21

Z 241

Z 242 Kastanienbaum

Bleistift; 29,7 x 22,8 cm
Beschr. links unten: »Castanie Schenna 29. Sept. 41«
München, Bayer. Staatsbibl., Klenzeana IX, 13/38

Z 243 Ansicht von Neuberg bei Meran heute Trautmannsdorf, Gemeinde Obermais

Bleistift; 23,4 x 29,8 cm
Beschr. rechts unten: »Neuberg bei Meran«
Rückseite: Rankpflanzen
München, Bayer. Staatsbibl., Klenzeana IX, 13/15

Z 244 Ansicht der Walhalla von Nordost

Bleistift; 23,4 x 29,9 cm
Rückseite: Bleistiftzeichnung einer bergigen Landschaft
München, Bayer. Staatsbibl., Klenzeana IX, 7/39

1842

Z 245 Ansicht der Bergfestung Torre di Adriano*

Feder, mit Bleistift angelegt;
21,3 x 27,8 cm
Wasserzeichen: S. EGGER (Kursiv)
Beschr. links unten: 1/5 42
Reinzeichnung für G 48; Vorzeichnung hierzu Z 246
München, Bayer. Staatsbibl., Klenzeana IX, 13/48

Z 246 Ansicht der Bergfestung Torre di Adriano*

Bleistift; 36,6 x 50,7 cm (quadriert)
Beschr. links unten: »Torre di Adriano«, und verschiedene Farbangaben
Vorlage zu Z 245, siehe G 48
München, Staatl. Graph. Slg., Inv. Nr. 27.761-Mappe 35/1

Z 247 Piazza Contarena in Udine*

Bleistift; 37,4 x 54,5 cm
Wasserzeichen: J. WHATMAN TURKEY MILL 1840
Beschr. links unten: Konstruktionsangaben
Vorzeichnung zu G 57; vgl. Z 248
Literatur: Hederer, Seite 66, Abb. 23 und Seite 431
München, Bayer. Staatsbibl., Klenzeana IX, 7/33

Z 248 Detail der Loggia an der Piazza Contarena in Udine

Bleistift; 16,7 x 21,3 cm
Beschr. links oben: »Piazza Contarini Udine«, Mitte unten: Farb- und Materialangaben
Rückseite: Fenster- und Gesimsdetails, Zeichnung einer Figurennische
Vgl. Z 247 und G 57.
München, Bayer. Staatsbibl., Klenzeana IX, 12/15

Z 249 Mittelalterliche Ruinen und ein Kapitell

Bleistift; 16,7 x 21,2 cm;
aus einem Skizzenbuch
Rückseite: Bleistiftskizze eines Kapitells
München, Bayer. Staatsbibl., Klenzeana IX, 12/9

Z 250 Ansicht eines mittelalterlichen Turms in Oberitalien

Bleistift; 16,7 x 21,1 cm;
aus einem Skizzenbuch
München, Bayer. Staatsbibl., Klenzeana IX, 12/8

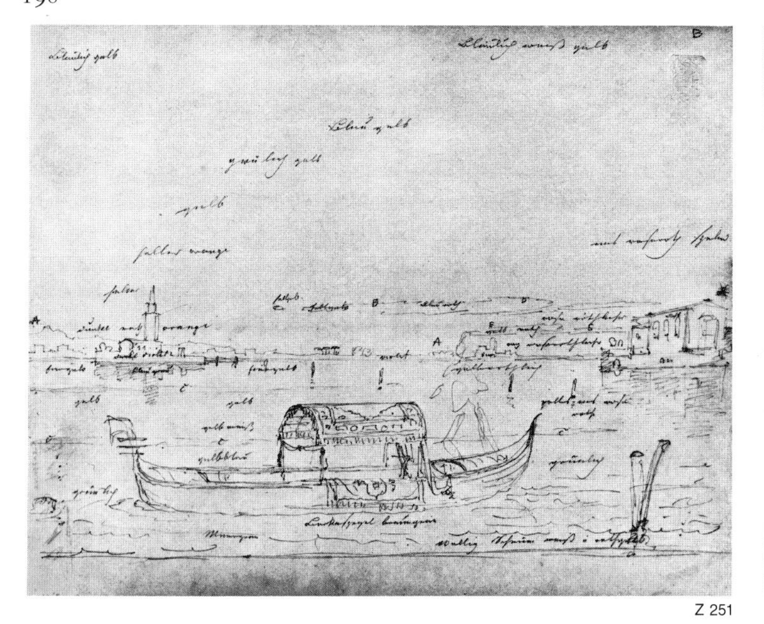

Z 251

Z 252 Pag. 6/7

Z 251 Ansicht von Venedig mit Gondel*

Bleistift; 21,0 x 27,0 cm
Beschr.: mit verschiedenen Farbangaben
Blindstempel: geschlossene Krone in Eichenlaub; dazwischen: BATH
Pag. 2/3 eines Doppelblattes aus einem Skizzenbuch. Dasselbe Motiv auf Z 252
Die folgenden venezianischen Zeichnungen sind wohl 1842 anzusetzen
München, Bayer. Staatsbibl., Klenzeana IX, 14/46

Z 252 Ansicht von Venedig mit Gondel*

Bleistift; 16,4 x 10,9 cm;
aus einem Skizzenbuch (8 Seiten)
Pag. 1: Verschiedene Rechnungen
Pag. 2: Verschiedene Rechnungen sowie Ortsangaben
Pag. 3: Skizze eines Gondelbaldachins
Pag. 4: Verschiedene Rechnungen
Pag. 5: Verschiedene Rechnungen
Pag. 6/7: Ansicht von Venedig mit Gondel
Pag. 8: Notizen
München, Bayer. Staatsbibl., Klenzeana IX, 14/47

Z 253 Gondoliere

Feder über Bleistift; 15,3 x 22,2 cm
Beschr.: »406/16« und »T 16« (nachträglich)
Privatbesitz

Z 254 Blick auf den Chor der Frari-Kirche in Venedig*

Feder über Bleistift; 53,2 x 41,6 cm
Vorlage hierzu Z 255, vgl. Z 256 und Z 257
Literatur: Hederer, S. 411
München, Staatl. Graph. Slg., Inv. Nr. 27.707-Mappe 35/1

Z 255 Verschiedene Architekturdetails der Scuola di S. Rocco in Venedig

Bleistift; 29,0 x 44,1 cm
Beschr.: verschiedene Architekturbezeichnungen sowie »406/16« und »T 45« (nachträglich)
Vorlage zu Z 254, vgl. Z 256 und Z 257
Privatbesitz

Z 256 Architektonische Detailskizzen der Hauptfassade der Scuola di S. Rocco in Venedig

Bleistift; 44,1 x 28,9 cm
Beschr.: Farb- und Materialangaben
Wasserzeichen: [C]ANSON
Vgl. Z 254, Z 255 und Z 257
München, Bayer. Staatsbibl., Klenzeana IX, 7/43

Z 252 Pag. 3

Z 254

Z 258

Z 260

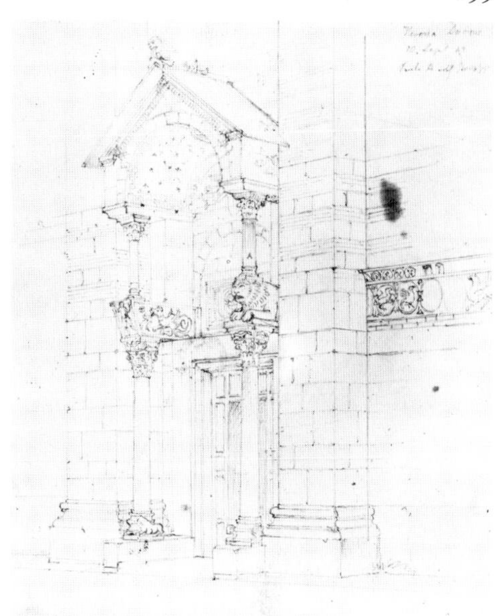

Z 262

Z 257 Verschiedene Architekturdetails der Scuola di S. Rocco in Venedig

Bleistift; 44,0 x 29,0 cm
Wasserzeichen: CANSON
Beschr.: »406/16« und »T 42« (nachträglich)
Vgl. Z 254, Z 255 und Z 256
Privatbesitz

Z 258 Durchblick auf San Marco in Venedig*

Bleistift; 28,5 x 23,3 cm
Beschr. links oben: Farbangaben
Detailzeichnungen hierzu Z 259
München, Staatl. Graph. Slg., Inv. Nr. 27.767-Mappe 140/1

Z 259 Details der Südfassade von S. Marco in Venedig

Aufriß des Portals der Taufkapelle, Profil des Türgewändes, lagernder Greif und Marmorpfeiler
Bleistift; 23,2 x 28,5 cm
Beschr.: Farb- und Materialangaben
z. T. Vorlage für Z 258
Rückseite: Architektonische Details, Teilaufriß eines venezianischen Palazzo, Kapitelle
München, Bayer. Staatsbibl., Klenzeana IX, 7/30a

Z 260 Ansicht von S. Fosca in Torcello*

Bleistift; 36,6 x 53,8 cm
Beschr. rechts unten: »Torcello 8. Sept.«
Rückseite: rechts unten: »Torcello 1842«
München, Staatl. Graph. Slg., Inv. Nr. 27.770-Mappe 35/1

Z 261 Aedikula mit Sitzfigur

Bleistift; 16,7 x 21,3 cm
Rückseite: Teilaufriß eines Kirchenschiffs sowie Kreuz aus Torcello und architektonische Details aus Verona
Beschr.: mit Ortsangaben
München, Bayer. Staatsbibl., Klenzeana IX, 7/1

Z 262 Portal des Domes in Verona*

Bleistift; 20,9 x 16,8 cm
Beschr. rechts oben: »Verona Duomo 10. Sept. 42«, und Materialangaben
München, Staatl. Graph. Slg., Inv. Nr. 27.765-Mappe 140/1

Z 263 Blick in den Kreuzgang von S. Zeno in Verona*

Bleistift; 23,6 x 32,0 cm
Beschr.: Farbangaben
Rückseite: »S. Zeno Verona«
München, Bayer. Staatsbibl., Klenzeana IX, 12/13

Z 263

Z 264 Rebenstöcke

Bleistift; 16,7 x 21,4 cm
Beschr. rechts unten: »hach« (?)
München, Bayer. Staatsbibl., Klenzeana IX, 13/24

Z 265 Verschiedene Architekturdetails des Torturmes von Castel La Rocca*

Bleistift; 16,7 x 21,2 cm
Beschr.: verschiedene Material- und Farbangaben sowie »406/16« und »T 58« (nachträglich)
rechte Blatthälfte Vorlage zu Z 266, siehe G 50 und Sk 3, Blatt 34/35
Rückseite: flüchtige Vorzeichnung zu Z 266, siehe G 50
Privatbesitz

Z 266 Ansicht des Castels La Rocca*

Bleistift; 16,7 x 21,1 cm (quadriert)
Beschr. rechts unten: »Castel la Rocca 12ter Sept. 42«
Siehe G 50 und Sk 3, Blatt 34/35
Rückseite: Skizze eines Bootes
München, Bayer. Staatsbibl., Klenzeana IX, 7/3

Z 273

Z 273 Ansicht der Kathedrale in Lugano*

Bleistift; 37,2 x 57,1 cm
Wasserzeichen: J. WHATMAN TURKEY MILL
Beschr. rechts unten: »Lugano 31. Aug. 1843«, linke Seite und rechts oben: verschiedene Farbangaben
Vgl. Z 274
München, Staatl. Graph. Slg., Inv. Nr. 27.777-Mappe 35/1

Z 274 Fassadenaufriß der Kathedrale in Lugano

Bleistift; 28,0 x 44,5 cm
Wasserzeichen: J. WHA[TMAN] TURKE[Y MILL] 18[. .]
Vgl. Z 273
Privatbesitz

Z 275 Grund- und zwei Aufrisse von S. Maria degli Angioli in Lugano

Bleistift und Feder über Bleistift; 23,7 x 32,0 cm
Beschr.: Farb- und Materialangaben
Rückseite: Altaraufriß von S. Maria degli Angioli, Obergeschoß des Wehrturmes von Castel Schwyz in Bellinzona und Rückenansicht eines Mönches
Beschr.: Farbangaben
Turmobergeschoß Vorlage für Z 270, sonst Vorlage für Z 461, vgl. Z 459 und Z 460
München, Bayer. Staatsbibl., Klenzeana IX, 3/9

Z 276

Z 276 Seeuferstraße bei Varenna am Comer See*

Bleistift; 23,6 x 32,0 cm
Wasserzeichen: J. WHA[TMAN] TURK[EY MILL] 18[. .]
Beschr. rechts unten: »Varenna 2. Sept. 43«
München, Bayer. Staatsbibl., Klenzeana IX, 7/20

Z 277 Ansicht von S. Maria Maggiore in Bergamo – Südliches Querhaus

Bleistift; 55,8 x 44,5 cm (aus zwei Blättern zusammengesetzt)
Wasserzeichen: [J. WHA]TMAN [TURKE]Y MILL [18]36 und J. WHA[TMAN] TURKE[Y MILL 18[. .]
München, Bayer. Staatsbibl., Klenzeana IX, 12/23

Z 278 Nordportal von S. Maria Maggiore in Bergamo

Bleistift; 33,6 x 21,0 cm
Beschr.: »406/16« und »T 69« (nachträglich)
Vgl. Z 277
Privatbesitz

Z 279 Ansicht der Chiesa di Corpus Domini in Brescia*

Feder über Bleistift; 23,7 x 32,0 cm
Wasserzeichen: [J. WHAT]MAN [TURKEY] MILL
Beschr. rechts unten: »Chiesa di corpus domini Brescia 5. Sept. 43«
Vgl. Z 280
München, Staatl. Graph. Slg., Inv. Nr. 27.771-Mappe 140/1

Z 279

Z 280 Detailskizzen der Chiesa di Corpus Domini in Brescia

Bleistift und Feder; 23,6 x 32,0 cm
Beschr. links oben: verschiedene Farbangaben
Mitte oben: »Chiesa de corpus Domini (Christo) a Brescia«
München, Bayer. Staatsbibl., Klenzeana IX, 12/18

Z 281

Z 281 Tempel des Vespasian in Brescia*

Bleistift; 37,5 x 56,7 cm
Beschr. rechts unten: »Brescia«
München, Bayer. Staatsbibl., Klenzeana IX, 12/35

Z 282 Ansicht bei Menaggio am Comer See

Bleistift; 32,8 x 49,6 cm
Beschr. rechts unten: »au dessus de Menagio 8. Sept. 43«
München, Staatl. Graph. Slg., Inv. Nr. 27.779-Mappe 35/1

Z 283

Z 283 Blick in den Kreuzgang von S. Zeno in Verona*

Bleistift; 23,6 x 32,0 cm
Beschr. unterer Blattrand: »Grabmal Alberto Scaligeri im Kreuzgang von S. Zeno Verona 10. Sept. 43«
Rückseite: links oben: Farbangaben
München, Bayer. Staatsbibl., Klenzeana IX, 12/39

Z 284 Landschaft bei Nago (bei Torbole am Gardasee)*

Bleistift; 37,8 x 51,6 cm (quadriert)
Beschr. rechts unten: »Bei Nago, 11. Sept. 43«
München, Bayer. Staatsbibl., Klenzeana IX, 5/4

Z 285 Kruzifix mit Assistenzfiguren in Schloß Tyrol

Bleistift; 23,6 x 32,0 cm
Beschr. rechts unten: »Schloß Tyrol 14. Sept. 43«
Vgl. Z 286
München, Bayer. Staatsbibl., Klenzeana IX, 7/13

Z 286 Fensterlaibung mit eingestellter Säule und Feigenstrauch

Bleistift; 23,6 x 32,0 cm
Beschr. rechts: »Schl. Tyrol 17 Sept 43«
Vgl. Z 285
München, Bayer. Staatsbibl., Klenzeana IX, 13/42

Z 287 Rekonstruktive Ansicht der Akropolis*

Feder über Bleistift; 52,5 x 76,3 cm; teilweise quadriert
Beschr. rechts unten: »Leo v. Klenze fec 14. Nov. 43«
Vorzeichnung für G 55
München, Bayer. Staatsbibl., Klenzeana XX, 2

Z 288 Entwurf zur Ausgestaltung der Akropolis

Feder, Transparentpapier auf Karton aufgezogen; 58,3 x 95,5 cm
Beschr.: mit verschiedenen Farbangaben
Das Blatt besteht aus zwei zusammengeklebten Bögen.
Literatur: Hederer, Seite 55 Abb. 20 und Seite 431; dort auf 1854 datiert.
München, Staatl. Graph. Slg., Inv. Nr. 26.838-Mappe Griechenland/Athen

Z 289 Standbild der Athena mit Schild und erhobener Lanze*

Bleistift; 10,8 x 7,5 cm
Rückseite: Nachlaßstempel Schwanthaler
Zeichnung Ludwig Schwanthalers, verwendet für Z 290, siehe G 55
Literatur: F. Otten u. K. Eidlinger, Ludwig Michael Schwanthaler, München (1970), Abb. 169; dort als Entwurf für die Bavaria aufgeführt.
München, Stadtmuseum, Maillingerslg., Inv.Nr. S 1255 [A 179/71]

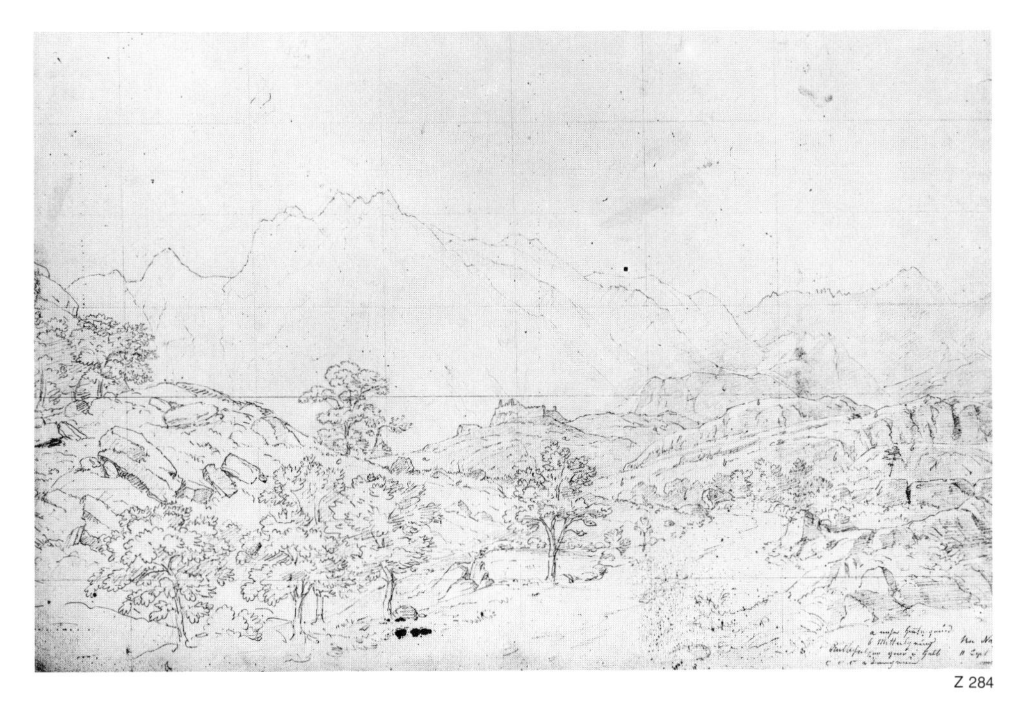

Z 284

Z 290 Standbild der Athena mit Lanze und Schild*

Bleistift; 17,2 x 81,1 cm
Vorzeichnung für G 55; möglicherweise von Schwanthaler, oder von Klenze nach einem Entwurf Schwanthalers (Z 289)
München, Bayer. Staatsbibl., Klenzeana IX, 14/5

Z 291 Gruppe antik gekleideter Personen*

Bleistift; 10,7 x 13,1 cm
Vorzeichnung zur Figurenstaffage in G 55
München, Bayer. Staatsbibl., Klenzeana IX, 14/4

Z 292 Gruppe antik gekleideter Personen mit Schriftrollen*

Bleistift und Rötel; 16,2 x 23,9 cm
Vorzeichnung zur Figurenstaffage von G 55
wohl von L. Schwanthaler; ehemals im Besitz Klenzes
München, Privatbesitz

Z 293 Skizze nach antiken Plastiken – Drei Grazien, Krieger mit Schild und Athena*

Bleistift; 13,4 x 10,5 cm
Beschr. Mitte unten: »Stila« sowie »406/16« und »T 27« (nachträglich)
Athena Vorlage zu G 73 (Standbild auf Balustrade, links); Krieger mit Schild Vorlage zu G 55 (links, unterhalb des Parthenon); vgl. Z 524, Z 525 und Z 527
Privatbesitz

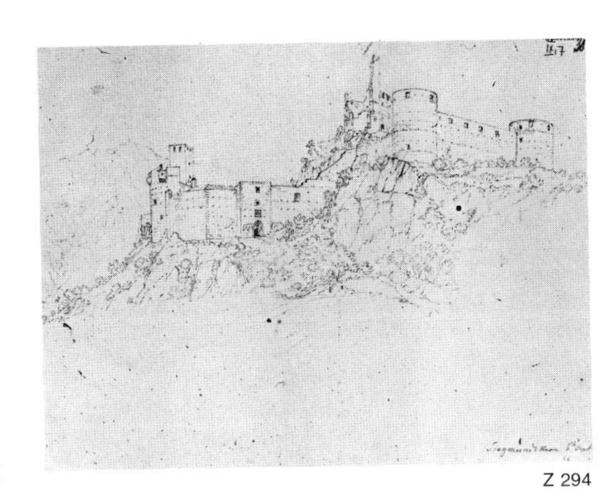

Z 294

Z 298

Z 297

1844

Z 294 Ansicht der Burg Sigmundskron bei Bozen*

Bleistift; 23,6 x 32,0 cm
Wasserzeichen: J. WH[ATMAN] TURK[EY MILL] 18 . .
Beschr. rechts unten: »Siegmundskron 6. Sept. 44«
München, Bayer. Staatsbibl., Klenzeana IX, 7/30

Z 295 Ansicht von Schloß Vorst bei Meran

Bleistift; 23,6 x 31,8 cm
Vorzeichnung für Z 299, vgl. Z 296
München, Staatl. Graph. Slg., Inv. Nr. 27.801-Mappe 140/1

Z 296 Schloß Vorst bei Meran

Bleistift; 23,2 x 28,5 cm
Vgl. Z 299 und Z 295
München, Bayer. Staatsbibl., Klenzeana IX, 7/26

Z 297 Mittelalterliche Burganlage (Südtirol?)*

Bleistift; 23,6 x 32,0 cm
Beschr. rechts unten: »21. Sept. 44«
Vorlage für Z 298
München, Staatl. Graph. Slg., Inv. Nr. 27.780-Mappe 140/1

Z 298 Mittelalterliche Burg*

Feder über Bleistift und Bleistift; 36,8 x 45,7 cm
Nach Z 297
München, Bayer. Staatsbibl., Klenzeana IX, 7/10

Z 299

Z 299 Ansicht von Schloß Vorst bei Meran*

Feder über Bleistift; 36,5 x 45,4 cm
Beschr. rechts unten: »Schloß Forst bei Meran«
Literatur: Hederer, S. 411
Vorzeichnung hierzu Z 295; vgl. Z 296
München, Staatl. Graph. Slg., Inv. Nr. 27.764-Mappe 35/1

1845

Z 300 Camposanto in Pisa*

Feder über Bleistift; 34,4 x 49,2 cm
Beschr. rechts unten: »Campo santo Pisa«; links oben: Farbangaben
Reinzeichnung für G 66; vgl. Z 363
Literatur: Hederer, Seite 385, Abb. 245, Seite 435, Seite 415, Nr. 12
München, Bayer. Staatsbibl., Klenzeana IX, 7/29

Z 301 Greif und sitzende Frauengestalt im Camposanto von Pisa*

Bleistift; 17,2 x 26,9 cm
Beschr.: »mastiani Brunacci«
Vorzeichnung für G 66; vgl. Z 363
München, Bayer. Staatsbibl., Klenzeana IX, 7/36

Z 302 Greif im Camposanto von Pisa*

Bleistift; 16,7 x 21,3 cm
Beschr. links unten: »Pisa 15ter Sept. 45«; Mitte: »Schweif fehlt«, Rückseite: quadrierte Umrißzeichnung des Greifen (Bleistift).
Vorzeichnung zu G 66; vgl. Z 363
München, Bayer. Staatsbibl., Klenzeana IX, 14/12

Z 303

Z 303 Taufkapelle in Pisa*

Bleistift; 44,1 x 28,9 cm
Beschr. rechts unten: »Taufkapelle in Pisa«
Detailskizzen hierzu Z 304 und Z 305
München, Bayer. Staatsbibl., Klenzeana IX, 5/2

Z 304 Verschiedene Detailskizzen der Kanzel im Baptisterium zu Pisa

Bleistift; 28,8 x 44,1 cm
Beschr.: verschiedene Materialangaben sowie »406/16« und »T 43« (nachträglich)
Vorlage zu Z 303, vgl. Z 305
Privatbesitz

Z 305 Verschiedene Architekturdetails des Baptisteriums in Pisa

Bleistift; 16,7 x 21,2 cm
Beschr.: französische Architekturbezeichnungen sowie »406/16« und »T 53« (nachträglich)
Vorlage zu Z 303, vgl. Z 304
Privatbesitz

Z 306 Blick auf das Forum Romanum in Rom durch eine Arkade des Kolosseums*

Bleistift und Feder über Bleistift; 44,1 x 29,0 cm
Beschr. rechts unten: »4 Oct. 45«, unterer Bildrand: Farbangaben
Vorzeichnung für G 65
Literatur: Hederer, Seite 415 und Seite 435, Abb. Seite 436, Nr. 251
München, Bayer. Staatsbibl., Klenzeana IX, 9/9

Z 307 Zwei Männer beim Morraspiel*

Feder über Bleistift; 14,2 x 21,1 cm (quadriert)
Vorzeichnung für G 65
München, Bayer. Staatsbibl., Klenzeana IX, 14/28

Z 308 Frau in süditalienischer Tracht mit Kind*

Feder über Bleistift; 17,2 x 8,4 cm (quadriert)
Beschr.: »406/16« und »T 11« (nachträglich
Knabe leicht veränderte Vorlage zu G 65
Rückseite: flüchtige Architekturskizze
Privatbesitz

Z 309 Villa Borghese in Rom*

Bleistift; 28,9 x 44,1 cm
München, Staatl. Graph. Slg., Inv. Nr. 27.756-Mappe 140/1

Z 310 Blick auf den Septimius-Severus-Bogen und das Tabularium auf dem Forum Romanum in Rom

Bleistift; 16,7 x 21,3 cm
Beschr. links unten: »Capitol« und Materialangaben
Rückseite: Detailskizzen antiker Fragmente am Forum Romanum
Beschr. rechts unten: »Capitol« und Materialangaben
München, Bayer. Staatsbibl., Klenzeana IX, 7/16

Z 311 Zypresse

Bleistift; 21,2 x 16,8 cm
Rückseite: Palme
Beschr. rechts oben: »S. Giov. in La [ter] ano«
München, Bayer. Staatsbibl., Klenzeana IX, 13/27

Z 312 Blick in einen Klosterhof in Viterbo*

Feder über Bleistift; 32,7 x 50,2 cm
Beschr. rechts unten: »Viterbo 12. Octb. 45«
Detailzeichnungen hierzu Z 313
München, Staatl. Graph. Slg., Inv. Nr. 27.781-Mappe 35/1

Z 313 Zieh- und Schalenbrunnen sowie Architekturdetail aus Viterbo

Bleistift; 21,4 x 27,0 cm
Wasserzeichen: J. WHATMAN TURKEY MILL
Beschr.: »406/16« und »T 2« (nachträglich)
Maßwerkbogen und Ziehbrunnen Vorlage für Z 312
Privatbesitz

Z 309

Z 312

Z 314 Innenansicht von San Miniato al Monte in Florenz – Blick aus der Krypta nach Westen*

Feder über Bleistift; 44,1 x 28,9 cm
Beschr. rechts unten: »San Miniato de Tedeschi 22. oct. 45«, oberer Blattrand: Farbangaben
Vorlage hierzu Z 225 verso
München, Bayer. Staatsbibl., Klenzeana IX, 5/1

Z 314

Z 315 Innenansicht von San Miniato al Monte in Florenz*

Feder über Bleistift; 55,3 x 40,1 cm
Beschr. oberer Rand: Farbangaben, rechts unten: »San Miniato de Tedeschi 27. Oct. 1845«
Vorlagen hierzu Z 225, Z 316 und Z 317; vgl. G 60 und Z 314, Z 318, Z 319 und Z 320
Literatur: Marggraff, 1884, S. 24, Nr. 328
München, Staatl. Graph. Slg., Inv. Nr. 27.782-Mappe 35/1

Z 316 Apsismosaik von S. Miniato al Monte in Florenz*

Feder und Bleistift; 23,6 x 24,4 cm
Vorlage zu Z 315, siehe G 60
München, Bayer. Staatsbibl., Klenzeana IX, 12/10

Z 317 Detailskizzen der Kanzel in S. Miniato al Monte in Florenz

Bleistift; 16,7 x 21,3 cm
Beschr. rechts unten: »San Miniato« sowie Maßangaben und Erläuterungen
Vgl. Z 315 bzw. G 60 und Z 320
München, Bayer. Staatsbibl., Klenzeana IX, 7/17

Z 318 Details von Obergaden und Fußboden aus San Miniato al Monte in Florenz

Feder über Bleistift; 17,4 x 24,1 cm
Beschr. rechts oben: »San Miniato«, Farb- und Materialangaben
München, Bayer. Staatsbibl., Klenzeana IX, 12/16

Z 319 Deckendetail aus San Miniato al Monte in Florenz

Feder über Bleistift; 17,4 x 23,9 cm
Beschr. rechts unten: »San Miniato«, Farb- und Materialangaben
München, Bayer. Staatsbibl., Klenzeana IX, 7/15

Z 320 Blick aus dem Chor von S. Miniato al Monte in Florenz nach Südwesten

Bleistift; 29,0 x 44,0 cm
Beschr.: »406/16« und »T 44« (nachträglich)
Vgl. Z 317
Privatbesitz

Z 323

Z 321 Teilgrundriß von S. Miniato al Monte in Florenz

Feder über Bleistift; 24,0 x 17,5 cm
Beschr. rechts unten: »San Miniato« und Maßangaben
München, Bayer. Staatsbibl., Klenzeana IX, 7/18

Z 322 Or San Michele in Florenz

Bleistift; 34,9 x 23,5 cm
Wasserzeichen: GBA in Kartusche
Beschr. rechts unten: »Oratorio d'orsanmichele«
München, Bayer. Staatsbibl., Klenzeana IX, 7/21

Z 323 Die Sakristei von S. Croce in Florenz*

Feder über Bleistift; 50,7 x 60,3 cm
Beschr. rechts unten: »Florenz«
Siehe Z 324
München, Bayer. Staatsbibl., Klenzeana IX, 12/37

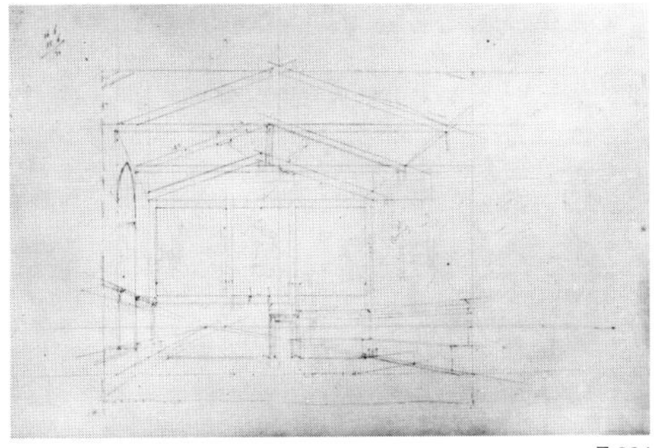

Z 324

Z 324 Raumperspektive der Sakristei von S. Croce in Florenz*

Bleistift; 29,0 x 44,1 cm
Beschr. Rückseite: Material- und Farbangaben zum Klosterhof von S. Croce; vgl. Z 325
Prägestempel: Canson
Konstruktionszeichnung zu Z 323
München, Bayer. Staatsbibl., Klenzeana IX, 7/12

Z 325 Blick in den Klosterhof von S. Croce mit Pazzikapelle

Bleistift; 24,1 x 17,5 cm
Beschr.: »406/16« und »T 5« (nachträglich)
Vgl. Z 324 verso
Rückseite: ausführliche Farb- und Materiallegende zum Hof des Franziskanerklosters in Fiesole, vgl. Sk 4, Pag. 20 und G 47
Privatbesitz

Z 326 Blick in Kreuzgang in Fiesole*

Feder über Bleistift; 29,0 x 44,0 cm
Beschr. rechts unten: »Fiesole 29. 8.ber (Oktober) 45«
Rückseite: »Handzeichnung von Leo v. Klenze († 27. Januar 1864) Erhalten von Gf. Otting 17. Febr. 1869«
Literatur: Deutsche Romantik – Handzeichnungen, München 1973, Abb. 741; Ausstellungskatalog: Deutsche Romantiker in Italien, Städt. Galerie München 1950, Nr. 179
München, Staatl. Graph. Slg., Inv. Nr. 168:1918-Mappe 140/1

Z 327 entfällt

Z 326

Z 328 Baptisterium in Pistoja*

Bleistift; 58,8 x 42,5 cm
Wasserzeichen: J. WHATMAN 1844
Beschr. links unten: »Stamperia vescocile« und Farbangaben
Vorzeichnung hierzu Z 330, vgl. Z 329 und G 77
München, Bayer. Staatsbibl., Klenzeana IX, 7/38

Z 329 Baptisterium in Pistoja*

Bleistift; 44,1 x 29,0 cm
Vgl. Z 328 und G 77
München, Bayer. Staatsbibl., Klenzeana IX, 7/5

Z 330 Detailsskizze eines Palastes in Pistoja

Bleistift; 44,0 x 28,8 cm
Beschr.: Material- und Farbangaben sowie »406/16« und »T 46« (nachträglich)
Vorlage zu Z 328, siehe G 77
Privatbesitz

Z 331 Ansicht eines italienischen Platzes mit Kirche*

Bleistift; 30,0 x 42,3 cm
Beschr.: mit Farbangaben
Skizze zu G 52
München, Bayer. Staatsbibl., Klenzeana IX, 10/2

Z 332 Stehender Mönch mit Knabe*

Bleistift; 17,9 x 22,2 cm (teilweise quadriert)
Beschr.: »406/16« und »T 19« (nachträglich)
Vorlage zur Staffage von G 53
Privatbesitz

Z 333 Italienisches Kruzifix*

Bleistift; 32,0 x 23,6 cm
Beschr. rechts oben: Farbangaben
Vorzeichnung für G 53
München, Bayer. Staatsbibl., Klenzeana IX, 14/54

Z 334 Pilger und sitzender Mönch*

Bleistift; 33,7 x 20,9 cm
Vorstudie zur Figurenstaffage von G 54
München, Bayer. Staatsbibl., Klenzeana IX, 14/45

Z 335 Zeustempel in Selinunt mit Staffagefiguren*

Öl auf Pappe; auf Karton aufgezogen; 31,6 x 46,6 cm
Beschr. links unten: »L v Klze 50«
Aus dem König-Ludwig-Album;
Vgl. Z 75 und Z 76
München, Staatl. Graph. Slg., KLA 37

Z 335

XIV Der Hof des Palazzo Rufolo in Ravello bei Amalfi, 1861. G 71

XV »Athen im Altertum«, 1862. G 73

XVI Tor des Königs Kokalos in Agrigent, 1823/24. Z 81

1851

Z 336 Blick in einen Kreuzgang mit Wandmalerei – Darstellung der Kirchenväter und Szene aus dem Leidensweg Christi*

Feder über Bleistift; 28,3 x 41,0 cm
Beschr. rechts unten: »24. Sept. 51«, rechte Seite: verschiedene Farbangaben
München, Bayer. Staatsbibl., Klenzeana IX, 12/19

Z 337 Marktplatz in Trient*

Feder über Bleistift; 28,3 x 40,8 cm
Beschr. links unten: »Trento 27 7bre 51«
Reinzeichnung nach Z 338. Der Schalenbrunnen hinzugefügt.
München, Staatl. Graph. Slg., Inv. Nr. 27.816-Mappe 140/1

Z 338 Marktplatz in Trient*

Bleistift; 28,3 x 40,9 cm
Beschr. links unten: verschiedene Farbangaben
Rückseite: Architekturdetails
Vorlage zu Z 337, datiert vom 27. Sept. 1851
München, Bayer. Staatsbibl., Klenzeana IX, 13/60

Z 339 Franziskanerkloster bei Trient*

Feder über Bleistift; 28,3 x 41,0 cm
Beschr. links unten: »Convento dei P. P. Zoccolanti presso Trento 29. Sept. 51«
München, Bayer. Staatsbibl., Klenzeana IX, 8/2

Z 336

Z 337

Z 339

Z 338

1852

Z 340 Agaven
Bleistift; 17,2 x 26,4 cm
Beschr. rechts oben: »Girgenti«, links unten: »Nizza 11. maggio 52«
München, Staatl. Graph. Slg., Inv. Nr. 27.791-Mappe 140/1

Z 341 Agaven
Bleistift; 17,1 x 27,0 cm
Beschr. rechts unten: »16 mai«
München, Staatl. Graph. Slg., Inv. Nr. 27.788-Mappe 140/1

Z 342 Agaven*
Bleistift; 17,1 x 26,9 cm
Beschr. links unten: »Nizza 18 mai 52«
München, Staatl. Graph. Slg., Inv. Nr. 27.789-Mappe 140/1

Z 343 Palme
Bleistift; 27,0 x 17,2 cm
Beschr. links unten: »18 mai«
Rückseite: Spitzen von Palmzweigen (beschnitten)
München, Bayer. Staatsbibl., Klenzeana IX, 13/31

Z 344 Straße in Avignon*
Feder über Bleistift; 31,8 x 44,1 cm
Beschr. rechts unten: »Avignon 18 mai«, links unten: Farbangaben
Detailvorlagen hierzu Z 345
Literatur: Hederer, Seite 69, Abb. 26 und Seite 431
München, Bayer. Staatsbibl., Klenzeana IX, 9/2

Z 345 Aufriß einer Fensterachse in Avignon und Fensterprofil
Bleistift; 22,1 x 24,4 cm
Wasserzeichen: 38 (Fragment)
Vorlage für Z 344
München, Bayer. Staatsbibl., Klenzeana IX, 9/15

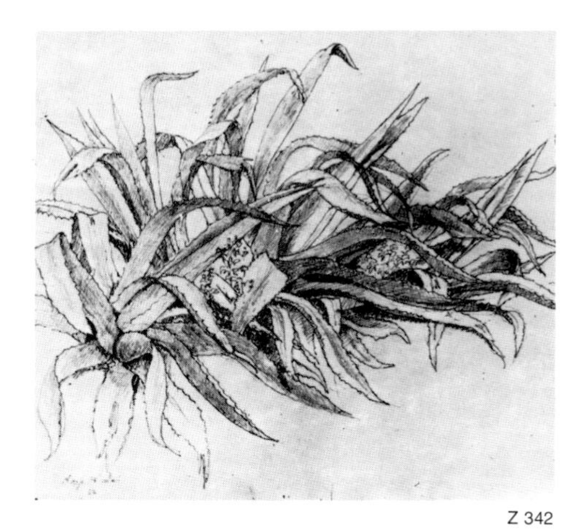

Z 342

Z 344

Z 347

Z 349

Z 346 Flüchtige Architekturskizze
Bleistift; 23,4 x 27,8 cm
Beschr. links oben: »Avigno«, verschiedene Farbangaben und »406/16« und »T 64« (nachträglich)
Privatbesitz

Z 347 Ansicht von Villeneuve-lès-Avignon*
Feder über Bleistift; 31,4 x 47,6 cm
Wasserzeichen: J. WHA[TMAN]
Beschr. links unten: »Villeneuve des Avignons 19 mai 52«
München, Bayer. Staatsbibl., Klenzeana IX, 9/4

Z 348 Ansicht der Porta San Gallo in Florenz
Feder über Bleistift, laviert; 21,6 x 29,9 cm
Wasserzeichen: [WH]ATMAN
Beschr.: Farb- und Materialangaben
Rückseite links oben: »Porta San Gallo in florenz 27 mai 52«
Vorlage hierzu Z 349 verso
Literatur: Verkaufskatalog 150 Handzeichnungen und Aquarelle aus 3 Jahrhunderten, Joseph Fach OHG, Frankfurt 1973, Nr. 63, Abb. S. 15; Verkaufskatalog Vierzig Zeichnungen von 1780 bis 1880, C. G. Boerner, Düsseldorf 1974 anläßlich der 13. Stuttgarter Antiquariatsmesse, Nr. 23, Abb. Tf. 3; Ulrike Gauss, Die Zeichnungen und Aquarelle des 19. Jahrhunderts in der Graphischen Sammlung der Staatsgalerie Stuttgart, Stuttgart 1976, S. 104, Nr. 1673
Stuttgart, Graphische Sammlung der Staatsgalerie, Inv. Nr. C 74/2354

Z 349 Ansicht der Porta Romana in Florenz*
Feder über Bleistift; 21,8 x 29,9 cm
Wasserzeichen: J. WH[ATMAN]
Beschr. links unten: »Porta Romana, Florenz 30. mai 52«, verschiedene Farbangaben
Rückseite: Bleistiftzeichnung der Porta San Gallo in Florenz. Beschr. rechts oben: »Porta, Porta, Porta«
Vorlage zu Z 348
München, Bayer. Staatsbibl., Klenzeana IX, 9/13

Z 350 Baumstudien aus dem Giardino Boboli in Florenz*

Bleistift; 29,9 x 21,3 cm
Wasserzeichen: [J. WHA]TMAN
Beschr. links unten: »Boboli, 27. mai 52«
München, Staatl. Graph. Slg., Inv. Nr. 27.786-Mappe 140/1

Z 351 Zypressengruppe

Bleistift; 21,8 x 29,9 cm
Beschr. links unten: »Poggio Imperiale 29 maggio 52«
München, Bayer. Staatsbibl., Klenzeana IX, 13/32

Z 352 Baumgruppe mit Standbild

Feder über Bleistift; 34,9 x 23,6 cm
Wasserzeichen: GBA in Kartusche
Beschr. rechts unten: »Poggio imperiale«
München, Bayer. Staatsbibl., Klenzeana IX, 11/26

Z 353 Laubbaum in den Boboligärten in Florenz

Bleistift; 21,9 x 29,9 cm
Wasserzeichen: 42 (Fragment)
Beschr. rechts unten: »Licinia Boboli 31 mai 52«
Im Hintergrund ein Schalenbrunnen und Architektur angedeutet
München, Bayer. Staatsbibl., Klenzeana IX, 13/37

Z 350

Z 354 Ansicht des Domes von Prato*

Feder über Bleistift; 45,0 x 62,4 cm
Wasserzeichen: J. WHATMAN
Beschr. links unten: »Prato«, rechts Mitte: Konstruktionsangaben
Reinzeichnung nach Z 355, Detailskizzen hierzu Z 356, Z 357 und Z 358
München, Staatl. Graph. Slg., Inv. Nr. 27.719-Mappe Denkmäler/Reisestudien

Z 355 Ansicht des Domes von Prato*

Bleistift; 21,8 x 30,0 cm
Wasserzeichen: J. WHA[TMAN]
Beschr.: Farbangaben
Vorlage für Z 354, Detailskizzen hierzu Z 356, Z 357 und Z 358
München, Bayer. Staatsbibl., Klenzeana IX, 9/16

Z 356 Architektonische Detailskizzen des Doms von Prato

Bleistift; 21,9 x 29,9 cm
Wasserzeichen: [WHA]TMAN
Beschr.: mit Farb- und Materialangaben linke Ecke ausgerissen
Vorlage für Z 354 und Z 355, vgl. Z 357 und Z 358
München, Bayer. Staatsbibl., Klenzeana IX, 9/18

Z 354

Z 355

Z 357 Architektonische Detailskizzen des Doms von Prato

Bleistift und Feder; 21,8 x 29,9 cm
Wasserzeichen: [WHA]TMAN
Beschr.: verschiedene Bezeichnungen und Notizen
Vorlage für Z 354 und Z 355, vgl. Z 356 und Z 358
München, Bayer. Staatsbibl., Klenzeana IX, 9/11

Z 358 Verschiedene Architekturdetails des Domes von Prato

Feder über Bleistift; 22,2 x 29,9 cm
Wasserzeichen: [WHA]TMAN
Beschr.: ausführliche Material- und Farbangaben sowie »406/16« und »T 37« (nachträglich)
Vorlage zu Z 354 und Z 355, vgl. Z 356 und Z 357
Privatbesitz

Z 359 Baumgruppe in Prato

Feder über Bleistift; 34,7 x 23,5 cm
Beschr. links unten: »nel Prato«
vgl. Z 63, Z 360
München, Bayer. Staatsbibl., Klenzeana IX, 11/27

Z 360 Landschaft bei Florenz

Feder über Bleistift; 23,5 x 34,9 cm
Beschr. rechts unten: »Del Prato a Firenze«
Vgl. Z 63, Z 359
München, Bayer. Staatsbibl., Klenzeana IX, 11/28

Z 361 Säule mit Kruzifix*

Feder über Bleistift; 28,7 x 20,9 cm
Beschr. links unten: »Florenz 4. Juny 52«
Die gleiche Säule ohne Bedachung verwendet als Versatzstück im Vordergrund von Z 450
München, Staatl. Graph. Slg., Inv. Nr. 27.790-Mappe 140/1

Z 362 Ansicht von S. Gimignano*

Feder über Bleistift; 32,1 x 49,1 cm
Beschr. links unten: »Sn. Geminiano delle belle Torri 5. Juny 52« und verschiedene Farbangaben
Vorlage zu Z 478 (datiert 1862, mit geändertem Vordergrund und figürlicher Staffage), siehe G 75

Z 369

Literatur: Hederer, Seite 67, Abb. 24 und Seite 431
München, Bayer. Staatsbibl., Klenzeana IX, 3/5

Z 363 Greif im Campo Santo zu Pisa und Ansicht von S. Agata in Pisa mit verschiedenen Architekturdetails

Bleistift und Feder über Bleistift; 21,9 x 29,9 cm
Beschr. links oben: »Pisa 7 Giunio 52«, verschiedene Architekturbezeichnungen sowie »406/16« und »T 68« (nachträglich)
Vgl. Z 301, Z 302, Z 326 und G 66
Privatbesitz

Z 364 Zwei Laubbäume und Palme

Feder über Bleistift; 21,8 x 29,9 cm
Wasserzeichen: [WHA]TMAN
Beschr. rechts unten: »agrumi – palma Pietra Santa 9 t. Giugno 52«
München, Bayer. Staatsbibl., Klenzeana IX, 11/34

Z 365 Ölbäume auf felsigem Grund und Palme

Bleistift; 21,8 x 29,9 cm
München, Bayer. Staatsbibl., Klenzeana IX, 13/30

Z 366 Grasbewachsener Felsen

Bleistift; 21,8 x 29,9 cm
München, Bayer. Staatsbibl., Klenzeana IX, 10/7

Z 367 Laubbaum

Bleistift; 30,0 x 21,8 cm
Wasserzeichen: [WHA]TMAN
München, Bayer. Staatsbibl., Klenzeana IX, 13/34

Z 368 Architektonische Detailskizzen eines italienischen Palazzos

Bleistift; 21,8 x 29,9 cm
München, Bayer. Staatsbibl., Klenzeana IX, 9/17

Z 369 Ansicht von Portovenere*

Feder über Bleistift; 31,2 x 47,8 cm
Beschr. rechts unten: »porto Venere 10. Juin 52«, rechts oben: Blindstempel mit offener Krone
Literatur: Marggraff, 1884, S. 24, Nr. 333, Hederer, Seite 69, Abb. 25; Seite 431
München, Staatl. Graph. Slg., Inv. Nr. 27.785-Mappe 35/1

Z 370

Z 373

Z 370 Ansicht von Portovenere*

Bleistift; 31,7 x 47,7 cm
Wasserzeichen: J. WHA[TMAN]
Beschr.: Farbangaben
Skizze zu Z 369
Literatur: Hederer, Seite 69, Abb. 25 und Seite 431
München, Bayer. Staatsbibl., Klenzeana IX, 9/10

Z 371 Laubbaum im Park der Villa Doria in Genua

Feder über Bleistift; 13,9 x 27,0 cm
Wasserzeichen: J. WH[ATMAN]
Beschr. rechts unten: »Giard. D'Oria Genova 15. Giugno 52«
Vgl. Z 372
Rückseite: Felsengruppe
München, Bayer. Staatsbibl., Klenzeana IX, 9/1

Z 372 Baum- und Kaktusstudien

Feder über Bleistift; 21,8 x 29,9 cm
Beschr. rechts unten: »Agrumi. Giard. D'Oria Genova 15 Giugni 52«
Vgl. Z 371
München, Staatl. Graph. Slg., Inv. Nr. 27.787-Mappe 140/1

Z 373 Stadtansicht von Genua und Figurennische*

Feder über Bleistift; 29,6 x 45,8 cm
Wasserzeichen: J. WHATMAN TURKEY MILL 1850
Beschr. rechts unten: »congregazione dei RR operai evangelici Genova 16. Juny 52«
links unten: Farbangaben
Rückseite: »Handzeichnung von Leo v. Klenze († 27. Januar 1864). Erhalten von Gf. Otting 17. Febr. 1869«
München, Staatl. Graph. Slg., Inv. Nr. 1918:169-Mappe 140/1

Z 374

Z 374 Blick auf den Donjon der ehem. Abtei von Montmajour*

Feder über Bleistift; 49,2 x 34,2 cm
Vorzeichnung hierzu Z 375; Detailskizzen Z 376
München, Bayer. Staatsbibl., Klenzeana IX, 12/33

Z 379

Z 381

Z 375 Blick auf den Donjon der ehem. Abtei von Montmajour

Bleistift; 44,5 x 30,2 cm
Beschr. rechts unten: »Montmajour 20 Juny« sowie »406/16« und »T 47« (nachträglich)
Vorzeichnung zu Z 374, vgl. 376
Rückseite: verschiedene Entfernungen französischer Orte
Privatbesitz

Z 376 Detailskizzen von Arkadenbögen und Triforienfenster wohl aus der ehem. Abtei von Montmajour

Bleistift; 32,0 x 23,6 cm
Vgl. Z 374 und Z 375
München, Bayer. Staatsbibl., Klenzeana IX, 12/27

Z 377 Ansicht der Kathedrale von Avignon mit Papstpalast

Feder über Bleistift; 32,4 x 46,8 cm
Beschr. linke Seite: »Avignon 24. Juin 52«
Literatur: Hederer, Seite 71, Abb. 27/28 und Seite 431
Vorlage hierzu Z 378 und Z 386, vgl. Z 385
München, Staatl. Graph. Slg., Inv. Nr. 27.784-Mappe 35/1

Z 378 Architekturdetails der Kathedrale von Avignon

Bleistift; 23,5 x 27,8 cm
Vorlage für Z 377, vgl. Z 386
München, Bayer. Staatsbibl., Klenzeana IX, 9/12

Z 379 Ansicht des Papstpalastes und der Kathedrale von Avignon*

Feder über Bleistift; 30,3 x 49,2 cm
Rückseite: Bleistiftskizze einer Dachlandschaft
Detailskizzen hierzu Z 380
München, Staatl. Graph. Slg., Inv. Nr. 27.706-Mappe 35/1

Z 380 Architekturdetails aus Avignon und Tarascon

Bleistift; 21,8 x 29,9 cm
Wasserzeichen: J. WHA[TMAN]
Schalenbrunnen, Treppengeländer und Balustrade mit Bank
Vorlage für Z 379; Torbau Vorlage für Z 384, vgl. Z 381 und Z 382
München, Bayer. Staatsbibl., Klenzeana IX, 9/14

Z 381 Tarascon, Schloß und Stadtansicht*

Bleistift; 34,3 x 49,1 cm
Beschr.: Farbangaben
Vorlagen hierzu Z 382 und Z 383
München, Bayer. Staatsbibl., Klenzeana IX, 12/34

Z 382 Ansicht von Schloß Tarascon

Bleistift; 21,8 x 30,0 cm
Beschr.: »406/16« und »T 59« (nachträglich)
Vorlage zu Z 381, vgl. Z 383
Rückseite: ausführliche Material- und Farbangaben
Privatbesitz

Z 383 Ansicht der Burg von Beaucaire bei Tarascon

Bleistift; 21,8 x 29,8 cm
Wasserzeichen: [J. WHA]TMAN
Beschr.: »406/16« und »T 66« (nachträglich)
Vorlage zu Z 381 (Burg im Hintergrund)
Rückseite: Verschiedene Architekturdetails von Ste-Marthe und dem Schloß in Tarascon
vgl. Z 381 und Z 382
Privatbesitz

Z 384 Ansicht von Schloß Tarascon

Bleistift; 17,1 x 26,9 cm
Vorzeichnung hierzu Z 380
München, Bayer. Staatsbibl., Klenzeana IX, 7/42

Z 385 Südansicht von Ste-Marthe in Tarascon*

Feder über Bleistift; 32,0 x 48,8 cm
Beschr.: Farbangaben
Vorlage hierzu Z 386; der Baum kehrt in Z 377 wieder
München, Staatl. Graph. Slg., Inv. Nr. 27.705-Mappe 35/1

Z 386 Laubbaum und Architekturdetails von Schloß Tarascon

Bleistift; 22,1 x 23,6 cm
Wasserzeichen: [J. WH]ATMAN
Beschr.: »406/16« und »T 76« (nachträglich)
Vorlage für Z 377 und Z 385, vgl. Z 378
Privatbesitz

Z 387 Ansicht von Vaucluse in der Provence

Bleistift; 32,8 x 48,3 cm
Beschr. links unten: »Vaucluse 23. Juni«
München, Staatl. Graph. Slg., Inv. Nr. 27.783-Mappe 35/1

Z 388 Architektonische Detailskizzen des Louvre

Bleistift; 21,8 x 29,8 cm
Beschr.: verschiedene Maßangaben sowie »406/16« und »T 65« (nachträglich)
Rückseite: flüchtige Skizze eines Portales
Beschr.: mit Farbangaben
Privatbesitz

Z 389 Verschiedene Architekturdetails des Louvre

Bleistift; 21,9 x 29,9 cm
Beschr.: verschiedene Farbangaben sowie »406/16« und »T 67« (nachträglich)
Privatbesitz

1853

Z 390 Küstenstraße mit Häusern*

Feder über Bleistift; 34,0 x 51,4 cm
Beschr. rechts unten: »1. Mai 53«
München, Bayer. Staatsbibl., Klenzeana IX, 2/29

Z 391 Schloß Heidelberg*

Feder über Bleistift; 30,0 x 42,3 cm
Beschr. links unten: »20. Juny 53«, Farbangaben
Detailskizze hierzu Z 392
München, Staatl. Graph. Slg., Inv. Nr. 27.792-Mappe 140/1

Z 392 Architektur- und Ornamentdetails aus dem Heidelberger Schloß

Bleistift; 30,0 x 42,3 cm
z. T. verwendet für Z 391
München, Bayer. Staatsbibl., Klenzeana IX, 7/22

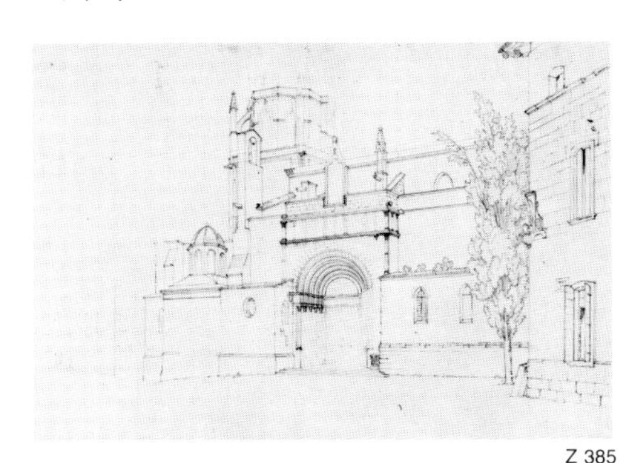

Z 385

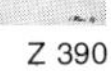

Z 390

Z 391

Z 393

1854

Z 393 Ansicht von Dorf Tyrol*

Bleistift; 35,9 x 51,3 cm
später von anderer Hand datiert 1854
München, Staatl. Graph. Slg., Inv. Nr. 27.804-Mappe 35/1

Z 394 Kastell am Meer mit Gebirgslandschaft im Hintergrund*

Feder über Bleistift; 28,3 x 40,9 cm
Vorlage hierzu Z 396; Vorzeichnung für Z 395; vgl. Z 397 recto (Skizze im Hintergrund)
Rückseite: Ansicht einer Festung (Bleistift)
Beschr. links oben: »13 mai 54«
München, Staatl. Graph. Slg., Inv. Nr. 27.825-Mappe 140/1

Z 395 Kastell am Meer mit Gebirgslandschaft im Hintergrund*

Feder über Bleistift; 28,3 x 40,9 cm
Rückseite: Gebirgslandschaft am Meer (Bleistift)
Vorzeichnung hierzu Z 394 verso
München, Staatl. Graph. Slg., Inv. Nr. 27.826-Mappe 140/1

Z 396 Felsengruppe mit Höhle, Landschaft am Wasser, Gewanddetail

Bleistift; 17,2 x 27,0 cm
Beschr.: Berechnungen
Felsengruppe im Vordergrund Vorlage für Z 394
Rückseite: liegende Grabplatten und Epitaph
München, Bayer. Staatsbibl., Klenzeana IX, 2/19

Z 397 Bäume am Weg und Kastell am Meer (Hintergrund)

Bleistift; 17,2 x 27,0 cm
Beschr.: »406/16« und »T 4« (nachträglich)
Vgl. Z 394
Rückseite: Verschiedene Detailskizzen eines Turmgeschosses und Felspartien
Beschr.: Farblegende
Privatbesitz

Z 398 Ponte di Carignano in Genua*

Feder über Bleistift; 46,4 x 34,2 cm
Beschr. rechts unten: »Genua 22. mai 54 verte«, Rückseite: ausführliche Farbangaben
Vorlagen hierzu Z 399 und Z 400
München, Staatl. Graph. Slg., Inv. Nr. 27.803-Mappe 35/1

Z 399 Architektonische Detailskizzen aus Genua

Bleistift; 17,2 x 26,9 cm
Beschr.: mit Farbangaben
Vorlage für Z 398, vgl. Z 400
Rückseite: architektonische Detailskizzen aus Genua
Beschr.: Farb- und Materialangaben
München, Bayer. Staatsbibl., Klenzeana IX, 7/35

Z 394

Z 395

Z 400 Architektonische Detailskizzen aus Genua

Bleistift; 26,9 x 17,2 cm
Vorlage für Z 398, vgl. Z 399
München, Bayer. Staatsbibl., Klenzeana IX, 7/37

Z 401 Die Cittadella von Pisa und S. Frediano (Komposition)*

Feder über Bleistift; 29,0 x 39,6 cm
Beschr. rechts unten: »Citadella di Pisa 25 mai 54«, links unten: Farbangaben
Reinzeichnung nach Z 402
München, Bayer. Staatsbibl., Klenzeana IX, 7/31

Z 402 Die Cittadella von Pisa*

Bleistift; 17,2 x 27,0 cm
Beschr.: Farbangaben
Rückseite: Fassadenaufriß einer Kirche
Vorlage zu Z 401, 1854 datiert
München, Bayer. Staatsbibl., Klenzeana IX, 7/46

Z 403 Italienische Häuser

Bleistift; 29,0 x 27,2 cm
Beschr.: »406/16« und »T 50« (nachträglich)
Rückseite: Blick vom Mittelschiff in die Seitenschiffe des Domes von Pisa und Teilansicht eines Palazzos
Beschr.: zahlreiche Farb- und Materialangaben
Privatbesitz

Z 398

Z 402

Z 401 zu Z 402

Z 404

Z 405

Z 406

Z 404 Ansicht der Kirche St-Agricol in Avignon*

Feder über Bleistift; 34,4 x 49,2 cm
Beschr. links unten: »St. Agricola in Avignon 5 Juny 54«, rechts unten: »St. Agricola Avignon 6. Juny 54«
Vorstudien Z 405 und Z 406
München, Staatl. Graph. Slg., Inv. Nr. 27.805-Mappe 35/1

Z 405 Gewände und Portalmadonna von St-Agricol in Avignon*

Bleistift; 17,2 x 27,0 cm
Beschr.: Rückseite: Farbangaben
Mit Z 406 Vorstudie für Z 404
München, Bayer. Staatsbibl., Klenzeana IX, 7/48

Z 406 Turm und Langhaus von St-Agricol in Avignon*

Bleistift; 17,2 x 27,0 cm
Rückseite: Konstruktionszeichnung
Mit Z 405 Vorstudie zu Z 404
München, Bayer. Staatsbibl., Klenzeana IX, 7/40

Z 407 Avignon – Le pont Saint Bénezet (Pont Neuf)*

Feder über Bleistift; 30,8 x 47,7 cm
Vorzeichnung für dieses Blatt: Z 408.
Zur Ansicht des Forts St André im Hintergrund vgl. Z 409
München, Bayer. Staatsbibl., Klenzeana IX, 7/27

Z 408 Avignon – Le pont Saint Bénezet (Pont Neuf)

Bleistift; 17,1 x 26,9 cm
Beschr. links oben: unleserlich
Vorzeichnung für Z 407.
Zu der im Hintergrund skizzierten Ansicht des Forts St André und des Hauses vgl. Z 409
München, Staatl. Graph. Slg., Inv. Nr. 27.794-Mappe 140/1

Z 409 Das Fort St André in Villeneuve-lès-Avignon*

Bleistift und Feder über Bleistift; 16,4 x 26,8 cm
Beschr. rechts unten: »Villeneuve«
Rückseite: Architekturdetails (Bleistift), Beschr.: »S. agricole«
Vorlage für Z 407 und Z 408
München, Staatl. Graph. Slg., Inv. Nr. 27.795-Mappe 140/1

Z 409

Z 410

Z 410 Turm Philipps des Schönen in Villeneuve-lès-Avignon*

Feder über Bleistift; 36,8 x 28,9 cm
Beschr. links unten: »Villeneuve les Avignons 7. Juny 54«, oberer Blattrand: Farbangaben
München, Bayer. Staatsbibl., Klenzeana IX, 7/32

Z 411 Kreuzgang der Kartause von Villeneuve-lès-Avignon*

Feder über Bleistift; 41,0 x 28,3 cm
Beschr. links unten: »Cloître de la cathedrale de Villeneuve-les-Avignons 8. Juin 54«, darunter: Farbangaben, oberer Blattrand: Materialangaben
München, Staatl. Graph. Slg., Inv. Nr. 27.796-Mappe 140/1

Z 411

Z 412 Studie des Turmhelmes von St-Martial und St-Agricol in Avignon

Bleistift; 17,1 x 26,9 cm
Beschr. links oben: »St. Martial, 10. Juin«, oben Mitte: »St. Agricole«, rechts unten: »Tour des carins«, und verschiedene Maßangaben
München, Bayer. Staatsbibl., Klenzeana IX, 7/47

Z 413 Karyatide mit Engelsflügeln und gefalteten Händen*

Bleistift und Feder; 18,8 x 10,6 cm
Rückseite: Detailzeichnung eines Balusters
Vorzeichnung für G 62; möglicherweise von Ludwig Schwanthaler
München, Bayer. Staatsbibl., Klenzeana IX, 14/20

Z 414 Kniender Engel mit gefalteten Händen*

Bleistift auf Transparentpapier; 10,8 x 11,1 cm
Beschr.: »406/16« und »T 29« (nachträglich)
Vorlage zu G 62 (Engelpaar mit Kreuz im Dachstuhl)
Privatbesitz

1855

Z 415 Das Forum von Pompeji*

Feder über Bleistift; 34,1 x 51,4 cm
Beschr. rechts unten: »forum von Pompej, 28. April 55«, mit Farbangaben
Prägestempel: De Canson
Die Vorlage zu diesem Blatt: Z 416
Literatur: Hederer, Seite 170, Abb. 67, und Seite 411
München, Staatl. Graph. Slg., Inv. Nr. 27.811-Mappe 35/1

Z 416 Das Forum von Pompeji*

Bleistift; 22,5 x 28,2 cm
Vorstudie zu Z 415
München, Bayer. Staatsbibl., Klenzeana IX, 2/27

Z 415

Z 416

Z 417

Z 418

Z 419

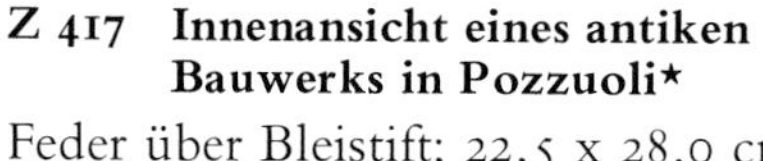

Z 417 Innenansicht eines antiken Bauwerks in Pozzuoli*

Feder über Bleistift; 22,5 x 28,0 cm
Beschr. rechts unten: »Puzzuoli 1 mai 55«, Materialangaben
München, Staatl. Graph. Slg., Inv. Nr. 27.807-Mappe 140/1

Z 418 Arco Felici in Cumae*

Feder über Bleistift; 22,5 x 28,1 cm
Beschr. rechts unten: »Cumae arco felice 7 mai 55«
München, Bayer. Staatsbibl., Klenzeana IX, 2/18

Z 419 Grotta di Posillipo*

Feder über Bleistift; 22,4 x 28,2 cm
Beschr. rechts unten: »10. mai 55, Grotta del' Posilipo Napoli«, rechts oben: Materialangaben.
Vgl. hierzu eine Zeichnung des gleichen Motives von unbekannter Hand, die sich im Besitz Klenzes befand (Staatl. Graph. Slg. München, Inv.Nr. 27.628 – Mappe Denkmäler/Reisestudien)
München, Staatl. Graph. Slg., Inv. Nr. 27.806-Mappe 140/1

Z 420 Lago del Fusaro (bei Bajae, Süditalien)*

Feder über Bleistift; 34,0 x 51,4 cm
Beschr. rechts unten: »Lago di fusaro 10 maggio 55«
Vorlage hierzu Z 421, Reinzeichnung für G 70
München, Bayer. Staatsbibl., Klenzeana IX, 2/20

Z 421 Häuser am Lago del Fusaro*

Bleistift; 22,5 x 28,2 cm
Beschr.: Farbangaben sowie »406/16« und »T 70« (nachträglich)
Vorzeichnung für Z 420, siehe G 70
Rückseite: flüchtige Architekturskizze
Privatbesitz

Z 422 Verschiedene Figurengruppen*

Bleistift auf Transparentpapier; 12,2 x 14,9 cm (teilweise auf der Rückseite mit Rötelstift unterlegt)
Beschr.: »406/16« und »T 17« (nachträglich)
Frau mit Kind und Knabe Vorlage zu G 70 (Vordergrund rechts) und seitenverkehrt zu G 76 (Vordergrund Mitte); Frau mit Kopftuch seitenverkehrte Vorlage zu Z 478 (Vordergrund Mitte), siehe G 75; sitzender Mann seitenverkehrte Vorlage zu Z 478 (Mittelgrund links), siehe G 75
Privatbesitz

Z 423 Der Pronaos des Poseidontempels in Paestum*

Feder über Bleistift; 34,0 x 50,7 cm
Beschr. rechts unten: »Pronaos oder Epistodomos des Poseidon Tempels v. Paestum gegen die Basilika gesehen 12. mai 1855«, rechts oben; Farbangaben
Vorzeichnung zu G 63
Literatur: Hederer, Seite 45, Abb. 11, und Seite 415;
München, Bayer. Staatsbibl., Klenzeana IX, 12/31

Z 424 Steinschleudernder Hirte*

Bleistift; 17,1 x 16,6 cm
Wasserzeichenrest: A
Vorzeichnung der Staffagefigur für G 63
München, Bayer. Staatsbibl., Klenzeana IX, 14/22

Z 426

Z 425 Hirte mit Stab*

Bleistift; 17,0 x 20,5 cm
Beschr.: »406/16« und »T 25« (nachträglich)
leicht veränderte Vorlage zu Z 424, vgl. G 63
Privatbesitz

Z 426 Ansicht des Gartens des Palastes Rufolo in Ravello*

Feder über Bleistift; 34,0 x 50,5 cm
Beschr. rechts unten: »Ravello 14. mai Garten des Pallastes Ruffolo jetzt Villa Reath«, rechts oben: verschiedene Farbangaben
Vgl. Z 427
München, Bayer. Staatsbibl., Klenzeana IX, 2/21

Z 427 Hof im Palazzo Rufolo in Ravello*

Feder über Bleistift; 49,5 x 34,0 cm
Beschr. links unten: »Hof im Pallaste Afflitto zu Ravello. 15. mai 55«
links oben: verschiedene Farbangaben
Vorzeichnung für G 71
Literatur: Deutsche Romantik – Handzeichnungen, München 1973, Abb. 742; Gemäldekataloge der Bayer. Staatsgemäldesammlungen, Schackgalerie, München 1969, Textband Seite 207ff.; Bildband Abb. 12; Hederer, Seite 416
München, Staatl. Graph. Slg., Inv. Nr. 27.813-Mappe 35/1

Z 428 Drei männliche Figuren mit Kapuze*

Bleistift; 9,7 x 17,7 cm (teilweise quadriert)
Wasserzeichen: C & J. HONIG
Rückseite: teilweise Durchzeichnung der Vorderseite
Beschr.: »406/16« und »T 28« (nachträglich)
Stehender Mann in Rückenansicht seitenverkehrte Vorlage zur Staffage von G 71 (Vordergrund links)
Privatbesitz

Z 429 Domplatz in Amalfi*

Feder über Bleistift; 34,0 x 50,3 cm
Beschr. rechts oben: Farbangaben, rechts unten: »Amalfi 17. mai 55«, Rückseite: verschiedene Farbangaben, Berechnung, Blindstempel: offene Krone
Vorlage hierzu Z 431, vgl. Z 430; Reinzeichnung für G 67
In der Ausführung Kirchenfassade und angrenzende Häuser verändert.
Literatur: Marggraff, 1884, S. 24, Nr. 331; Hederer, Seite 415/416
München, Staatl. Graph. Slg., Inv. Nr. 27.814-Mappe 35/1

Z 430 Verschiedene Details von Gebäuden in Amalfi*

Bleistift; 22,5 x 28,2 cm
Beschr.: »406/16« und »T 49« (nachträglich)
Vorlage zu G 67, vgl. Z 429 und Z 431
Privatbesitz

Z 431 Ansicht eines Hauses in Amalfi*

Bleistift; 22,5 x 28,2 cm
Beschr.: »406/16« und »T 48« (nachträglich)
Vorlage zu Z 429, vgl. G 67 und Z 430
Privatbesitz

Z 432

Z 432 Einfahrt nach Pozzuoli*

Feder über Bleistift; 34,2 x 51,3 cm
Beschr. rechts unten: »Entrée à Puzzuoli 18. mai 55«
Detailvorlage hierzu Z 434 verso
München, Staatl. Graph. Slg., Inv. Nr. 27.812-Mappe 35/1

Z 433 Ansicht eines Wohnhauses auf Capri

Bleistift; 21,5 x 22,5 cm
Rückseite: Skizze eines Kaktus
Beschr. links unten: »Capri 21. mai«, links oben: unleserlich, verschiedene Farbangaben
Vorlage für G 68; vgl. Z 434, Z 435, Z 436, Z 437, Z 441
München, Bayer. Staatsbibl., Klenzeana IX, 13/21

Z 434 Häuser in Capri

Bleistift; 22,5 x 28,2 cm
Beschr.: »406/16« und »T 39« (nachträglich)
Häusergruppe links Vorlage zu G 68 (Mittelgrund links) vgl. Z 435, Z 436 und Z 437
Rückseite: Stadtansicht von Pozzuoli
Vorlage zu Z 432 (Hintergrund)
Privatbesitz

Z 435 Kapelle und Haus in Capri

Bleistift; 22,5 x 28,2 cm
Beschr.: »406/16« und »T 40« (nachträglich)
Vorlage zu G 68 (Vordergrund links); vgl. Z 434, Z 436 und Z 437
Privatbesitz

Z 436 Häuser in Capri

Bleistift; 22,4 x 27,5 cm
Beschr.: »406/16« und »T 60« (nachträglich)
Häusergruppe oben Vorlage zu G 68 (Vordergrund rechts), spiegelverkehrte Vorzeichnung hierzu Z 437; Häusergruppe unten Vorlage zu G 68 (Mittelgrund, unterhalb der Kirche), vgl. Z 434, Z 435 und Z 437
Privatbesitz

Z 437 Haus mit Veranda in Capri

Bleistift; 22,5 x 28,2 cm
Beschr.: »406/16« und »T 63« (nachträglich)
Spiegelverkehrte Vorlage zu Z 436, siehe G 68, vgl. Z 434, Z 435
Privatbesitz

Z 438 Verschiedene Einzelfiguren

Feder und Bleistift auf Transparentpapier; 30,0 x 30,5 cm (teilweise quadriert und auf der Rückseite mit Rötelstift unterlegt)
Beschr.: »406/16« und »T 71« (nachträglich)
Stehende Frau mit verschränkten Armen (rechte Blatthälfte Mitte) Vorlage zur Staffage von G 68 (Vordergrund, Figur in Laube)
Privatbesitz

Z 439 S. Francesco bei Pozzuoli*

Bleistift; 26,9 x 42,3 cm
Beschr. rechts unten: »S. francesco bei Puzzuoli 21. mai« sowie verschiedene Farbangaben
München, Staatl. Graph. Slg., Inv. Nr. 27.662-Mappe 140/1

Z 440 Innenraum einer Kirche in Sorrent

Feder in Bleistift; 33,8 x 25,7 cm
Beschr. rechts unten: »Sorrento 22. maggio 55«, und verschiedene Farbangaben
München, Staatl. Graph. Slg., Inv. Nr. 27.808-Mappe 140/1

Z 441 Ansicht von Capri*

Bleistift; 26,8 x 42,3 cm
Wasserzeichen: J. WHATMAN TURKEY MILL 1829
Beschr. rechts unten: »Capri 25. mai«, links unten: verschiedene Farbangaben
Vorstudie zu G 68
Literatur: Hederer, S. 166, Abb. 63; S. 416 Nr. 15 und S. 432
München, Staatl. Graph. Slg., Inv. Nr. 27.663-Mappe 140/1

Z 442 Capo d'Orso zwischen Salerno und Amalfi*

Feder über Bleistift; 34,0 x 50,0 cm
Beschr. unterer Bildrand: »Farrallioni e Galli, Capri, Capo cango, Capo d'orso« (wohl Faraglioni, Felsenklippen bei Capri), rechts unten: »Capo d'orso 28 mai 55«
Vgl. G 21
München, Bayer. Staatsbibl., Klenzeana IX, 2/22

1856

Z 443 Agaven

Bleistift; 17,1 x 27,0 cm
Beschr. rechts unten: »Nizza 16. mai 56«
München, Bayer. Staatsbibl., Klenzeana IX, 13/78

Z 443a Palme*

Bleistift; 27,0 x 17,2 cm
Beschr. links unten: »18. mai«
München, Staatl. Graph. Slg., Inv. Nr. 27.679-Mappe 140/1

Z 444 Palme

Bleistift; 26,9 x 17,2 cm
Beschr. rechts unten: »Nizza 2. Juny 56«, links unten: Farbangaben
München, Bayer. Staatsbibl., Klenzeana IX, 13/28

Z 439

Z 443 a

Sk 2 zu Z 445

Z 445

Z 449

1857

Z 445 Ansicht der Capella Amiranda bei Agrigento*

Feder, braun laviert; 41,2 x 51,3 cm
Beschr. links unten: »Capella d. S. Maria Amiranda am Platze des antiken Tempel des Zeus atabyrios bei Agrigent«, rechts unten: »18. Jan. 1857«.
Nach Sk 2 Blatt 29 recto
München, Staatl. Graph. Slg., Inv. Nr. 27.827-Mappe 35/1

Z 446 Blick durch einen Arkadenbogen auf Agrigento*

Bleistift; 45,5 x 56,0 cm
Beschr. rechts unten: »C. Rottmann fec.«
Die Stadtansicht stammt mit Sicherheit von der Hand Klenzes. Dagegen ist wohl der gesamte Vordergrund von Rottmann gezeichnet. Die Signatur Rottmanns ist ausradiert.
Die Stadtansicht im Hintergrund kehrt auf G 64 wieder.
München, Bayer. Staatsbibl., Klenzeana IX, 3 a/3

Z 447 Verschiedene Figurengruppen*

Bleistift auf Transparentpapier; 12,1 x 31,6 cm (teilweise quadriert)
Mönch in Rückenansicht und bäuerliches Paar; seitenverkehrte Vorlage zur Staffage von G 76; Frau mit Kind Vorlage zur Staffage von G 64 (Mittelgrund Mitte)
München, Bayer. Staatsbibl., Klenzeana IX, 14/63

Z 448

Z 448 Pont du Gard*

Bleistift; 31,0 x 45,7 cm
Wasserzeichen: [J. WHA]TMAN
Beschr.: am oberen Rand unleserliche Notiz
Rückseite: Ansicht eines Städtchens vor einem Gebirgsmassiv (Bleistift); Beschr.: »Monti Mazzarone« und verschiedene Zeitangaben
Reinzeichnung nach Z 449
Dem Briefwechsel mit Ludwig I. zufolge besuchte Klenze vor dem 27. Mai 1857 den Pont du Gard
München, Staatl. Graph. Slg., Inv. Nr. 27.669-Mappe 140/1

Z 449 Pont du Gard*

Bleistift; 20,2 x 14,8 cm
Rückseite: Agaven (Bleistift)
Danach Reinzeichnung Z 448
München, Bayer. Staatsbibl., Klenzeana IX, 13/8

Z 450

Z 451

Z 407 zu Z 450

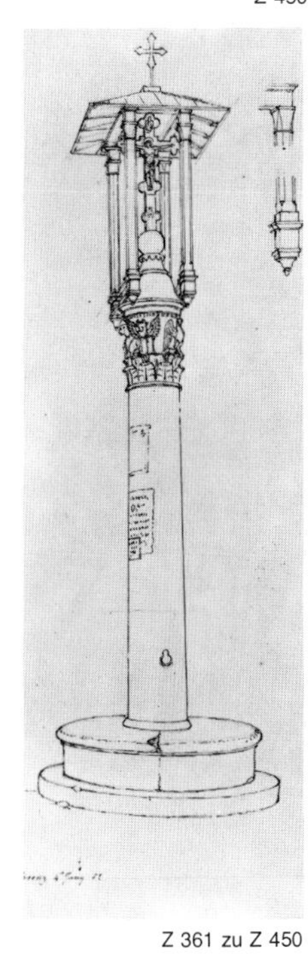

Z 361 zu Z 450

Z 452

Z 454

Z 450 Ansicht von Villeneuve-lès-Avignon*

Feder über Bleistift; 34,0 x 51,3 cm
Beschr. links unten: »Villeneuve les Avignon 1857«
Die gleiche Ansicht des Forts St André an die Rhône versetzt auf Z 407, Z 408 und Z 409.
Die Vorlage zu der Säule im Vordergrund: Z 361. Eine weitere Ansicht von Villeneuve-lès-Avignon in Z 347, dat. 1852
München, Staatl. Graph. Slg., Inv. Nr. 27.824-Mappe 35/1

Z 451 Ansicht des Dianatempels in Nîmes*

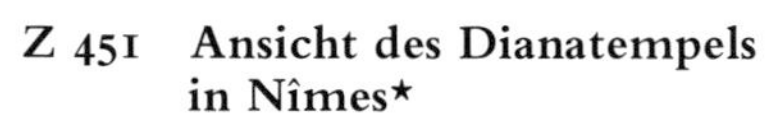

Feder über Bleistift; 34,0 x 51,3 cm
Beschr. rechts unten: »Nimes 14. Mai 1857«, rechts Mitte: Farbangaben, links unten: Prägestempel: Frères
Die Vorlage für die Baumgruppe: Z 452
München, Staatl. Graph. Slg., Inv. Nr. 27.823-Mappe 35/1

Z 452 Baumstudien*

Bleistift; 26,8 x 20,5 cm
Vorzeichnung zu Z 451
München, Bayer. Staatsbibl., Klenzeana IX, 13/29

Z 453 Tour Magne am Mont Cavalier in Nîmes

Bleistift; 34,0 x 51,4 cm
Blindstempel: De Canson
München, Bayer. Staatsbibl., Klenzeana IX, 7/7

Z 454 Eingangstor der Aliscamps bei Arles*

Feder über Bleistift; 32,0 x 42,9 cm
Wasserzeichen: [WH]ATMAN
Beschr. links unten: »Eingangsthor d. elysischen Felder bei Arles«, Farbangaben
Rückseite: Aufriß eines Oktogons
München, Bayer. Staatsbibl., Klenzeana IX, 9/3

Z 455

Z 455 Ansicht des Theaters in Orange*

Bleistift; 34,1 x 51,4 cm
Beschr. links oben: Farbangaben
München, Staatl. Graph. Slg., Inv. Nr. 27.809-Mappe 35/1

Z 456 Ansicht eines Aquaeduktes

Bleistift; 34,0 x 51,4 cm
Beschr.: Materialangaben
Blindstempel: Frères
München, Bayer. Staatsbibl., Klenzeana IX, 13/63

Z 457 Ansicht des Papstpalastes in Avignon

Bleistift; 26,8 x 20,5 cm; wohl aus einem Skizzenbuch
Beschr. rechts unten: »Rue de Venlegat«
München, Bayer. Staatsbibl., Klenzeana IX, 13/49

Z 458 Burgruine

Bleistift; 20,5 x 26,9 cm
München, Bayer. Staatsbibl., Klenzeana IX, 13/50

Z 459

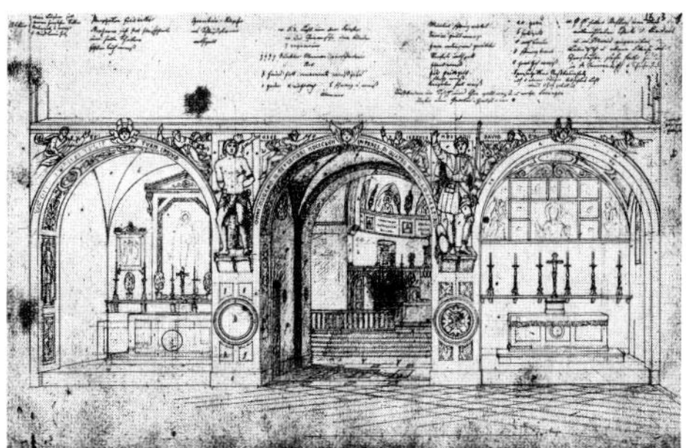

Z 461

Z 459 Innenansicht von Santa Maria degli Angioli in Lugano*

Feder über Bleistift; 45,7 x 35,3 cm
Beschr.: Farbangaben
Rückseite: Federzeichnung eines Kirchengrundrisses mit Bodenfliesenmuster
Vorzeichnung hierzu Z 460, vgl. Z 461 und Z 275
München, Staatl. Graph. Slg., Inv. Nr. 27.828-Mappe 35/1

Z 460

Z 460 Innenansicht von Santa Maria degli Angioli in Lugano*

Feder über Bleistift; 48,2 x 32,5 cm
Beschr. rechts unten: »Lugano 5. Sept. 1857«, Farbangaben
Rückseite: Bleistiftzeichnung eines Kirchengrundrißdetails, Berechnungen
Vorzeichnung zu Z 459, vgl. Z 275, Z 461
München, Staatl. Graph. Slg., Inv. Nr. 27.829-Mappe 35/1

Z 461 Innenansicht von Santa Maria degli Angioli in Lugano*

Feder über Bleistift; 21,2 x 34,5 cm (mit Maßangabe)
Beschr. oberer Rand: verschiedene Farbangaben
Vorlage hierzu Z 275, vgl. Z 459, Z 460
München, Bayer. Staatsbibl., Klenzeana IX, 3/1

Z 462

Z 462 Landschaft bei Lugano*

Bleistift; 33,5 x 51,4 cm
Beschr. links unten: »Lugano 15. Sept. 57«, rechts oben: Blindstempel: De Canson
München, Staatl. Graph. Slg., Inv. Nr. 27.830-Mappe 35/1

Z 463 Ansicht von Varenna am Comer See*

Bleistift; braunes Papier; 22,8 x 29,1 cm
Beschr. links unten: »Varenna 17. Sept. 57«
Blindstempel: De Can[son]
München, Bayer. Staatsbibl., Klenzeana IX, 3/8

Z 463

Z 170 zu Z 464

Z 464

Z 118 zu Z 464

Z 466

Z 470

nach 1857

Z 464 Ansicht von Anacapri*

Feder über Bleistift; 44,5 x 62,2 cm
Wasserzeichen: J. WHATMAN 1857
Beschr. rechts oben: »Dionysiosk. zu Athen«
Rückseite: Aufriß von St. Dionysios/Athen (Feder über Bleistift, mit Maßangaben); Beschr. links oben: »Klenze«, Mitte unten: »Athen«
Vorzeichnung für G 76; Vorstudie: Z 465
Die Kapelle von rechts und die dahinter gelagerte Felspartie sind aus einer Zeichnung ›Ansicht von Tivoli‹ (Z 118) übernommen. Dieselbe Kapelle erscheint noch einmal im Vordergrund der ›Ansicht von Papigno bei Terni‹ (Z 170).
München, Bayer. Staatsbibl., Klenzeana IX, 1/1

Z 465 Ansicht von Anacapri*

Bleistift; 24,5 x 37,8 cm
Vorlage zu Z 464, siehe G 76
München, Staatl. Graph. Slg., Inv. Nr. 27.672-Mappe 140/1

1860

Z 466 Straße in Villafranca*

Feder über Bleistift; 29,9 x 42,1 cm
Beschr. links unten: »Villa franca 14. Sept. 60«, links oben: Farbangaben
Vorlage hierzu Z 467; vgl. G 78
München, Bayer. Staatsbibl., Klenzeana IX, 10/1

Z 467 Treppenaufgang in einem Torbogen

Bleistift; 20,5 x 17,0 cm
Beschr. rechts unten: »624« (ehem. Paginierung) sowie Farbangaben
Rückseite: »623«
Vorlage für Z 466
München, Bayer. Staatsbibl., Klenzeana IX, 10/6

Z 468 Zwei Agaven

Feder über Bleistift; 30,0 x 42,1 cm
Wasserzeichen: J. WHATMAN 1860
Beschr. oben: »Nizza 16 sptb. 1860«
München, Bayer. Staatsbibl., Klenzeana IX, 10/4

Z 469 Palme

Feder über Bleistift; 25,9 x 17,5 cm
Beschr. links unten: »Nizza 20. Sept. 1860«
München, Bayer. Staatsbibl., Klenzeana IX, 10/3

Z 470 St-Victor in Marseille*

Feder über Bleistift; 30,0 x 41,8 cm
Wasserzeichen: J. WHATMAN 1860
Beschr. rechts unten: »St. Viktor Marseille Septr. 1860«, Farbangaben
München, Staatl. Graph. Slg., Inv. Nr. 27.831-Mappe 140/1

vor 1862

Z 471 Gruppe diskutierender Männer in antiker Kleidung*

Bleistift; 22,4 x 28,7 cm
Vorzeichen für G 73; möglicherweise von Ludwig Schwanthaler
München, Bayer. Staatsbibl., Klenzeana IX, 14/34

Z 472 Antik gekleideter Steinmetz*

Bleistift; 11,6 x 11,4 cm (beschnitten)
Beschr. rechts oben: unleserliche Beschriftung
Vorzeichnung für G 73; möglicherweise von Ludwig Schwanthaler
München, Bayer. Staatsbibl., Klenzeana IX, 14/3

Z 473 Atlant in Front- und Seitenansicht*

Bleistift; 11,2 x 7,4 cm
Vorzeichnung für G 73; möglicherweise von Ludwig Schwanthaler, vgl. Z 80
München, Bayer. Staatsbibl., Klenzeana IX, 14/2

Z 474 Karyatide in Seitenansicht*
Bleistift und Feder; 13,0 x 5,6 cm
Vorzeichnung für G 73; möglicherweise von Ludwig Schwanthaler
Literatur: F. Otten und K. Eidlinger, Ludwig Michael Schwanthaler 1802–1848, München (1970), Abb. 231; dort irrtümlich als Entwurf zu einer Karyatide in der Walhalla bezeichnet.
München, Bayer. Staatsbibl., Klenzeana IX, 14/16

Z 475 Karyatide in Frontansicht*
Bleistift und Feder; 12,3 x 8,9 cm
Vorzeichnung für G 73; möglicherweise von Ludwig Schwanthaler
München, Bayer. Staatsbibl., Klenzeana IX, 14/17

Z 476 Tisch in der Casa del Fauno zu Pompeji*
Bleistift; 21,1 x 13,2 cm
Beschr. Mitte unten: »Tisch in der Casa Fauno zu Pompej«*
Die Sphinx diente als Vorlage für das rechte Akroterion auf dem Gebäude im Mittelgrund von G 73
München, Bayer. Staatsbibl., Klenzeana IX, 14/23

Z 477 Laubbaum*
Bleistift; 19,6 x 12,6 cm
Beschr.: »406/16« und »T 75« (nachträglich)
Vorlage für G 73
Privatbesitz

1862

Z 478 Ansicht von S. Gimignano*
Feder über Bleistift; 41,6 x 56,3 cm; (quadriert)
Wasserzeichen: J. WHATMAN TURKEY MILL
Beschr. links unten: »19. April 62«
Vorzeichnung zu G 75; vgl. Z 362
Z 422 Frau mit Kopftuch (Vordergrund Mitte) und sitzender Mann (Mittelgrund links) seitenverkehrte Vorlage zur Staffage; Z 226 zwei diskutierende Männer Vorlage zur Staffage im Vordergrund Mitte; Z 479 Architekturdetail Vorlage zu Kirchenportal im Mittelgrund rechts
München, Bayer. Staatsbibl., Klenzeana IX, 11/31

Z 479 Italienisches Haus mit Loggia und Architekturdetail aus S. Gimignano
Bleistift; 23,8 x 31,5 cm
Wasserzeichenrest: S
Beschr.: »406/16« und »T 41« (nachträglich)
Architekturdetail Vorlage zu Z 478 und Z 362 (Mittelgrund rechts, Kirchenportal), siehe G 75
Privatbesitz

Zeitlich unbestimmte Zeichnungen

Landschaften

Z 480 Gebirgslandschaft mit See
Bleistift; 37,7 x 54,9 cm
Beschr. rechts oben: »Pregasone« (wohl Pregasio, westlich von Campione am Gardasee), Farbangaben
Rückseite: Grundrißskizze
München, Bayer. Staatsbibl., Klenzeana IX, 7/45

Z 481 Hügellandschaft mit Dorf
Bleistift; 33,5 x 51,8 cm
Wasserzeichen: J. WHATMAN
München, Staatl. Graph. Slg., Inv. Nr. 27.710-Mappe 35/1

Z 482 Ansicht eines Bauernhauses
Bleistift; 15,9 x 22,9 cm
Rückseite: Bleistiftzeichnung eines Bauernhofes und verschiedene Pflanzenstudien
München, Bayer. Staatsbibl., Klenzeana IX, 13/9

Z 483 Ansicht eines Kastells im Gebirge
Bleistift; 23,5 x 29,8 cm
Wasserzeichen: [J. WHA]TMAN [TURKE]Y MILL [18]38
Rückseite: Landschaft im Gebirge
Privatbesitz

Z 484 Italienisches Dorf mit Kirche*
Bleistift; 34,8 x 53,6 cm
Wasserzeichen: J. WHATMAN 1824
Rückseite: perspektivische Konstruktionszeichnung eines Gebäudes
München, Bayer. Staatsbibl., Klenzeana IX, 13/70

Z 485 Italienische Hügellandschaft mit Burg und Häusern
Bleistift; 28,3 x 41,0 cm
Rückseite: Konstruktionszeichnung eines Hauses (Bleistift)
München, Bayer. Staatsbibl., Klenzeana IX, 13/61

Z 484

Z 486 Häuser an einem Felshang
Bleistift; 28,3 x 40,9 cm
München, Staatl. Graph. Slg., Inv. Nr. 27.819-Mappe 140/1

Z 487 Felsabbruch
Bleistift; 9,7 x 14,1 cm
Wasserzeichen: R (kursiv)
Rückseite: Baumwurzeln
München, Bayer. Staatsbibl., Klenzeana IX, 13/5

Z 488 Häuser am Berghang im Hochgebirge*
Bleistift; 37,7 x 51,3 cm
Wasserzeichen: J. WHATMAN TURKEY MILL 1833
München, Bayer. Staatsbibl., Klenzeana IX, 13/53

Z 489 Steiniger Bergabhang mit Feldweg*
Bleistift; 25,3 x 41,1 cm (quadriert)
Wasserzeichen: CM
München, Bayer. Staatsbibl., Klenzeana IX, 7/4

Z 490 Hafenanlage in Neapel
Bleistift, grau laviert; 21,0 x 55,2 cm
Das Blatt besteht aus zwei alt montierten Bögen.
Wasserzeichen: bourbon. Lilie, darunter: J. KOOL
Rückseite: Maske und Brunnenschale (Feder über Bleistift)
München, Bayer. Staatsbibl., Klenzeana IX, 11/18

Z 491 Südlicher Hafen*
Bleistift; 26,4 x 34,6 cm
Rückseite: Skizze eines Gebirgsmassives (Bleistift)
München, Staatl. Graph. Slg., Inv. Nr. 27.752-Mappe 140/1

Z 492 Südlicher Hafen*
Bleistift; 34,1 x 51,4 cm
Beschr. links unten: Farbangaben, linke Seite: Prägestempel: Frères
München, Staatl. Graph. Slg., Inv. Nr. 27.810-Mappe 35/1

Z 488

Z 489

Z 492

Z 491

Z 493 Straße am Meer mit Turm*

Bleistift; 22,5 x 27,8 cm
München, Staatl. Graph. Slg., Inv. Nr. 27.751-Mappe 140/1

Z 494 Landschaft am Meer und Arkaden eines Kreuzgangs

Bleistift; 30,6 x 44,3 cm
Beschr.: »404/16« und »T 35« sowie »98633–2« (nachträglich)
Privatbesitz

Z 493

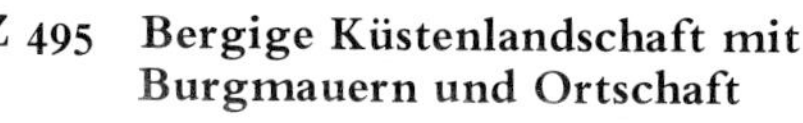

Z 495 Bergige Küstenlandschaft mit Burgmauern und Ortschaft

Bleistift; 25,7 x 34,1 cm
Rückseite: Bleistiftvorzeichnung zur Vorderseite
Blindstempel: De Canson
München, Bayer. Staatsbibl., Klenzeana IX, 2/26

Z 496 Burg in hügeliger Küstenlandschaft*

Bleistift; 32,0 x 47,9 cm
Wasserzeichen: J. WHATMAN 1851
München, Bayer. Staatsbibl., Klenzeana IX, 10/5

Z 497 entfällt

Architekturdarstellungen

Z 498 Blick in ein Gewölbe (Kolosseum?)

Bleistift; 42,2 x 26,8 cm
Beschr.: »98622–2«, »406/16« und »T 51« (nachträglich)
Privatbesitz

Z 499 Architektonische Details des Edelsitzes Prackenstein in Bozen

Bleistift; 20,6 x 28,3 cm
Beschr. Mitte oben: »Praktenstein«
Vgl. Z 500
Rückseite: Wandbrunnen
München, Bayer. Staatsbibl., Klenzeana IX, 8/4

Z 500 Detailskizzen zu zwei Erkern des Edelsitzes Prackenstein in Bozen

Bleistift; 28,3 x 13,2 cm
Vgl. Z 499
Rückseite: flüchtige Skizzen eines Kreuzgratgewölbes und Grundrißschema
München, Bayer. Staatsbibl., Klenzeana IX, 8/3

Z 501 Blick in einen Burghof*

Feder über Bleistift; 40,1 x 42,7 cm
München, Bayer. Staatsbibl., Klenzeana IX, 7/9

Z 496

Z 501

Z 502 Mittelalterliches Stadttor*

Bleistift; 23,6 x 18,9 cm
Beschr. links oben: mit verschiedenen Farbangaben
München, Bayer. Staatsbibl., Klenzeana IX, 7/24

Z 503 Blick in einen Kreuzgang*

Feder über Bleistift; 28,3 x 40,9 cm
Beschr. links Mitte: Farbangaben
München, Staatl. Graph. Slg., Inv. Nr. 27.815-Mappe 140/1

Z 504 Blick in einen Kreuzgang*

Feder über Bleistift; 32,2 x 49,1 cm
Beschr. rechte Seite: verschiedene Farbangaben
Vorlage hierzu Z 505
München, Staatl. Graph. Slg., Inv. Nr. 27.708-Mappe 35/1

Z 505 Klassizistische Grabmäler und Kreuzrippengewölbe

Bleistift; 21,8 x 18,0 cm
Wasserzeichen: 42 (Fragment)
Vorlage zu Z 504
München, Bayer. Staatsbibl., Klenzeana IX, 14/9

Z 506 Blick in den Innenhof eines Renaissancepalastes im Veneto

Feder über Bleistift; 29,0 x 44,1 cm
Beschr. rechte Seite: Farbangaben
München, Bayer. Staatsbibl., Klenzeana IX, 7/34

Z 507 Blick in eine italienische Straße mit Kirche*

Bleistift; 28,9 x 44,1 cm
Beschr. unten: Farbangaben
München, Bayer. Staatsbibl., Klenzeana IX, 7/28

Z 508 Ausblick von einem Arkadengang auf eine italienische Kirche

Bleistift; 49,3 x 34,6 cm
Beschr. unterer Blattrand: Farbangaben
München, Bayer. Staatsbibl., Klenzeana IX, 7/25

Z 502

Z 509 Ansicht einer Wehranlage mit Kirche

Feder über Bleistift; 30,3 x 46,3 cm
Beschr. links oben: verschiedene Farbangaben
München, Staatl. Graph. Slg., Inv. Nr. 27.675-Mappe 140/1

Z 510 Auf- und Grundriß einer Kirche

Bleistift; 34,5 x 20,8 cm
Wasserzeichen: [J. WHA]TMAN [TURKE]Y MILL
Beschr. Mitte: »85 Blätter Skizzen v. Leo v. Klenze« (nachträglich)
Rückseite: »1746/1–85 T« und »T 86« (nachträglich)
Privatbesitz

Z 503

Z 507

Z 504

Z 511 Fassadenaufriß von S. Michele in Florenz und S. Zeno in Verona

Feder, Transparentpapier; 34,0 x 42,6 cm
Beschr. links unten: »S. Michele Firenze 15. Jiulio 27 FE«, rechts unten: »St. Zeno a Verona 24. August«
München, Bayer. Staatsbibl., Klenzeana IX, 12/20

Z 512 Fassaden der Kathedralen von Rochester und Exeter

Bleistift; 35,1 x 21,5 cm
Wasserzeichen: Anker, dazwischen J C de RH
Beschr. oben Mitte: »Rochester PM Jahrg. 38 P. 702«, rechts Mitte: »Exceter PM 36 P. 176«
München, Bayer. Staatsbibl., Klenzeana IX, 12/28

Architekturdetails

Z 513 Fragment eines antiken Altares (?)

Bleistift; 32,0 x 23,6 cm
Beschr.: Gedicht nach den Verba Savonarolas von Hieronymo Benivieni
München, Bayer. Staatsbibl., Klenzeana IX, 12/14

Z 514 Antike Fragmente, Pinienzapfen und Grabinschriften

Bleistift; 25,4 x 33,8 cm
München, Bayer. Staatsbibl., Klenzeana IX, 12/26

Z 515 Antik gekleidete Frau

Kopie nach pompejanischer Wandmalerei (?)
Bleistift; Transparentpapier; 28,3 x 20,7 cm
München, Bayer. Staatsbibl., Klenzeana IX, 14/71

Z 516 Detailstudie pompejanischer Wandmalerei

Bleistift; Transparentpapier; 25,3 x 20,2 cm
München, Bayer. Staatsbibl., Klenzeana IX, 14/69

Z 517 Architektonische Detailskizzen aus Coimbra

Bleistift; 33,8 x 21,2 cm
Wasserzeichen: Posthorn
Beschr. rechts oben: »Crineaux« (wohl Grignois, Gironde) und »Portugal Coimbra«
München, Bayer. Staatsbibl., Klenzeana IX, 12/17

Z 518 Verschiedene Architekturdetails

Bleistift; 25,0 x 28,8 cm
Wasserzeichen: CANSON
Beschr.: verschiedene Architekturbezeichnungen sowie »406/16« und »T 38« (nachträglich)
Privatbesitz

Z 519 Verschiedene Kapitellskizzen

Bleistift; 11,8 x 15,9 cm
München, Bayer. Staatsbibl., Klenzeana IX, 12/1

Z 520 Detailskizzen von Konsolen, Kapitell, Standbild

Bleistift; 33,7 x 21,2 cm
Wasserzeichen: Posthorn
Beschr. rechts: »Hofmark Adreße W. Entschluß a. d. Red. d. allgem. Z. portofrei«
Rückseite: flüchtige Raumperspektive
Beschr.: Berechnungen
München, Bayer. Staatsbibl., Klenzeana IX, 12/29

Z 521 Detailskizze von Archivolten mit Engelsköpfen

Bleistift; 26,8 x 17,2 cm
Beschr.: verschiedene Farbangaben
München, Bayer. Staatsbibl., Klenzeana IX, 7/49

Z 522 Detailskizzen eines manieristischen Fensters

Bleistift; 20,9 x 13,7 cm
Beschr.: unleserlich
Rückseite: zwei Aufrisse einer Pendentifkuppel
München, Bayer. Staatsbibl., Klenzeana IX, 3/6–7

Z 523 Wandaufriß mit Freskomalereien

Bleistift; 21,0 x 34,0 cm
Beschr.: »406/16« und »T 52« (nachträglich)
Rückseite: Zwei Aufrisse einer Kirche – Chorpartie und Seitenansicht
Beschr. rechts unten: verschiedene Berechnungen
Privatbesitz

Z 524 Ornament- und Figurenstudien

Bleistift; 13,4 x 10,1 cm
Vgl. Z 293, Z 525, Z 527
München, Bayer. Staatsbibl., Klenzeana IX, 14/18

Z 525 Ornament- und Figurenstudien

Bleistift; 22,3 x 13,8 cm
Vgl. Z 293, Z 524, Z 527
München, Bayer. Staatsbibl., Klenzeana IX, 14/24

Plastische Bildwerke

Z 526 Zeichnungen frühgriechischer Skulpturen

Tuschfeder; Transparentpapier (2 Blätter) ca. 13,0 x 20,0 cm
Beschr.: mit Benennung der Figuren
München, Bayer. Staatsbibl., Klenzeana I, 9

Z 527 Drei antike Plastikgruppen – Athena, Herkules und Theseus mit Minotaurus

Bleistift; 13,0 x 10,4 cm
Beschr.: »406/16« und »T 26« (nachträglich)
Rückseite: Theseus mit Minotaurus
Vgl. Z 293, Z 524 und Z 525
Privatbesitz

Z 528 Zeichnungen nach Antiken – Triton und Friesornamente

Bleistift; 20,8 x 25,1 cm
Beschr.: Maßangaben
Rückseite: Lageplan der auf der Vorderseite abgebildeten Fragmente
Beschr.: Entfernungs- und Höhenangaben
München, Bayer. Staatsbibl., Klenzeana IX, 12/38

Z 529 Klassizistische Figurengruppe zweier stehender Genien
Bleistift auf Transparentpapier;
18,6 x 11,7 cm
Beschr.: verschiedene Maßangaben sowie »406/16« und »T 13« (nachträglich)
Privatbesitz

Z 530 Zwei Gruppen von Tragfiguren
Feder und Bleistift; 33,8 x 21,8 cm
Beschr.: verschiedene Grundrißangaben sowie »406/16« und »T 3« (nachträglich)
Privatbesitz

Z 531 Karyatide mit Palmzweig
Bleistift und Feder; 33,6 x 21,1 cm
Wasserzeichen: Posthorn
Wohl von Ludwig Schwanthaler
München, Bayer. Staatsbibl., Klenzeana IX, 14/74

Z 532 Kreuzigungsgruppe
Feder über Bleistift; 21,4 x 26,8 cm
Beschr.: »406/16« und »T 55« (nachträglich)
Privatbesitz

Figurenstudien

Z 533 Landsknecht mit Schild und Lanze*
Bleistift; 34,0 x 21,3 cm
München, Bayer. Staatsbibl., Klenzeana IX, 14/50

Z 534 Kriegsgerät
Bleistift; 33,9 x 21,0 cm
München, Bayer. Staatsbibl., Klenzeana IX, 14/76

Z 535 Alpenländische Frauen- und Männertrachten*
Bleistift; 23,1 x 19,0 cm
Wasserzeichen: Kartusche; darunter: DB (Fragment)
Beschr.: » Pfaffler Thal; Innsbruck; Unter Innthal; Wandernder Tyroler«
München, Bayer. Staatsbibl., Klenzeana IX, 14/26

Z 533

Z 535

Z 536 Mädchen in Tracht
Bleistift; 21,8 x 34,4 cm (quadriert)
Wasserzeichen: Offene Krone, darunter F
Beschr.: »406/16« und »T 14« (nachträglich)
Privatbesitz

Z 537 Zwei Figurenstudien mit Gewanddetails
Bleistift; 20,8 x 13,7 cm
Beschr.: »406/16« und »T 15« (nachträglich)
Rückseite: verschiedene Gewanddetails
Beschr.: italienische Bezeichnungen für Kleidungsstücke
Privatbesitz

Z 538 Verschiedene Figurengruppen
Bleistift auf Transparentpapier;
9,8 x 24,4 cm
Beschr.: »406/16« und »T 31« (nachträglich)
Privatbesitz

Z 539 Bettelnder Knabe
Feder über Bleistift; Transparentpapier;
29,4 x 37,2 cm; (quadriert)
München, Bayer. Staatsbibl., Klenzeana IX, 14/65

Z 540 Frau mit Krug und Hund auf einer Treppe
Bleistift; 21,1 x 18,1 cm
Wasserzeichenfragment: Schwert (?) in Kartusche
Rückseite: Frau mit Krug
München, Bayer. Staatsbibl., Klenzeana IX, 14/38

Z 541 Personengruppen in südländischer Tracht
Feder über Bleistift; 27,3 x 43,2 cm
München, Bayer. Staatsbibl., Klenzeana IX, 14/33

Z 542 Italienische Mutter mit Kind und Nonne
Bleistift; 24,7 x 21,8 cm
Wasserzeichen: [J. WHA]TMAN [TURKEY] MILL
München, Bayer. Staatsbibl., Klenzeana IX, 14/40

Z 543 Figurenstudie einer Italienerin in Tracht
Bleistift; 19,5 x 12,7 cm
München, Bayer. Staatsbibl., Klenzeana IX, 14/15

Z 544 Zwei Figurenstudien
Bleistift; 13,8 x 27,0 cm
Rückseite: verschiedene Berechnungen
München, Bayer. Staatsbibl., Klenzeana IX, 14/32

Z 545 Gruppe dreier Mönche
Bleistift auf Transparentpapier; 21,3 x 23,7 cm
Beschr.: »406/16« und »T 20« (nachträglich)
linke Seite ausgerissen
Privatbesitz

Z 546 Sitzender Mönch
Bleistift; 13,0 x 11,5 cm
Beschr.: »406/16« und »T 33« (nachträglich)
Privatbesitz

Z 547 Zwei kniende Mönche*
Bleistift; 18,4 x 22,7 cm
München, Staatl. Graph. Slg., Inv. Nr. 27.682-Mappe 140/1

Z 548 Sitzender Mönch mit Gebetbuch*
Bleistift; 22,0 x 18,5 cm
Literatur: Deutsche Romantik – Handzeichnungen, München 1973, Abb. 737
München, Staatl. Graph. Slg., Inv. Nr. 27.685-Mappe 140/1

Z 549 Sitzender Mönch mit Kindern und Hund*
Feder; 27,0 x 17,7 cm
München, Bayer. Staatsbibl., Klenzeana IX, 14/35

Z 547

Z 548

Z 550 Mönche
Bleistift; Transparentpapier; 25,1 x 36,0 cm
Beschr.: »Chrypte v. Heil. Grabkirche«
München, Bayer. Staatsbibl., Klenzeana IX, 14/70

Z 551 Mönche
Feder; Transparentpapier; 12,5 x 29,1 cm
München, Bayer. Staatsbibl., Klenzeana IX, 14/73

Z 552 Sitzender Mönch (in zwei Ansichten)
Bleistift; 23,7 x 28,8 cm
Wasserzeichen: J. W[HATMAN]
München, Bayer. Staatsbibl., Klenzeana IX, 14/53

Z 549

Z 553 Sitzender Mönch mit Buch
Bleistift; 17,9 x 13,5 cm; das Blatt ist auf der Rückseite quadriert, so daß die Figur spiegelverkehrt übertragen werden konnte.
Beschr.: Rückseite: Quadratur und Berechnungen
München, Bayer. Staatsbibl., Klenzeana IX, 14/27

Z 554 Stehender Mönch
Bleistift; 16,6 x 22,0 cm
München, Bayer. Staatsbibl., Klenzeana IX, 14/25

Ludwig Schwanthaler. Die Familie Klenze

Z 555 Sitzender Offizier mit Becher*

Feder; Transparentpapier; 15,5 x 13,8 cm; (quadriert)
Als Vorlage hierzu diente eine Ludwig Schwanthaler zugeschriebene Zeichnung, die angeblich die Familie Klenze darstellt; vgl. Hederer, S. 75, Abb. 30
München, Bayer. Staatsbibl., Klenzeana II, 11

Z 556 Fallendes Tuch über Säulenstumpf

Bleistift; 22,5 x 14,0 cm
Blindstempel: Blume im Kreis
München, Bayer. Staatsbibl., Klenzeana IX, 14/14

Z 557 Pferd

Bleistift; 33,9 x 20,9 cm
Wasserzeichen: in Kempten
München, Bayer. Staatsbibl., Klenzeana IX, 14/55

Z 558 entfällt

Z 555

Pflanzenstudien

Z 559 Laubbaumgruppe

Bleistift; 35,0 x 21,0 cm
Wasserzeichen: Anker, dazwischen JC de RH
Rückseite: Frau in Rückenansicht
München, Bayer. Staatsbibl., Klenzeana IX, 13/39

Z 560 Laubbaum und Staffagefigur

Bleistift; 19,2 x 21,1 cm
Wasserzeichen: N 13 (kursiv)
München, Bayer. Staatsbibl., Klenzeana IX, 13/11

Z 561 Laubbaum

Bleistift; 19,5 x 12,7 cm
Rückseite: flüchtige Skizzen eines Mönches (Vorder- und Rückansicht)
München, Bayer. Staatsbibl., Klenzeana IX, 13/13

Z 562 Baumstudie

Bleistift; 41,0 x 28,3 cm
Beschr. rechts unten: »Bei Botzen«
Im Hintergrund flüchtige Skizze einer Häusergruppe
München, Bayer. Staatsbibl., Klenzeana IX, 13/45

Z 563 Laubbaum

Bleistift; 25,6 x 24,9 cm (quadriert)
München, Bayer. Staatsbibl., Klenzeana IX, 13/41

Z 564 Laubbäume und römisches Grabmal

Bleistift; 27,0 x 37,7 cm
Rückseite: Bauaufnahme des Grabmals des Ädils C. P. Bibulus am Fuße des Kapitols in Rom (Tuschfeder) mit Maßangabe in rheinischen (?) Fuß
München, Bayer. Staatsbibl., Klenzeana IX, 13/46

Z 565 Piniengruppe
Bleistift; 26,7 x 42,2 cm
Wasserzeichen: J. WHATMAN TURKEY MILL 1829
München, Bayer. Staatsbibl., Klenzeana IX, 13/43

Z 566 Palme
Bleistift; 22,0 x 17,2 cm
München, Bayer. Staatsbibl., Klenzeana IX, 13/23

Z 567 Drei Palmen am Meer mit Gebirge im Hintergrund
Feder über Bleistift; 23,0 x 16,1 cm
Beschr.: »406/16« und »T 82« (nachträglich)
Rückseite: flüchtige Skizze eines Laubbaumes
Privatbesitz

Z 568 Schirmpalme
Bleistift; 16,6 x 10,7 cm
Beschr.: »406/16« und »T 83« (nachträglich)
Rückseite: flüchtige Architekturskizze
Beschr.: »2–3 1/2 Zoll«
Privatbesitz

Z 569 Skizze einer Pergola mit Weinranken
Bleistift; 20,9 x 16,9 cm
München, Bayer. Staatsbibl., Klenzeana IX, 13/10

Z 570 Weinranken
Bleistift; 19,6 x 12,5 cm
München, Bayer. Staatsbibl., Klenzeana IX, 13/1

Z 571 Weinranken
Bleistift; 10,5 x 17,2 cm
Wasserzeichen: 2 (Fragment)
München, Bayer. Staatsbibl., Klenzeana IX, 13/6

Z 572 Pflanzenstudien mit Feigenzweig
Bleistift; 19,5 x 12,8 cm
Beschr. Mitte:»Galzignano« (wohl Garigliano bei Gaeta)
München, Bayer. Staatsbibl., Klenzeana IX, 13/7

Z 573 Pflanzenstudie mit Feigenzweig
Bleistift; 22,8 x 25,8 cm
Rückseite: Durchzeichnung des Feigenzweiges (spiegelverkehrt)
München, Bayer. Staatsbibl., Klenzeana IX, 13/26

Z 574 Pflanzenstudie und Feigenzweig
Bleistift; 26,8 x 21,1 cm
München, Bayer. Staatsbibl., Klenzeana IX, 13/79

Z 575 Feigenblätter
Bleistift auf blauem Tonpapier; 17,4 x 10,5 cm
Rückseite: Skizzen einer Dachstuhlkonstruktion
Beschr.: »406/16« und »T 81« (nachträglich)
Privatbesitz

Z 576 Zwei Blattstudien
Bleistift; 21,2 x 29,0 cm
Wasserzeichen: Anker, dazwischen JC de RH
Beschr.: »406/16« und »T 73« (nachträglich)
Privatbesitz

Z 577 Blattstudie
Bleistift; 26,7 x 21,0 cm
Beschr.: »406/16« und »T 77« (nachträglich)
Privatbesitz

Z 578 Blattstudie
Bleistift; 17,4 x 10,5 cm
Wasserzeichenrest
Beschr.: »406/16« und »T 80« (nachträglich)
Privatbesitz

Z 579 Verschiedene Pflanzenstudien
Bleistift; 31,2 x 23,4 cm
Beschr.: »406/16« und »T 78« (nachträglich)
Privatbesitz

Skizzenbücher

Sk 1 Venezianisches Tagebuch
ca. 13,8 x 8,0 cm
Begonnen am 24. Juli 1823. Enthält 164 Seiten mit vielen Zeichnungen aus Venedig, Vicenza, Verona, Parma, Mailand und Como.
München, Bayer. Staatsbibl., Klenzeana II, 7

Sk 2 Italienisches Skizzenbuch von 1823/24
ca. 23,5 x 29,5 cm
Enthält 39 foliierte Blätter mit Reiseskizzen aus Agrigent, Monte Pellegrino, Selinunt und Südtirol.
München, Bayer. Staatsbibl., Klenzeana II, 1

Sk 3 Skizzenbuch von 1827
ca. 20,5 x 13,5 cm
Enthält u. a. Zeichnungen von Vincennes, Bemerkungen zu Bauten in Paris, das Haus des Marchese Canaris in Como, die Treppe der Kirche Maria del Carignano, Reisenotizen aus Elba, Skizzen aus Ruá, Gorzona bei Spezia, Sarzana und La Rocca.
München, Stadtmuseum; Alte Sammlung Inv.Nr. Xh: 170

Sk 4 Italienisches Skizzenbuch von 1830
ca. 16,5 x 24,0 cm
Enthält 27 foliierte Blätter mit Skizzen aus Pompeji, Spoleto, Florenz, Fiesole und Österreich.
München, Bayer. Staatsbibl., Klenzeana II, 3

Sk 5 Skizzenbuch aus Italien
ca. 20,7 x 28,5 cm
Enthält 35 foliierte Blätter mit Skizzen und Maßaufnahmen antiker und Renaissancegebäude aus Neapel und Agrigent.
München, Bayer. Staatsbibl., Klenzeana II, 2

Skizzenbuchfragmente

1 ca. 18,4 x 23,2 cm
Wasserzeichen: J. WHATMAN
Z 109, Z 110, Z 113, Z 121, Z 122, Z 123, Z 124, Z 126

2 ca. 22,5 x 28,2 cm
Z 130, Z 149, Z 416, Z 421, Z 430, Z 431, Z 434, Z 435, Z 436, Z 437

3 ca. 20,8 x 25,3 cm
Z 184, Z 185

4 ca. 16,7 x 21,3 cm
Z 215, Z 216, Z 217, Z 218, Z 219, Z 221, Z 224, Z 225, Z 248, Z 249, Z 250, Z 261, Z 264, Z 265, Z 266, Z 302, Z 305, Z 310, Z 311, Z 317, Z 569

5 ca. 23,4 x 29,9 cm
Wasserzeichen: J. WHATMAN TURKEY MILL 1838
Z 231, Z 232, Z 243, Z 244

6 ca. 21,9 x 29,9 cm
Wasserzeichen: J. WHATMAN TURKEY MILL 1842
Z 349, Z 350, Z 351, Z 353, Z 355, Z 356, Z 357, Z 358, Z 363, Z 364, Z 365, Z 366, Z 367, Z 368, Z 372, Z 380, Z 382, Z 383, Z 388, Z 389

7 ca. 17,2 x 27,0 cm
Z 340, Z 341, Z 342, Z 343, Z 384, Z 396, Z 397, Z 399, Z 400, Z 402, Z 405, Z 406, Z 408, Z 409, Z 412, Z 443, Z 443 a, Z 444

8 ca. 20,5 x 26,8 cm
Z 452, Z 457, Z 458

Frühe literarische Erwähnungen von Klenzezeichnungen

Katalog der Berliner Akademie Ausstellung, Nr. 587
Berlin 1804, S. 95/96

Erster Halbjahrs-Bericht über den Bestand und das Wirken des Kunstvereins in München, München 1825, Nr. 65

Hugo Marggraf, Katalog der von den Architekten- und Ingenieur-Vereinen veranstalteten Ausstellung von Plänen und Bildern Leo v. Klenzes im kgl. Kunstausstellungs-Gebäude zu München, München 1884, S. 23/24

Handschriftliches Repertorium der Bayer. Staatsbibliothek München, Klenzeana VIII, Nr. 48–54, Schenkung Max v. Klenze 1912 (Kriegszerstörung)

Antiquariatskatalog Karl W. Hiersemann Nr. 491, Leipzig 1921, S. 52/53

Ausstellungskatalog, Münchener Malerei unter Ludwig I., Ausstellung der Galerie Heinemann, München 1921, S. 36

Über die zum 100. Geburtstag Klenzes in München veranstaltete Ausstellung erschien in der »Zeitschrift für Baukunde«, 1884, Sp. 221–232 ein mit den Initialen August Thierschs unterzeichneter Aufsatz. Daraus entnehmen wir folgende Stellen:
Sp. 221, über Zeichnungen der ersten Italienreise: »Die vorhandenen landschaftlichen Studien bekunden eine entschiedene Vorliebe zu einfachen ungetheilten Gebäudemassen in weit ausgedehnter Natur.«
Sp. 231: »Das Bild der künstlerischen Thätigkeit Klenzes wird vervollständigt . . . endlich durch seine Oelgemälde. Wie die Arbeiten Schinkels sind auch diese bewunderungswürdig durch ihre sorgfältige, exacte bis ins kleinste Detail gehende Ausführung, durch eine Schärfe der Darstellung die das nach Effect strebende Genie von heut zu Tage längst über Bord geworfen hat. Gerade durch dieses Mittel erreichte Klenze bei seinen Gemälden den Eindruck einer Weite der Landschaft und einer entzückenden Fernsicht, wie ihn die Luftperspective allein nicht hervorzubringen im Stande ist.«
Eine Sammlung von Zeitungsausschnitten aus dem Jahr 1884 besitzt die Technische Universität München, Architektursammlung II/Nachlaß Thiersch und H. Marggraff (Hinweis von Frau Dr. Birgitt-Verena Karnapp, München). Daraus teilen wir folgende Stellen mit:
Carl Albert Regnet, »Aus der Klenze-Ausstellung«. In: Der Sammler, München 4. März 1884 Nr 27:
»Klenze als Zeichner und Maler. . . . Sein bezügliches Talent hatte sich schon früh entwickelt und wurde durch den ihm innewohnenden Sinn für alles Schöne kräftig unterstützt. Von seinen Oelgemälden mögen die Walhalla, Capri, Camposanto in Pisa, Lucera, das römische Forum, das restaurirte Athen (zur Zeit des Perikles), der Dom in Amalfi und die Akropolis in Athen genannt werden.«

Süddeutsche Presse, München 5. März 1884:
»Die Maltechnik L. v. Klenze's dürfte . . . für die jetzige Architekturmalerei besonderen Studiums werth sein.«

Neueste Nachrichten, München 7. März 1884, signiert vom Maler Paul:
». . . der Mittelsaal enthält landschaftliche und Architekturbilder, die aber womöglich der augenblicklichen Kunstrichtung noch ferner stehen als die Zeichnungen« . . . »Bezüglich der Reisestudien sei nur die staunenswürdige Strenge und Sicherheit der Zeichnung hervorgehoben, die mit wenigen Strichen die volle Poesie der Landschaft und Architektur festzuhalten vermochte. Daß die letzteren Vorzüge hauptsächlich auch das große Verdienst der Klenze'schen Oelgemälde ausmachen, versteht sich bei dem hochentwickelten Formen- und Schönheitssinn des Architekten von selbst; ebenso, daß ihm, wie seiner Zeit überhaupt, der Sinn für jene malerische Stimmung fehlt, auf welche die Gegenwart nunmehr das Hauptgewicht legt. Dennoch aber werden Bilder wie ›Das Schloß Lucera in Apulien‹, ›Die Wallfahrtskirche Monte Santo in Oberitalien‹, ›Vedute aus der Campagne‹ und ›Capri‹ schon hinsichtlich ihrer entzückend schönen Kompositionen für immer bewunderungswürdig bleiben.«

Anhang

Übersicht über die Familie Leo von Klenzes
mit Angabe des Besitzgangs der Gemälde
und der großen Zeichnungsbestände

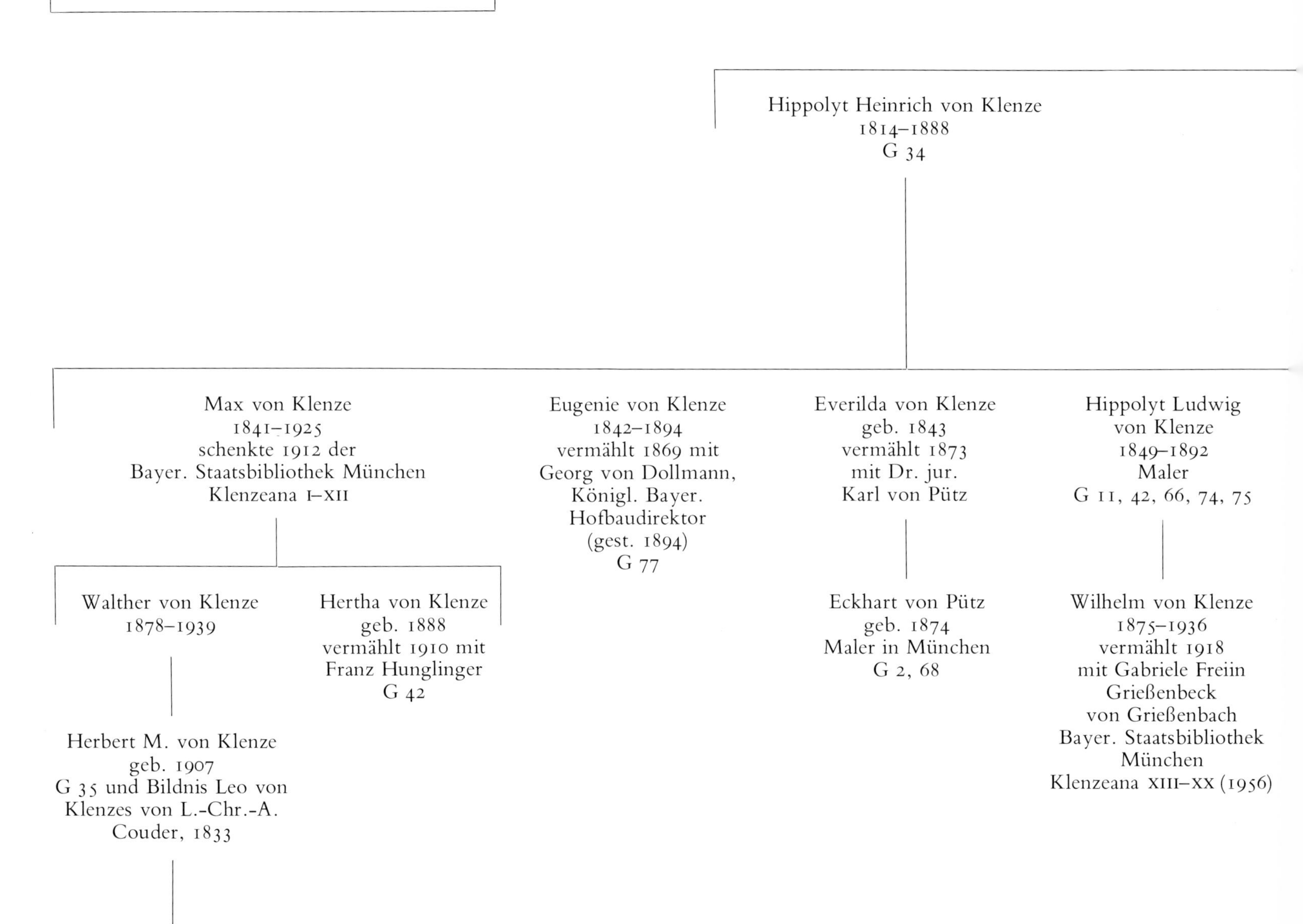

Leo von Klenze
1784–1864

(Hippolyt Heinrich und Athenais von Klenze schenkten 1885 den Hauptteil des zeichnerischen Nachlasses Leo von Klenzes an die Staatliche Graphische Sammlung in München)

Athenais von Klenze
1828–1924
vermählt 1851 mit
Maximilian Joseph
Graf von Otting
(1815–1901)
G 44, 46, 61, 67, 70, 73, 76

Irene Athenais von Klenze
1850–1916
vermählt 1873 mit
Angelo Graf von Courten,
Maler in München
G 34, 66

Wilhelmine Gräfin von Otting
1852–1904
vermählt 1873 mit Friedrich
Graf von Yrsch
G 46

Friedrich Karl Graf von Otting
1856–1935

Felix Graf von Courten
geb. 1877
Architekt
G 34, 66.
Replik des Bildnisses
Leo von Klenzes
von L.-Chr.-A. Couder,
1833

Anna Maria (Athenais)
Gräfin von Yrsch
1874–1944
vermählt 1902 mit Adolf
Graf von Spreti
(1866–1945)

Maximilian Joseph
Graf von Otting
1903–1951 (Wien)

Franz Leo Graf von Otting
geb. 1904
Von ihm erwarb 1956
die Bayerische
Staatsbibliothek München
Klenzeana XXI

Karl Graf von Spreti
geb. 1907
Bildnis Leo von Klenzes
von Engelbert Seibertz,
München 1856

Ortsverzeichnis

Namensverzeichnis